四级法院
民事审级职能定位改革研究

柯阳友　张瑞雪　著

RESEARCH ON REFORM OF CIVIL TRIAL GRADES
FUNCTIONAL ORIENTATION OF CHINESE
COURTS AT FOUR LEVELS

 中国政法大学出版社
2025·北京

图书在版编目（CIP）数据

四级法院民事审级职能定位改革研究 / 柯阳友, 张瑞雪著. -- 北京：中国政法大学出版社, 2025. 4. -- ISBN 978-7-5764-2061-6

Ⅰ. D925.110.4

中国国家版本馆 CIP 数据核字第 2025BT5451 号

出 版 者	中国政法大学出版社
地　　　址	北京市海淀区西土城路 25 号
邮寄地址	北京 100088 信箱 8034 分箱　邮编 100088
网　　　址	http://www.cuplpress.com (网络实名：中国政法大学出版社)
电　　话	010–58908586(编辑部) 58908334(邮购部)
编辑邮箱	zhengfadch@126.com
承　　印	固安华明印业有限公司
开　　本	720mm×960mm　1/16
印　　张	14
字　　数	240 千字
版　　次	2025 年 4 月第 1 版
印　　次	2025 年 4 月第 1 次印刷
定　　价	59.00 元

目 录

绪 论

一、问题的提出

2021年9月27日，最高人民法院印发《关于完善四级法院审级职能定位改革试点的实施办法》（以下简称《审级职能定位改革实施办法》）正式启动了为期两年的四级法院审级职能定位试点改革。本次改革主要围绕五个方面展开：一是完善四级法院审级职能定位，二是完善行政案件级别管辖制度，三是完善案件提级管辖机制，四是改革再审程序，五是完善最高人民法院审判权力运行机制。本次改革的核心是围绕四级法院审级职能定位展开的，即如何在两审终审的审级制度内实现四级法院的职能定位以及职能分工的问题。其他的四个改革方面均是为审级职能定位改革服务的技术性内容，是为适应改革后的四级法院不同职能内容的制度性完善。因此，聚焦四级法院各自的职能内容，实现职能分层，是四级法院审级职能定位改革的核心内容。本书以四级法院审级职能定位改革为背景，选取最具有代表性且是法院审判工作中最主要的民事审判部分予以研究，对新时代法院民事审级职能进行系统化探讨，从不同视角对法院职能进行评价和讨论，明确法院审级职能不仅具有在司法上的定分止争的作用，更具有社会效应；要实现职能分层的改革核心任务，需要从多维度予以分析和论证，根据不同层级法院在我国司法体系中的角色定位和职能属性的不同；各级法院民事审级职能分层的实现路径与措施也存在一定的差异，对各级法院民事审级职能分层内容进行针对性研究，有利于各级法院明确自身民事审判权的优势和民事审级职能的重点，可以更好地提高民事审制资源的利用率，提升民事审制的质量。

二、研究价值

本书的研究价值表现在理论价值和实践价值两个方面：

（1）理论价值。一是实现了四级法院审级职能的科学定位。我国四级法院级别与审级职能没有建立对应关系，四级法院审级职能定位不清问题突出。科学的审级职能应当呈现自下而上的金字塔结构，由基层人民法院审理大部分案件，承担案件的初审以及事实审职能，法院等级越高，案件的一审管辖权的范围应当越窄，对各级法院的审级职能的科学定位，是实现金字塔结构审级制度的基础和前提。二是有利于准确把握审级职能定位改革的核心内容。对法院民事审级职能定位改革内容的研究，是在四级法院审级职能定位改革这一实践大背景下展开的，法院职能内容的研究是改革的核心内容，也是本次改革意欲实现的重要改革目标。对法院民事审级职能的研究，有利于明确四级法院的具体职能内容，贯彻并实现改革的核心目标。

（2）实践价值。一是明确了各级法院的职能内容，增强了司法工作的可操作性。人民法院的职能内容是司法工作的核心，司法工作的开展以及司法程序的有效运行需要围绕本级法院的职能内容展开。通过对四级法院职能内容的具体展开，厘清了法院的工作内容，让人民法院的法定职能内容契合人民法院的司法实践，着重强调人民法院保障人民合法权益的实现，并约束、监督审判权和执行权的运行，从而建立良性运转的纠纷终结机制，以及实现公共政策制定、教育服务社会的目标。二是厘清各级法院的职能内容，有利于增强法院的司法公信力。通过对四级法院职能内容的具体研究，可以明确各级法院司法工作的重心，使司法权在纵向上实现合理地划分，横向上实现准确的分类。职能分层是实现司法权有效运行的前提，通过职能分层人民法院的工作内容更加聚焦、工作质量更加优化。法院用实际行动提高了司法公信力，不仅使司法工作服务于全面推进依法治国的大局，而且让司法工作更加专业和高质高效，增强了司法权威。

三、研究现状

本书是在法院大力开展系统性司法改革，实现司法现代化的大背景下展开，以审级制度为核心，以民事审级职能为内容的规范性分析和系统化研究。有关法院司法改革的专著以及有关审级制度的文献都对本书的形成产生了较大帮助。

（一）国内研究现状

从国内的研究状况来看，有关法院民事审级职能定位内容的研究主要体现在法院整体司法改革研究、法院审级制度研究、法院的职能和职能内容研究以及法院的民事审判权的运行状况研究等领域。

首先，关于法院司法改革的整体性研究，比较成熟且系统化的著作较多，大多是与改革实践相配套的研究内容。例如何帆博士的《积厚成势：中国司法的制度逻辑》[1]和高一飞教授所著的《中国司法改革历程》[2]便是针对我国近些年的司法改革进行的系统化的梳理，针对改革的原因、背景以及未来改革的走向和发展予以详细地阐述；陈桂明教授主编的《中国特色社会主义司法制度研究》[3]则从法院和检察院的运行和管理制度、司法行政与法律服务制度以及刑事司法与行政审判制度等多个方面、多维度，对中国的司法制度所具有的中国特色和中国优势予以梳理；胡铭教授所著的《司法制度的中国模式与实践逻辑》[4]也是以司法制度为研究主题，探究中国特色的司法制度，紧扣中国特色社会主义司法制度的改革，针对法律制度和司法实务中比较突出的问题，通过理论分析和实证研究相结合的方式，提出了一套针对性强、论证翔实、体系严谨的完善意见。

对于法院审级制度改革以及民事审判改革研究，也在多部著作中有所呈现。其中，傅郁林教授的《民事司法制度的职能与结构》[5]是对中国法院审级制度和民事审判的经典研究成果，这本著作将傅郁林教授有关司法审级制度和民事审判改革的很多颇有见解的文章收编于民事司法制度这一主题之下，为我国法院审级职能定位改革的司法制度原理提供了可靠的研究依据。而崔永东教授等所著的《司法改革战略与对策研究》[6]、蒋惠岭教授所著的《司法改革的知与行》[7]等著作对于法院司法责任制改革、实现法律统一适用以及对四级法院审级职能定位改革等相关内容都有所涉及和探讨，为我国有关

[1] 何帆：《积厚成势：中国司法的制度逻辑》，中国民主法制出版社 2023 年版。

[2] 高一飞：《中国司法改革历程》，湖南师范大学出版社 2022 年版。

[3] 陈桂明主编：《中国特色社会主义司法制度研究》，中国人民大学出版社 2017 年版。

[4] 胡铭：《司法制度的中国模式与实践逻辑》，商务印书馆 2023 年版。

[5] 傅郁林：《民事司法制度的功能与结构》，北京大学出版社 2006 年版。

[6] 崔永东等：《司法改革战略与对策研究》，人民出版社 2021 年版。

[7] 蒋惠岭：《司法改革的知与行》，法律出版社 2018 年版。

法院综合配套改革以及司法责任制改革中具体的改革路径和举措提供了良好的法理基础和思路指引。此外，孔祥俊教授的《司法理念与裁判方法》[1]和马毓晨博士的《中国司法理念的变迁》[2]以及江必新先生所著的《民事审判的理念、政策与机制》[3]则从中国传统法律文化以及法理学的视角出发，探寻中国特色社会主义司法改革和司法制度的文化底蕴和法理基础，为中国特色社会主义司法文化的形成找寻坚实的理论依据。针对民事审判领域，研究主要集中于民事审判制度以及审判权运行体制，例如田中成明所著、郝振江教授翻译的《现代社会与审判：民事诉讼的地位和作用》[4]对民事司法在现代社会中的地位和作用进行了充分的探讨。张嘉军教授等所著的《政策抑或法律：民事诉讼政策研究》[5]、江必新先生的《民事诉讼的制度逻辑与理性构建》[6]以及廖中洪教授主编的《民事诉讼体制比较研究》[7]都从不同的角度对我国的民事审判权的理论与架构进行了系统化的探讨和论证，对民事审判制度进行了深入研究。

以上著作都是从法院整体对司法改革和审判权力的运行进行研究的成果，而针对各级法院的职能和改革内容的研究主要有苏力教授对于基层人民法院和基层司法的研究，其著作《送法下乡：中国基层司法制度研究》[8]将关注点放在我国基层司法实践中具有实际意义和重要价值的问题上，分别从制度、知识与技术、法官与法律人三个方面对基层司法制度进行剖析，虽然这本著作的背景是我国的 20 世纪，但对于基层司法制度状况与发展本质的研究在当今社会治理的改革背景下仍具有重要意义。其次，最高人民法院研究室编写的《审判前沿问题研究：最高人民法院重点调研课题报告集》[9]这本书以大

〔1〕　孔祥俊：《司法理念与裁判方法》，法律出版社 2005 年版。

〔2〕　马毓晨：《中国司法理念的变迁》，中国法制出版社 2022 年版。

〔3〕　江必新：《民事审判的理念、政策与机制》，人民法院出版社 2019 年版。

〔4〕　[日] 田中成明：《现代社会与审判：民事诉讼的地位和作用》，郝振江译，北京大学出版社 2016 年版。

〔5〕　张嘉军等：《政策抑或法律：民事诉讼政策研究》，法律出版社 2015 年版。

〔6〕　江必新等：《民事诉讼的制度逻辑与理性构建》，中国法制出版社 2012 年版。

〔7〕　廖中洪主编：《民事诉讼体制比较研究》，中国检察出版社 2008 年版。

〔8〕　苏力：《送法下乡：中国基层司法制度研究》，北京大学出版社 2022 年版。

〔9〕　最高人民法院研究室编：《审判前沿问题研究：最高人民法院重点调研课题报告集》（上、下册），人民法院出版社 2007 年版。

量的数据和调研报告对基层人民法院的人民法庭进行了系统化的研究，基层
人民法院的人民法庭在当前案件下沉，基层司法审判压力日渐增大的当下需
要承担起更重的司法责任和审判担当，将基层人民法院的人民法庭进行组织
化管理和结构性优化，可以充分释放其在审判责任担当方面以及基层社会治
理中的优势。除了对于基层司法的研究之外，谢绍静博士的《最高人民法院
指导性案例研究》[1]、候猛教授的《司法的运作过程：基于对最高人民法院
的观察》[2]、《中国最高人民法院研究：以司法的影响力切入》[3]这三本著
作针对最高人民法院进行了功能和职能的研究，在中国法院改革内容越来越
多元，改革程度越来越深入的今天，最高人民法院的改革内容和职能定位状
况对中国司法和社会发展都具有重要作用。对于最高人民法院的研究，不仅
可以为我们了解最高人民法院的司法审判和改革的职能内容提供指引，还可
以为我们理解法院运行的背后逻辑以及了解中国司法的政治结构提供帮助。
除了针对基层人民法院以及最高人民法院的针对性研究之外，郑智航教授的
《当代中国法院的功能研究：理论与实践》[4]、李彬博士的《法院功能研究：
以经济审判为视角》[5]以及李彦凯主编的《人民法院司法功能定位及相关问
题研究》[6]、左卫民教授、周长军教授所著的《变迁与改革：法院制度现代
化研究》[7]等著作则是将法院放在国家建构和社会发展的整体视角上，对法
院功能和职能内容以及其所发挥的社会效果予以研究，从功能论和结构论的
视角对法院的社会管理创新功能、公共政策创制功能以及纠纷解决功能等内
容进行分类研究，针对不同层级法院在司法实践中的功能定位通过实证数据
予以合理化分析，对于中国法院的功能内容的合理划分和明确定位具有参考
价值。

（二）国外研究现状

国外的研究现状，关于民事审级职能内容的研究多体现于司法改革和司

---

[1]　谢绍静：《最高人民法院指导性案例制度研究》，法律出版社 2022 年版。

[2]　候猛：《司法的运作过程：基于对最高人民法院的观察》，中国法制出版社 2021 年版。

[3]　候猛：《中国最高人民法院研究：以司法的影响力切入》，法律出版社 2007 年版。

[4]　郑智航：《当代中国法院的功能研究：理论与实践》，北京大学出版社 2020 年版。

[5]　李彬：《法院功能研究：以经济审判为视角》，中国检察出版社 2016 年版。

[6]　李彦凯主编：《人民法院司法功能定位及相关问题研究》，法律出版社 2016 年版。

[7]　左卫民、周长军：《变迁与改革：法院制度现代化研究》，法律出版社 2000 年版。

法的纠纷解决功能的研究。首先，美国学者卡多佐在《司法过程的性质》〔1〕一书中强调为实现社会目的和效果的统一，应当在司法的过程中将传统的判例与实践中的判例统合起来，将司法与社会现实紧密联系，以实现司法的重要价值。其通过对传统与现实的判例结合价值的强调，突出了对于法院发挥社会职能的重视，法官依法作出裁判不仅是为了解决当下的一个案件和纠纷，更重要的是可以通过一个案件实现对其他类似社会行为的预防和警示作用，这种社会效果的发挥也是司法的重要价值，这种观点也与我国强调的司法审判的社会效果与法律效果的统一性不谋而合。日本学者棚濑孝雄在《纠纷的解决与审判制度》〔2〕中认为应当将法官、当事人和律师的关系放在更广阔的背景下进行研究，深入研究法律秩序中个人利益和国家权力的关系，主张将审判和调解程序区分开来，但又要让两种纠纷解决方式实现相辅相成，体现原则性和灵活性的统一。日本学者小岛武司教授的《诉讼制度改革的法理与实证》〔3〕一书对于日本的 ADR 的纠纷解决模式进行了详细的解释，充分展现了 ADR 作为审判的补充性的纠纷解决方式的优势之处。此外，其在《诉讼外纠纷解决法》中对于诉讼与诉讼外纠纷解决制度的关系进行了详尽的论述，对于我国当前基层人民法院探索多元化的纠纷解决机制的理论依据具有重要参考价值。而美国学者达玛什卡的《司法和国家权力的多重面孔》〔4〕则以比较法的视角从国家权力和国家结构出发对法院职能进行类型化的区分，将两大法系法院的职能区分为纠纷解决型和政策实施型，其认为英美法系国家的协商式权力结构决定了司法的主要职能是纠纷解决，大陆法系国家的科层式权力构造赋予了法院实现国家政策的使命。

四、研究方法

本书主要采用了四种研究方法：一是比较分析法。通过对不同层级法院的角色定位和职能内容的比较分析，突出我国四级法院体系中不同层级法院的审级职能重点的不同，为各层级法院依据自身民事审级职能的重点和民事

---

〔1〕 ［美］本杰明·卡多佐：《司法过程的性质》，苏力译，商务印书馆 1998 年版。

〔2〕 ［日］棚濑孝雄：《纠纷的解决与审判制度》，王亚新译，中国政法大学出版社 2004 年版。

〔3〕 ［日］小岛武司：《诉讼制度改革的法理与实证》，陈刚等译，法律出版社 2001 年版。

〔4〕 ［美］米尔伊安·R. 达玛什卡：《司法和国家权力的多重面孔》，郑戈译，中国政法大学出版社 2004 年版。

审级职能的优势，探索设定适合法院民事审级职能科学定位、民事审判权科学发展和运用的战略措施。二是规范分析法。通过对关于各级法院职能定位的详细解读和研究，明确各级法院的角色定位和应当承担的职能内容，为各级法院司法审判工作提供了理论支撑。三是逻辑分析法。通过对民事审级职能运行规律、审级制度改革的原因、改革原则和方法论等事项进行严密的逻辑分析，为各层级法院实现民事审级职能定位改革和职能分层的措施构建严密的理论体系。四是实证分析法。本书虽然不是传统的实证研究著作，但在对四级法院审级职能定位改革试点情况的具体研究的过程中，也收集了部分数据。通过对审级职能定位改革试点中期报告数据的分析，明确了审级职能改革的重点和各级法院职能定位、分工的具体情况，为四级法院民事审判职能定位内容的确定提供了实践依据。

第一章
法院民事审级职能定位改革的基本问题

一、中国法院的地位和职能

法院作为独立的司法机关强化了一个国家的社会价值观，对增强人民的社会凝聚力具有十分重要的作用。[1]自从全面依法治国国家战略提出之后，法院作为审判案件的司法机关在国家发展中的地位和作用更是得到显著提升，法院已经不仅局限于定分止争的基本社会地位。中国法院在国家发展的过程中不仅承担着纠纷解决的审判职能，更通过司法活动发挥着参与国家治理和社会治理的重要政治职能。

（一）中国法院的地位

1. 宪法视角下的法院地位

宪法是国家的根本大法，是一切国家活动、国家机关、国家制度的总章程。宪法视角下的法院地位，是指法院在宪法规定的国家权力体系中的地位，在宪法所确定的国家制度中发挥作用的形态。我国法院的地位在宪法视角下对比西方国家具有很大的不同，这是由各国的宪法体制、政治制度、历史文化等多重因素所决定的。影响我国法院的宪法地位的基本因素有以下三个方面：

（1）人民主权原则。我国实行人民代表大会制度，国家的一切权力属于人民，人民的权力是统一的，法院所行使的司法权也是一样。我国法院的权力属性首先是人民性，人民是司法权的主人，权力是统一的，但实现国家权

---

[1] 参见［英］理查德·萨斯坎德：《线上法院与未来司法》，何广越译，北京大学出版社2021年版，第19页。

力的各项职能是可以分离的，[1]因此，法院通过人民代表大会的授权，接受人民赋予的权力，代表人民行使司法权，对社会各项事务予以裁判和制约。

（2）宪法权威。法院的宪法地位与宪法作为国家根本大法的法律权威具有密切关系。在我国法治现代化的进程中，宪法的地位不断被强调，宪法的权威不断得以提升，而法院在司法活动中不断对抽象的宪法条文予以理解和适用，也是在动态司法活动中对宪法权威的提升，使宪法不再是束之高阁的根本大法，这对法院宪法地位的强化具有十分重要的作用。

（3）宪法意识。宪法意识不仅体现了人们对共同价值体系的认同，而且体现了宪法价值社会化的过程与结果。[2]法官在具体案件办理过程中对于宪法原则和规则的运用、公民对于违宪行为的制止[3]都体现了我国社会的宪法意识的提升，而宪法大都是通过法院的司法活动予以体现和具体化，因此，宪法意识的提升对于法院宪法地位的提升也具有重要的积极作用。在宪法条文中，法院的地位主要体现在《宪法》[4]（2018 年修正）第 128 条，即"中华人民共和国人民法院是国家的审判机关"，这是对于法院在国家机关权力体系中的定性。

第一，法院是国家审判机关。法院代表国家行使审判权。审判权、司法权是国家的权力，是统一的，而不是某个地方或者某个团体的权力，我国任何一个法院行使的任何一项司法权都是代表国家的整体意志来实施的。虽然我国存在数量最多的法院是基层人民法院，但那只是我国权力的具体实施，是国家权力的授予，并不能认为是地方的司法权。从我国法院系统改革实行省级人财物统一管理也可以看出，我国意在严格打破地方司法化问题，消除错误观点以及对法院地位的错误认识。

第二，法院是行使审判权的国家机关。这体现了法院在国家机关权力体系中的专门性。法院只行使审判权，是专门的审判机关，是通过审判活动打击犯罪、解决民商事纠纷、维护行政权力的合法性，维护社会秩序和法治统一，保障公民权利和自由的机关。法院行使审判权这一宪法性权力具有不可

---

〔1〕 参见陈桂明主编：《中国特色社会主义司法制度研究》，中国人民大学出版社 2017 年版，第 69 页。

〔2〕 陈桂明主编：《中国特色社会主义司法制度研究》，中国人民大学出版社 2017 年版，第 70 页。

〔3〕 具体案件参见：刘某文诉北京大学学位委员会案、王某立诉北京市西城区选举委员会案等。

〔4〕 为论述方便，本书所涉我国法律法规名称一省略"中华人民共和国"字样，下不赘述。

替代性，是我国权力体系中不可分割的一部分，体现了国家权力的分工，体现了法院在宪法上的地位。[1]就性质而言，审判权具有统一性、主权性、强制性、民主性、程序性等特点。[2]一切需要通过司法程序、通过诉讼程序予以解决的社会纠纷都必须在法院进行，由法院审理，其他任何国家机关、社会团体和个人都无权干涉和行使。

第三，法院是宪法的价值守护者。法官从事司法程序的运作，其司法权的行使来源于人民的赋予，其所掌握和运用的程序法是司法过程中的"宪法"，应以宪法价值作为其权力行使的指标。[3]牢记宪法对于公民权利的维护，在司法运作的过程中，严格遵循宪法的规定、遵守宪法权威，自觉维护人民的宪法性权益，保障当事人的诉权等宪法性权利，做宪法价值的守护者和践行者。

2. 全面依法治国战略下的法院地位

在推进国家治理体系和治理能力现代化的进程中，法院对于国家法治具有重要作用，是国家法治建设的重要参与者。法院及法官对于国家法治的作用和地位主要体现在三个方面：

（1）作为国家所设立的公共纠纷解决机构，法院为国家发展和社会治理过程中的纠纷和矛盾提供了最稳定且权威的社会纠纷解决机制。在现代社会中，法律是人们政治、经济、社会以及所有活动的根本准则，法律是每个人的行为规范，而法院的纠纷解决机构的特殊地位决定了其在规范社会关系和人们行为上的重要作用，法律实施过程中发生的一切争议都可能交由法院做出终局性判决。[4]

（2）法院是法治社会中正义的象征，是公正精神的体现。[5]法院作为独立的司法机关，独立地审理案件，不受任何国家机关、社会团体和个人的干涉，可以说法院作为司法机关的核心机构，具有高度的独立性，且法院不管是管理体制还是审理案件的机制均严格遵循法律程序，向社会公众展示着严密的法治精神，法院通过司法活动在社会治理中散发着法治的光辉，体现着

---

〔1〕 陈桂明主编：《中国特色社会主义司法制度研究》，中国人民大学出版社 2017 年版，第 71 页。

〔2〕 韩大元、刘松山：《论我国检察机关的宪法地位》，载《中国人民大学学报》2002 年第 5 期。

〔3〕 姜世明：《民事诉讼法基础论》，元照出版公司 2016 年版，第 77 页。

〔4〕 参见蒋惠岭：《司法改革的知与行》，法律出版社 2017 年版，第 17 页。

〔5〕 蒋惠岭：《司法改革的知与行》，法律出版社 2018 年版，第 17 页。

法治的权威。

（3）法院作为国家的公力救济，作为维护社会正义的最后一道防线，为社会治理提供了司法支持。法院作为司法机关是处理社会纠纷的最主要机构，法院的保护手段最多元、保护方式最稳定、保护结果最权威，是人民自由权利保护的最后一道屏障。

3. 社会治理结构下的法院地位

社会治理结构下的法院地位主要强调法院整体作为国家公权力机关在社会治理过程中所发挥的作用及在这个过程中所展现的国家机构的地位。我国法院在社会治理结构下展现的地位主要包括如下社会角色：

（1）纠纷解决机构的地位。不论一国的民事诉讼法是否将其司法给付视为国家提供的福利给付，对于法院的可接近性或者当事人平等地接近法院的权利，均应加以关注和保护。[1]纠纷解决是我国法院乃至世界各国法院所发挥的一项基本职能，这一职能也是法院在社会治理结构下作为司法机关的机构定位所应当做到的基本职能。现代法院的纠纷解决机构的地位主要具有两个特征：

第一，纠纷解决的数量越来越多。随着我国法治建设的日渐完善，通过诉讼程序解决纠纷不再是一件高成本的事情，对比民间私人的纠纷解决机制，通过国家司法机关对私人纠纷予以解决还增强了人们对于裁判结果的信任度和认同感，因此，法院发挥纠纷解决机构的职能越来越常见，纠纷解决机构的地位越来越凸显，特别是在基层社会治理中，法院的这一地位更加鲜明。

第二，解决的纠纷类型越来越多样化、纠纷解决机制越来越专业化。在推进国家治理现代化的进程中，民商事社会活动增多，新型的、复杂的、更加难以清晰界定的民事法律关系和事实也随之产生，法院在纠纷解决的过程中审理的民商事案件的类型也就越来越多样化，这些事项的转变使得法院不得不提升纠纷解决的专业性和法律知识的深度和广度，法院必须强化其解决纠纷的基本职能，以能够做出公正的裁判，树立司法权威，让法院真正成为维护社会公平正义的最后一道防线，成为社会稳定器，消弭矛盾冲突等社会

---

[1] 姜世明：《民事诉讼法基础论》，元照出版公司 2016 年版，第 76 页。

不安定因素，实现人民安居乐业，国家长治久安。[1]

在现代社会中，法院在纠纷解决体系中所面临的纠纷类型和纠纷数量的增加和变化，也导致现代型法院在纠纷解决体系中的地位发生了相应的调整，主要表现在以下方面：

第一，纠纷解决的范围逐渐扩大。在现代社会，有纷争找法院已经成为人们普遍的共识，在一定意义上来说，除了某些特定性质的事项之外，社会中的大多数事项都可以由法院的司法程序予以解决。法院审理事项的特征主要包括：主体性因素要求存在相等或相对抗的多方当事人；法院依法予以受理的关键是存在依照法定事实而具有的合法权益；争议必须是真实具体存在的，这是使司法工作能够获得实际意义的关键所在；当事人所提交的争议必须是可以通过司法途径予以解决的争议，即此争议是可以通过法院运用法律知识和法律程序予以单独解决和处理的。[2]通过对法院纠纷解决事项的特征的归纳可以发现，很多情况下，个人与个人之间、个人与企业之间等很多主体的矛盾纠纷都可以纳入司法程序中予以解决，法院在纠纷解决的机制体系中的影响范围越来越大，通过司法程序对社会纠纷予以解决是人们的普遍选择。

第二，纠纷解决的普适性程度加强。一方面，随着法院纠纷解决事项范围的扩大，诉讼已经渐渐成为社会纠纷解决体系中的核心力量。由于司法程序处理事项的扩大，不论个人之间的纠纷还是企业、政府等社会主体的纠纷都可以通过司法的方式予以解决，通过司法的方式可以保证程序的公正和权益的有效保护。另一方面，法院作为国家公权力机关，背后不仅有成文法的稳定的纠纷解决程序的支持，而且在纠纷解决后还具有国家强制力保障的执行程序，通过司法程序解决纠纷不仅可以得到公正高效的处理，还可以得到切实有效的执行，使得法院成为社会纠纷解决体系中最重要的机构。

第三，纠纷解决机制的权威性增强。在现代社会中司法方式被广泛认为是最权威的纠纷解决方式。这种权威性具有两种表现：其一，司法方式是一种法律程序，严格遵循着法律的规定进行操作，这种严格遵循法律规定的特

---

[1] 参见姚莉：《法院在国家治理现代化中的功能定位》，载《法制与社会发展》2014 年第 5 期。

[2] 参见左卫民、周长军：《变迁与改革：法院制度现代化研究》，法律出版社 2000 年版，第 89~90 页。

点保证了纠纷解决的合法性和正当性，使当事人获得了内心的安定，并且法律程序本身也具有独特的优势地位，对于与法律裁判有冲突的处理方式，可以通过司法救济程序予以审查。其二，司法解决方式具有排他性。当事人选择了司法程序对纠纷予以解决就不能再选择其他方式，[1]并且在司法程序作出确定性判决后，当事人及法院都要受生效判决的拘束，无法律规定的特殊情况，不得随意对判决结果予以变更或不承认判决结果等。综上，现代社会中司法的纠纷解决方式是最权威、最稳定、最能够为人们所信服的，它通过法律程序、公正中立、公开透明等独特优势，为人们提供了一种可靠的纠纷解决途径。

（2）规则制定机构的地位。一个国家的制定规则的权限属于立法权，而我国的立法机关是全国人民代表大会及其常务委员会，其掌握着我国的立法权，法院行使司法权，是对国家规则的贯彻和执行。但法律是抽象的、成文法是稳定的也是相对滞后的。法院作为适用法律、贯彻执行法律的机构，其规则制定机构的地位主要体现在三个方面：

第一，法院以及法官在具体适用法律的过程中，依据具体案件的实际情况，对法律条文进行了合理解释，这种解释是法院发挥主观能动性、行使自由裁量权的合法范畴的解释，并未形成确定性的规则，但对于具体的案件具有确定性判决的效果。

第二，案例指导制度。一方面，我国四级法院，越靠近基层的法院所占有的人财物资源以及司法的配套资源越少，越高层级的法院的司法资源越丰富，法官的专业性、权威性也越高。另一方面，我国实行四级两审终审的审级制度，导致我国经过两审之后终审法院较多，作出的终审判决的差异性较大，审判质量不一，法律适用也难以实现统一。因此，为了统一法律适用，最高人民法院需要对全国终审的典型案例予以梳理和适当的解释，转变为指导性案例进行发布，以实现全国法律适用的统一。虽然案例指导制度不是成文法国家传统的规则创制方式，但我国的最高人民法院对于地方各级人民法院具有法定的监督权，案例指导制度的实施不仅有利于实现统一法律适用，而且有利于实现最高人民法院对地方各级人民法院的司法指导监督工作。

第三，司法解释的发布。成文法具有滞后性和过于原则化的规定，针对

---

〔1〕　参见左卫民、周长军：《变迁与改革：法院制度现代化研究》，法律出版社 2000 年版，第 92 页。

法律空白或者法律漏洞，由最高司法机关对法律如何适用作出详细且具有可操作性的解释。这种解释虽然并没有通过全国人民代表大会的正式决议，并不算是完全意义上的法律，但在司法实践中具有与法律同等的效力，并且被各级法院大量适用，是保证我国法律统一适用和规则具体实施的重要方式，也是法院作为规则创制机构的一个最明显的表现。

（3）社会控制机构的地位。我国法院作为社会主义国家的公权力机关，是在党的领导下，代表人民行使国家司法权的机关，因此，对于国家意志的贯彻和执行，对于社会秩序的控制和维护是法院作为国家公权力机关的必要责任和必须完成的政治任务。种种实践表明，法院在审理具有重大社会影响和社会意义的案件时，仅仅依据法律条文，进行逻辑推理，作出符合法律规则的裁判是不够的，法院还必须进行政治考量，综合权衡案件背后的利益关系以及可能带来的社会效果，确保所作出的裁决能够得到法律效果和社会效果的统一。[1]

法院的社会控制机构地位主要体现在通过对法律的实施、对案件的审理，对人民的行为进行规制而形成稳定的社会秩序，同时也体现在对于国家政策、法治精神、国家方略等上层建筑部分的直接贯彻执行。不论是何种方式，法院的社会控制机构的地位都在国家治理和社会治理的过程中至关重要。一方面，法院通过具体案件的审理来明确当事人之间的权利义务，另一方面，又通过法律规则的正确适用来引导人们的行为选择，构建起社会秩序，法院在发挥纠纷解决职能的过程中，通过对法律的适用，对国家政策的执行，无形之中培养了民众的守法意识，贯彻了国家意志，维护了国家的统治秩序和社会稳定。

总的来说，法院的社会控制机构的地位就是法院在参与社会治理、参与社会管理创新的过程中所体现的司法优势。而这种优势只有回归司法逻辑，以司法的方式参与社会的管理创新才能得以显现，即法院通过法律的运用解决社会纠纷，达到对社会秩序和政治权威的维护。[2]司法逻辑，是指法院以

---

〔1〕 候猛：《司法的运作过程：基于对最高人民法院的观察》，中国法制出版社 2021 年版，第26~27 页。

〔2〕 参见倪寿明：《人民法院在推进社会管理创新中的职能定位和政策措施》，载《人民法院报》2010 年 2 月 24 日。

司法审判工作为中心，在审判活动中运用能动司法主义的理念，充分发挥司法能动性和创造性的思维方式，助推法律的发展与变革，从而通过裁判对社会的引领和指引作用达到对社会管理创新的参与。[1]回归司法逻辑的法院参与社会管理创新的实质，是通过对个案的裁判，提升司法的公信力从而达到对整个社会管理创新方式的影响和参与，实现以司法逻辑参与社会管理创新需要注意以下几个方面：

首先，要高度重视个案判决的社会导向性。在法院参与社会管理创新的过程中，对于个案的审理不仅仅是对当前案件的一个案件的审理，这背后更是承载着对于其他类似案件的当事人以及整个社会的行为规范的指引价值，特别是在审理具有重大社会影响、反映社会主义核心价值观的案件时更要注意个案的社会效应，通过个案的审理达到对社会的指引作用，力求"审理一案，影响一片"。

其次，法院在通过个案判决参与管理创新的过程中要注重通过法律说理，提出中肯的建议。法院作为司法部门具有司法建议的权力。司法建议是法院公共政策形成权的一种表现形式，而不属于司法审判权。法院在参与社会管理创新的过程中，通过司法建议权就公共政策问题提出建议，直接或间接地改变社会利益的分配布局和政府的行为，[2]这是我们最期待的社会效果。但由于我国法院一直以来都处于独立且专业的司法机构的地位，参与社会管理创新的职能并不明显，此外，大多数的地方法院受历史因素和政权体系建构的影响，在一定程度上可能受制于行政机关，因此，针对社会管理创新而提出的司法建议应当侧重强调建议的预防性。

最后，法院在以司法逻辑参与社会管理创新的过程中要注意谦抑性原则。这里的司法谦抑性不是指司法在对案件当事人的权益处理上的谦抑性，而是针对法院对于社会管理创新过程中出现的可能涉及专业性或者其他国家机关主管内容的时候，对于参与社会管理创新的司法建议的说理内容的客观性和抑制性，这种司法节制是对法院司法专业性的坚守，也是对法院并不擅长的

---

〔1〕　参见郑智航：《当代中国法院的功能研究：理论与实践》，北京大学出版社 2020 年版，第 134 页。

〔2〕　张友连：《论最高人民法院公共政策创制的形式及选择》，载《法律科学（西北政法大学学报）》2010 年第 1 期。

专业性领域的尊重，例如，在环境监测、核电管理、风险评估等专业领域，法官如果没有强有力的理由，就不应该推翻相关领域的法律解释。[1]

（二）中国法院的职能

法院的职能与功能都具有法院通过实现自身的权力而产生积极影响的内涵。但法院的功能侧重强调法院的有利影响和实际效果的一面，而法院职能则更强调法院作为国家机关在国家治理和社会治理的过程中承担的职责和承担责任的方式。职能除了包含功能的功效性以外，更强调责任和义务。但在一些学者的研究中对法院的功能和职能并没有做严格的区分，功能和职能也不是完全不相融合的状态，对法院进行不同功能的定位就会导致法院在应然状态下的责任发生不同，进而决定了其所承担的职能内容不同。功能的准确分类和定位是法院职能内容的决定性因素，法院职能内容对法院应当发挥何种功能具有依赖性。因此，学者们在讨论法院功能时包含着职能的要素，在对职能进行分类同时也是对法院功能的类型化梳理。

针对法院职能的类型化研究是清晰定位法院职能的前提和基础。有学者将法院功能从制度论和系统论两个层级进行探讨，从制度论的视角出发，重点强调法院的裁判功能，即法院通过审级程序依据法律作出裁判，作出生效裁判的过程中以及基于对于法律的认可所产生的法院的政治以及社会认知功效，而系统论视角下的法院功能，更多的是强调法院在整个社会大环境中，在整个系统的国家机构中所处的位置和发挥的职权所产生的对社会建设和国家发展的积极作用和效能。[2]

有学者通过对比传统型法院与现代型法院的不同特点，针对法院的功能与结构进行比较分析，将法院功能分为基本功能纠纷解决，和延伸职能控制功能、权力制约功能和公共政策制定功能，通过对传统型法院与现代型法院的对比，突出了现代型法院在法院功能发挥方面的优势并明确在法院职能与功能方面，现代型法院最突出的特点是政治角色和政治功能的分化程度，现代型法院是政治角色较多，政治体系高度分化的机构，同时现代型法院往往由同一个机构，扮演同一个角色，承担一份职能，呈现出高度的职能分化和

---

[1] 郑智航：《当代中国法院的功能研究：理论与实践》，北京大学出版社 2020 年版，第 136 页。

[2] 参见李彬：《法院功能研究：以经济审判为视角》，中国检察出版社 2016 年版，第 54~57 页。

分工的发展趋势，结构的分化和功能的专门化是现代型法院的突出特点。[1]

还有学者将法院置于国家建构这一整体的社会大背景下，除了对法院传统的政治功能、公共政策执行功能和基本的纠纷解决功能的研究外，创造性地提出了在整个国家系统中法院的政治话语的进化功能、社会管理创新的参与功能和司法文化的塑造功能三大功能类型，丰富了法院功能类型研究的范围。[2]

综合众多学者对于法院功能与职能的研究，以及对于法院在国家权力机构和社会治理体系中的定位，可以将法院职能分为司法职能、政治职能与社会职能三大类。

1. 司法职能

司法职能具有广义和狭义之分。有学者从广义上理解法院的司法职能是包括法院作为司法机关的所有职能，包括法院的纠纷解决职能，还包括规则创制职能、权力制约职能、社会控制职能等多种类型的法院职能，这一视角是从法院外部对法院整体职能的审视，是将法院作为司法机关，认为其行使司法权对社会和国家发挥作用和功效的过程所产生的结果均为司法职能。[3]而狭义上的司法职能，是从法院职能的内部视角出发，以法院职能类型多样化为基础，在法院众多职能类型中，侧重于强调法院作为司法机关的专业性的职能类型，即纠纷解决职能。法院的纠纷解决职能是法院的基本职能，通过司法权解决纠纷的职能是历史最久远、基础最深厚的职能。同时纠纷解决职能之所以成为法院的基本职能源于法院纠纷解决的强制性和权威性，主要表现在：

第一，人民法院是我国人民权益保障的最后一道防线，是以国家强制力为后盾的国家公力救济，其他纠纷解决方式都是法院通过司法程序进行纠纷解决的补充途径和辅助途径，司法程序具有权威性。

第二，公民通过自力救济和私力救济解决纠纷的方式具有不确定性，当事人双方仅仅受道德和习俗的约束，针对达成的协议可以随时反悔不履行，而通过法院的司法途径解决纠纷，当事人不履行的由国家强制力保障可强制

---

〔1〕　左卫民、周长军：《变迁与改革：法院制度现代化研究》，法律出版社 2000 年版，第 23 页。

〔2〕　参见郑智航：《当代中国法院的功能研究：理论与实践》，北京大学出版社 2020 年版，第 3 页。

〔3〕　参见袁琼：《人民法院司法功能研究》，宁夏大学 2014 年硕士学位论文。

执行，当事人出现严重干扰执行的行为还可能因触犯法律而承担更严重的法律责任，司法程序具有独特的强制性。

第三，当事人通过司法程序对纠纷进行处理，由法院作出终局性的生效判决后，当事人不能再通过其他程序予以解决，由于司法程序通过法律予以保障，因此，具有排他性和终局性。司法的这些特点使得通过司法程序解决纠纷具有独特的优势，同时，由于司法权的本质属性是裁决性和判断性，其本身的价值便是通过法律的专业知识对社会纷争予以判断和裁决，进而提出有效的解决方案。因此，纠纷解决职能也逐渐发展成了法院的基本职能，这既是法院作为司法机关通过诉讼程序解决纠纷的优势体现，也是司法权基本属性的本质要求。

2. 政治职能

对比古代法院，近现代法院最明显的特征就是法院政治职能的产生。[1]法院的政治职能区别于古代作为统治者政治工具的国家机构的政治职能，法院的政治职能是政治的司法化，体现为在司法系统保持与国家权力体系中其他机构平等独立的前提下，通过司法程序对其他国家权力予以制约和干预的过程。法院的政治职能在以下三个方面具有必要性：

首先，是国家权力相互制衡保持平衡的需求。国家的立法权和行政权都是强制性较强且强调权力集中的类型，而司法权天然具有被动性、中立性的特点，赋予法院政治职能，可以在国家权力的运行过程中将政治权力的冲突问题，通过司法程序予以解决，通过法律的途径对立法权和行政权的权力集中的缺点予以弱化，法院在国家权力制约中发挥了平衡器的作用，保证了国家权力的平衡运行。

其次，是法治社会发展的需要。建设法治中国，科学立法是前提，严格执法是关键，公正司法是任务。只有严密的法律体系，但缺乏严格的执法体系和公正的司法程序，难以达到法治社会的目标，只有保证良好的法律能够通过公正的程序得到实施，将抽象的法律转化为具体的案件的裁量结果，法治才得以完善，法院的职能才得以真正实现。而法律是抽象的，通过司法过程法官运用法律、完善法律，创制公共政策，以使抽象的法律适用于具体的

---

〔1〕 参见庞凌：《法院政治功能的学理疏释》，载《法律科学（西北政法学院学报）》2003年第4期。

案件，在这个过程中法院的政治职能得以发挥，法治社会在这一过程中也得以完善。

最后，我国法院是人民的法院要求法院必须具备一定的政治职能。一方面，法院具有人民性，我国法院行使司法权，而司法权来源于人民，权力是人民赋予的，法院只有代表人民意愿、表达人民意志，所做出的判决符合人民的期待才能获得人民的信任，才能形成司法权威。另一方面，法院行使司法权，代表人民的利益，且对行政权和立法权具有制约作用。因此，当人民对于行政权和立法权存在质疑时，可以通过法院的司法权进行反馈和表达，人民对法院的合理预期应当包含法院通过法律程序解决政治问题，制约权力，形成公共政策等政治职能的发挥。[1]

3. 社会职能

法院的社会职能是其社会存在的合理性基础，也是决定其体制结构的价值标准。[2]法院的社会职能从广义的层面来说是其政治职能的延伸，是其作为国家公权力机关对于国家建设、社会建设所应有的责任承担，法院的社会职能集中体现于对社会事项的控制职能。社会控制职能由于具有强烈的政治色彩，一直属于政府的责任范围，但随着政治系统权力结构的发展，社会控制的职能逐渐演变为由司法机关来承担。[3]由于法律本身具有确定性和可预测性，并且在法院通过法律制度对纠纷予以解决的程序和结果都具有一致性，明确的法律规定和已经做出的生效判决的确定性和权威性都为社会提供了一种比道德更加稳定、更加确定的社会行为规范。当一个社会个体突破社会规范、突破法律时，通过司法程序对其行为作出法律判断，而且对于同一突破社会规范的行为，不同的人会得到一致的规制方式，使人们对这种更加规范公平的社会规制机制产生了信任感。因此，法律对比道德在控制社会方面具有更加显著的优越性，逐渐发展成为社会控制的重要方式。法院的社会控制职能是在司法程序的运行中得以发挥的，其实现方式有以下几种：

第一，在诉讼过程中直接对当事人的权利义务予以规范。法院在诉讼的过程中依据法律的规定，通过诉讼程序，可以对当事人的诉讼权利与义务进

---

〔1〕 庞凌：《法院政治功能的学理疏释》，载《法律科学（西北政法学院学报）》2003 年第 4 期。

〔2〕 姚莉：《功能与结构：法院制度比较研究》，载《法商研究》2003 年第 2 期。

〔3〕 参见程竹汝：《司法改革与政治发展》，中国社会科学出版社 2001 年版，第 230 页。

行直接规范，体现了法律对社会的控制职能，又是法院在诉讼过程中为保障诉讼程序的顺利进行而必须予以承担的诉讼。

第二，法院通过个案的公正审理，可以对整个社会起到规范示范作用。一方面，法律具有指引价值。法院通过公正合理的司法程序，运用法律对具体的个案作出合理合法的裁判结果，使得社会中具有相同案件情况的个人通过已经做出判决的相似案件的审理结果对标自己的案件事实，从而获得合理的预期，规范自己的行为，遵循裁判的指引并被纳入法院的控制之下。另一方面，法院作为国家政权的重要组成部分，贯彻国家政策和国家意志是其应有的责任。法院在审理案件的过程中也会不断输出社会的主流价值观，而随着法院在审理案件中对社会主义核心价值观潜移默化的运用与弘扬，也会使受法院审理案件的当事人不断得到感染和教育，从而使社会主义核心价值观深入人心，稳定地存在于人们心中，真正成为引导人们行为规范的社会价值准则，成为人们的信仰。

第三，法院在审理案件的过程中可以通过整合社会成员的利益诉求而达到社会控制职能。法院对于社会的控制职能不只表现在对于社会的规则制定和行为规范的调整方面，也包括在诉讼过程中，通过对涉诉当事人的利益诉求的调整而保护当事人的基本需求，实现当事人的权利救济需要，给予了当事人利益表达的渠道，满足了当事人的利益需求，解决了人们之间的纷争，从整体上提高了整个社会的凝聚力。

综上，法院实现社会控制职能主要是通过个案的审理，通过法律程序实现其社会价值，其实这也是政治的司法化的一种典型表现。法院在案件审理的过程中，通过对当事人利益诉求的满足、对个体矛盾纠纷的解决，不仅实现了对具体案件当事人的直接教育和控制职能，还通过案件的示范作用对整个社会实现了社会控制职能，弘扬了正确的社会规范和法律准则，这是法院作为司法机关发挥社会职能的主要方式，也是法院作为国家机构的重要组成部分发挥政治职能的必然要求。社会主义和谐社会的发展需要人民法院充分发挥其社会控制职能，这也是社会管理创新的重要方式，是我国社会发展的重要方向。人民法院的这种社会控制职能的形成，根源在于司法权背后有国家强制力的保障，司法程序中有约束、有控制，人权得到保障，才会实现社会秩序稳定、社会生活的和谐和长治久安。司法就是通过良性的社会控制职能，使社会状态达到和谐与稳定，通过震慑不法分子，并用相应的约束方式，让社会回归到最稳定的情境，让人们过上安定、幸福的生活。

总之，司法是维护社会公平正义的最后一道防线，具有解决纠纷、公共政策制定、权力制约和社会控制等职能，是保证社会公平正义、维护社会和谐、建设法治中国的重要保障和主要力量。对人民法院职能的研究，可以深化人民法院运行规律，明确人民法院在社会治理和国家治理体系中的地位和发挥作用的方式，可以使人民法院充分发挥司法权限。确定审级职能定位的依据，是人民法院开展职能定位改革、参与社会治理、实现社会功效的前提。

二、司法改革的理论基点和现实动因

党的十八大以来，以习近平同志为核心的党中央集中全力破解影响司法公正、制约司法发展的深层次问题，对新一轮司法体制改革作出了重大部署，其范围之广、力度之大、程度之深，不仅在中国司法发展史上，在世界司法改革史上也很少见。[1]中国社会的司法改革是顺应时代发展，顺应司法进程的发展，是符合中国实际和司法规律的改革，更具体地说，是为了解决中国司法所面临的深层次的具体矛盾而启动的。[2]

四级法院审级职能定位改革是最高人民法院组织开展的重大试点内容，这次改革是自上而下的、系统科学的改革，是对于法院整体、内外都有所涉及的改革，是体系化结构化更鲜明的改革。对于本次四级法院审级职能定位改革需要站在更高的政治定位来认识改革的原因、探索改革的路径，本次改革的重大意义主要包括三点：一是有利于满足人民群众的多元司法需求，推动人民法院审级设置与群众所需所盼精准匹配。二是有利于构建梯次过滤、层级相适的案件分布格局，完善上下级法院之间的繁简分流和资源匹配。三是有利于建立稳定、可预期、尺度统一的法律适用标准，切实维护国家法治统一的尊严权威。[3]上述三点意义主要是从人民对司法的需求，法院对案件资源的分配以及社会和国家发展对案件审理的需要三方面出发予以阐述的。人民对司法解决纠纷的需求不仅是公正，还有效率。通过法院职能分层，将

---

〔1〕 黄文艺：《中国司法改革基本理路解析》，载《法制与社会发展》2017年第2期。

〔2〕 参见顾培东：《当代中国司法研究》，商务印书馆2022年版，第147页。

〔3〕 周强：《深入开展四级法院审级职能定位改革试点推动构建公正高效权威的中国特色社会主义司法制度》，载《人民司法》2021年第31期。

审理难度相对较低、案件性质和内容较为简单的案件就地解决，实现问题矛盾化解在基层，不通过审判程序将案件上交。这样既可以避免案件因程序的改变而影响审理效率，还有利于节约司法资源，提高资源利用率，最重要的是纠纷的及时解决可以及时地满足人民对司法公正和审理效率的期待，符合以人为本的法治思想的要求。

而从司法资源的配置方面来看，审级职能定位改革通过管辖标准、案件的审级配置等措施的完善，推动不同类型的纠纷实现有效分层，各层级法院依据层级特点和司法资源以及司法能力合理分配案件的审理范围，各司其职、各尽其能，可以科学合理地实现资源的科学配置。从整体的国家法治效果来看，四级法院审级职能定位改革可以通过提级管辖、再审提审等机制将具有普遍法律适用意义的案件集中于较高层级的法院审理，这样既可以集中解决疑难案件，实现对实质正义的追求，还可以通过高层级法院审理案件、作出裁判的过程实现统一法律适用，达到"审理一案，指导一片"的社会效果，切实维护国家法制统一的尊严和权威。

司法改革的原因是由国家整体的发展策略和实际需要决定的，主要归纳为三点理由：

第一，破解人民群众对司法福利需求的日益增长与司法公共产品供给不充分的矛盾难题。进入新时代，我国社会的主要矛盾已经发生了变化，具体到司法领域这一矛盾主要表现在对公民权利的保障方面，诸如就实体权利保障而言，司法未能完全地保障公民的生命健康、财产权益、文化权利、生态环境安全等实体权利。就程序权利而言，当事人的知情权、辩论权、陈述权等司法保障也不全面。就国家安全而言，司法对政治安全、制度安全、国家长治久安等公共产品的保障也未能达到满意的程度。因此，我国司法与人民需求尚未完全实现和谐发展。公民的司法福利即国家应当通过一定的司法基础性制度及程序性安排，对公民、法人、社会组织的实体权利、程序权益予以保障、划分、确认，以使当事人具有独立的司法行为能力、完善的司法权利能力，更好地参与司法活动。公民的司法权利能力是公民通过司法享受国家的政治、经济、文化、社会等各方面的公共资源的资格。〔1〕司法对于公民

---

〔1〕 徐汉明、王玉梅：《我国司法职权配置的现实困境与优化路径》，载《法制与社会发展》2016 年第 3 期。

这种资格的满足和保障是司法改革的出发点和落脚点。

第二，消解司法能力与国家治理现代化不完全适应的矛盾，这是司法改革的现实依据。司法权是中央事权，应当实现全国统一行使、统一运作的社会效果。但从我国目前的司法实践来看，司法权常常被认为是地方事权，地方对于司法权的行使具有重大的影响，而司法权的行使是司法能力表达和提升的重要表现，司法结构体系是国家治理体系的核心内容之一。司法体系和司法能力的现代化是国家治理体系和治理能力现代化的重要内容。同时，随着我国经济结构的调整，经济关系出现了新的变动，经济现代化进程快速发展，经济领域很多新问题的产生需要新的与之配套的司法体系和提升的司法能力予以解决，这必然催生了司法体系和司法能力现代化的发展。另一方面，司法结构体系本身也出现了诸如司法权属性不清、司法人员管理不力、司法职权配置不清晰、司法资源匹配不均衡等问题，需要司法体系和司法结构突破自我限制、实现司法领域的现代化，实现自我革新和自我发展，司法体制改革与国家治理现代化是相辅相成的关系，其作为全面深化改革的重要突破口，是国家实现治理现代化的重要课题。

第三，弥补全面深化司法体制改革实践先行与司法理论创新滞后不协调的短板。理论是实践的先导，而我国司法改革，大多数是实践先行，倒逼理论的完善。实践先于理论的改革模式可能导致改革因缺乏科学系统的理论指导而难以实现规模化、有条理性的改革成效，同时根据没有系统科学理论指导的实践而总结出司法理论和经验，也难以全面反映实践状况。而之所以出现这样理论缺乏的现状，一方面是由于我国司法理论研究更加注重比较法研究，侧重于对域外国家相关制度的学习和借鉴，并不能完全适应我国的国情和实际。另一方面是在司法理论的研究上缺乏对我国传统司法文化的创新性转化和创造性发展。习近平法治思想以及司法体制改革的重要论述是在充分吸收和借鉴中国传统法治文化和法治思想的基础上发展起来的，其始终围绕着"什么是中国特色社会主义司法制度""为什么要全面深化司法体制改革，建设公正高效权威的社会主义司法制度""怎样推进司法体制改革，保证公正司法，提高司法公信力，维护人民权益，让人民群众在每一个司法案件中感受到公平正义"这三个基本问题展开。[1]习近平法治思想根植于发展完善中

---

〔1〕　徐汉明：《习近平司法改革理论的核心要义及时代价值》，载《法商研究》2019 年第 6 期。

国特色社会主义司法体制改革的伟大实践，继承于中国传统法治思想和法治文化的重要结晶，生发于中国广大人民对于司法的热烈需求，是科学的、实践的、时代的司法体制改革指导思想。因此，本次改革在习近平总书记有关司法体制改革的重要论述的指引下，具有了科学的指导、明确的指引以及清晰的目标。习近平法治思想为本次改革提供了充足的理论准备。

（一）司法改革的理论基点

司法理念是司法的原理、观念、价值观，是司法制度在建构和设计中的指导思想、原则和哲学基础。司法改革应当首先明确改革的理论基点和应当遵循的司法理念，本轮司法改革是自上而下的、系统性的改革，是触及法院审级制度以及法院整体职能分工内容的改革，对于我国法院乃至中国特色社会主义司法制度都具有重大影响。因此，在本轮改革开始之前首先应当明确两个问题：即在我国的国情和实践下，法院是干什么的机关，其掌握的权力属于什么性质；法院工作有什么目的、有什么价值。这两个问题一是解决了司法权的属性问题即司法性质论问题，二是解决了司法工作的追求和价值目标的问题即司法价值论问题，对这两个问题的回答是我国司法改革的两个理论基点，为改革提供了理论支撑。

1. 司法性质论

司法性质论是对司法权内在特质和属性的概括和揭示，是司法改革顶层设计的重要理论依据。[1]本轮司法改革针对司法去行政化的改革举措提出了"司法权是判断权和裁量权"的论断，这对于司法权属性的阐述符合我国本轮司法改革的核心举措，成为我国司法改革的理论基点之一。

（1）司法权是判断权和裁量权。司法权是判断权和裁量权的属性定位，主要是对法院系统运行方式严重趋同于行政系统运行方式的问题的理论反思。我国的司法权是判断权和裁量权这一论断并不是最新提出的，司法审判权与行政管理权存在区别众所周知，但在法院内部还存在司法审判权与司法管理权这两个不同性质的权力存在，如何保证两项权力的顺利运行且不互相干扰是需要解决的问题。因此，需要通过审判权所具有的判断权和裁量权属性，在与司法管理权的关系对比中强调司法审判权的独立性、中立性和专业性，

---

〔1〕 最高人民法院司法改革领导小组办公室编：《〈最高人民法院关于全面深化人民法院改革的意见〉读本》，人民法院出版社 2015 年版，第 20 页。

以便与司法管理权加以区分。

第一，司法审判权与司法管理权的关系。在任何国家，要保证司法审判权的顺利进行都离不开一套运行完备的司法行政管理系统。司法管理权是司法审判权的辅助系统，不仅在人、财、物等方面给予司法审判权充分的保障和分配，而且在司法审判权需要与行政机关、立法机关发生对接时，司法机关也应当具有相应的组织机构负责协调、对接，这时司法管理权就发挥了作用。我国法院审判权力运行的突出矛盾是对于法院的司法管理权与司法审判权没有明确的划分。法院的院长、庭长等本应当行使司法行政管理权的人员，往往会以行政管理权行使者的身份来行使司法审判权，使得司法审判权受到不当干预，司法审判权与司法行政管理权的行使规则变得模糊不清。例如，法院的院长、副院长作为行政职务，本应当行使司法行政管理权对法院内部的人事任免、人员奖惩等行政性事务进行管理和决策，但却凭借院长、副院长等行政性身份可以直接听取办案法官的汇报，直接发表对各种案件的裁判意见，甚至直接改变法官、合议庭已经作出的裁判结论，这严重损害了司法审判权的科学性和权威性。[1]

我国司法实践中的改革举措例如实现法官员额制，由直接承办案件的法官对于案件的裁判结果负责等措施，也是对于这一实践问题的有力回应，使得没有具体承办案件的院长、副院长等具备行政职务的人员没有对案件直接发表观点的理由和权限。但这一改革举措只是直接解决问题，对于在理论层面为何要区分司法审判权和司法行政管理权，对两项权力应当如何理解等理论事项并没有解决。关于司法权属于裁量权和判断权的属性也主要是从司法审判权的角度予以分析，强调司法审判权根据其根本属性应当保持中立性、独立性、程序性、专业性等特点，但明显可以看出司法行政管理权与其不同，并不需要遵守这些特性。相反，司法行政管理权虽然是法院内部的权力，但其实际管理的事项是行政事务，其应当具有和遵循行政权的运行规律才能更好地实现权力的管理和运作。也就是说，法院内部的司法行政管理权与行政权并没有本质区别，其依旧应当体现行政管理权的服务和保障的基本理念，司法行政管理权在组织架构上依旧应当实行垂直领导、上命下从的行政化管理原则。如果说法院的司法裁判活动主要以实现实体正义和程序正义为其价

---

[1] 参见陈瑞华：《司法体制改革导论》，法律出版社 2018 年版，第 55 页。

值追求的话，那么司法行政管理权的价值追求则主要是高效便捷。[1]

总而言之，对于审判权运行机制的理论研究首先应当明确司法审判权与管理权的界限，对于法官、合议庭审判活动过程中的司法审判权应当严格遵循"裁量权"和"判断权"的属性要求，坚持独立性、中立性、专业性和程序性规则，而对于院长、副院长等行政性权力的行使，则应当按照"层级制"和"一体化"的理念，贯彻垂直领导、上命下从的管理原则，追求行政事务的高效便捷，以便更好地为司法裁判活动做好保障和服务工作。

第二，法院独立与法官独立的定位。司法权是判断权和裁量权强调司法权的独立性，但司法权的行使主体是法院还是具体的法官却没有得到明确的回应。从我国传统法学理论的发展路径来看，我国一直强调法院依法独立行使审判权，似乎司法权的独立行使一直都是以法院整体作为一个主体来予以强调的。近些年来的改革举措，也都证明了这一点。例如，我国将铁路法院逐渐从铁路行政管理部门中独立出来，作为地方法院由法院系统予以管理的制度，这是法院作为司法机关整体独立于行政机关的重要举措，表明了法院整体的独立性。包括实行省级以下法院人财物统一管理改革、探索建立与行政区划适当分离的司法管辖制度等措施，都是对于法院整体独立性的探索。

但是，我们应当看到，只强调法院整体的独立性，而不尊重办案法官司法权的独立，即不能保证承办法官的独立审判权是不符合司法运行规律以及"以人民为中心"的司法宗旨的。从逻辑上看，审判独立的核心是审判权的独立行使，即由拥有司法审判权的主体在行使司法审判权过程中的独立，具体而言就是谁是司法审判权的行使者谁就应当拥有独立性。我国可以行使司法审判权的主体除了承办案件的独任法官就是合议庭，这两个司法审判权的行使主体应当保持充分的独立性，除了服从法律的规定外，不应当受到任何外部因素的干预。无论是在案件的庭前准备阶段还是法庭上的案件审理阶段，独任法官和合议庭成员都应当保持充分的独立性，独立组织案件审理并形成内心确信，作出公正的裁判。只有由亲自参与法庭审理的独任法官和合议庭成员来形成对案件事实和法律适用的裁判意见，才能够保证审理的正当性和结果的公正性，其他任何没有经历过庭审的人员都无权代替独任法官和合议

---

〔1〕 参见陈瑞华：《司法体制改革导论》，法律出版社 2018 年版，第 56~57 页。

庭成员做出裁判，这也是司法亲历性的要求。

（2）司法权是中央事权。"我国是单一制国家，司法权从根本上说是中央事权。各地法院不是地方的法院，而是国家设在地方代表国家行使审判权的法院。"[1]这一论断将司法权定性为中央事权，并以此作为排除地方干扰的正当性基础。中央事权论也由此成为改革的主要理论基点。[2]司法权是中央事权意味着作为国家裁判权的司法权应当具有终局性、确定性、稳定性和强制性等多种属性，这正是最高人民法院设立巡回法庭、探索设立跨行政区划人民法院、推行省级以下人民法院人财物统一管理的重要理论依据。[3]

通过司法权是中央事权这一论断可以为司法权"去地方化"的问题提供解决思路和理论依据，但是仔细探究司法权是中央事权这一论断还存在一些问题：一是我国根据人民主权原则，实行人大领导下"一府一委两院"的体制，各级法院由同级人民代表大会产生，对其负责，受其监督，而若司法权是中央事权，则地方司法权也属于中央事权，但其又向地方人大汇报工作，其中存在矛盾。二是现行的省级以下人民法院人财物统一管理的制度也是对于法院"去地方化"的回应，但并没有遵循司法权是中央事权的论断而实行。三是刻意强调司法权是中央事权可能会导致上级法院对下级法院的垂直领导和管理关系的形成，曲解、恶化上下级法院之间相互独立、相互监督的宪法性关系。[4]准确理解司法权是中央事权需要从以下两个方面予以考量：

一方面，我国实行人民主权原则，国家的一切权力属于人民，人民行使国家权力的方式主要是通过人民代表大会制度。在管理国家事务方面，全国和地方各级都实行人大领导下的一府两院制，即不管是最高人民法院还是地方各级人民法院都应当对本级人民代表大会及其常务委员会负责并报告工作，这就意味着地方各级法院是对本级人大及其常委会负责的，而不是向最高人民法院负责，这显然体现着司法权带有地方事权的性质，而法院的人财物统

---

〔1〕《加快深化司法体制改革——五论学习贯彻习近平同志在中央政法工作会议重要讲话》，载《人民日报》2014年1月22日。

〔2〕丁亮华：《司法"去地方化"改革反思》，载《法学研究》2023年第5期。

〔3〕贺小荣：《人民法院四五改革纲要的理论基点、逻辑结构和实现路径》，载《人民法院报》2014年7月6日。

〔4〕参见陈瑞华：《司法体制改革导论》，法律出版社2018年版，第62~68页。

一管理只是解决了地方法院受地方政府影响的问题，并没有解决地方法院与地方人大的关系问题。因此，司法权是中央事权的论断与我国当前地方法院对地方人大负责并报告工作的体制存在并不兼容的问题，司法权是中央事权的论断并不能完全解决法院的"去地方化"问题。

另一方面，强调司法权是中央事权还应当注意地方保护主义以及上级法院对下级法院关系的变化。就地方保护主义而言，主要是针对省级以下人民法院人财物统一管理这一举措而言的，随着省级以下人财物统一管理制度的实行，省级党的政法委掌握了对中级和基层人民法院的人事任免权，而省级财政行政管理部门则掌握了对地方各级法院的财政管理和划拨的权限，在这样的分配方案中可以发现，省级人大并没有发挥实质作用，而是大多由省级的行政部门对下级法院的财政予以管理。这样的安排不免让人对于省域法院的独立性问题产生怀疑，省级内的法院是否会因该制度而受制于省级政府的制约？地方保护主义是否会产生？另一个担忧是随着司法权是中央事权的论断的确立，是否意味着上级法院、最高人民法院享有对下级法院以及地方各级法院的绝对领导权？从司法权是中央事权的逻辑开始推演，司法权属于中央事权，地方各级法院并没有行使司法权的权限，只能通过最高人民法院的授权才能予以行使，而地方各级法院只能处于最高人民法院的派出机构的位置，最高人民法院才能实现授权。可以推演出最高人民法院、上级人民法院对下级人民法院可能产生一种垂直领导的关系，而推演出的这样一种关系显然与宪法所规定的上下级法院之间的监督关系相违背，也必然会导致两审终审制失去存在的意义，当事人的上诉程序流于形式，从而也对司法权是中央事权的这一论断产生了新的思考。

2. 司法价值论

司法价值论是司法能否满足社会需要及其对于公民个人、社会的生存和发展可以有何影响及意义的理论。司法价值论直接决定和影响了社会公众对于法院工作的评价，进而成为确定法院工作方向和目标的重要理论依据。[1]随着社会交往的增多，社会关系也越发复杂，矛盾也相应增多，对于通过司法程序寻求救济的需求也相应增多，特别是随着立案登记制度的设立，司法

---

〔1〕 参见最高人民法院司法改革领导小组办公室编：《〈最高人民法院关于全面深化人民法院改革的意见〉读本》，人民法院出版社 2015 年版，第 21 页。

成为人们解决纠纷的常用途径，诉讼不再是一种羞于提起、难以实现的救济手段。但随着法院审理的案件数量越来越多，法院的各项工作机制却没有得到相应的升级和完善。法院在社会治理和国家治理的过程中，所承担的司法工作和司法职能到底发挥着什么样的价值，是怎么样的定位，值得我们予以探究。

（1）解纷论。解纷论将人民法院的工作价值及目标锁定为纠纷的解决，其认为只要当事人的纠纷能够得到解决，法院的工作便实现了其价值。虽然纠纷解决是法院应当发挥的首要职能，但法院不能将纠纷解决作为其唯一的价值追求。在司法实践中，持有解纷论观点的法官往往专注于对纠纷的解决，片面地追求案件的结案率，缺乏对当事人权益的合法保障。若因片面追求调解率而导致司法公信力受损，会使司法机关失去群众的信任基础，有损司法权威，不利于司法对于社会治理和公民权益的维护。

（2）稳定论。稳定论的观点将人民法院的工作价值定位于维护社会秩序稳定，以当事人服判息诉作为法院工作的终极目标。但应当看到，为寻求一个案件、一项程序的稳定而损害司法程序、司法公正的行为是不可取的，也是不长远的策略，一时的服判息诉不能代表当事人问题的真正解决。作为国家司法机关的法院应当充分行使司法审判权，对于当事人的权益予以保护，努力为当事人寻求实体公正与程序公正的双重保护。习近平总书记强调："一纸判决，或许能够给当事人正义，却不一定能解开当事人的'心结'，'心结'没有解开，案件也就没有真正了结。"[1]只有真正对公民权益予以保护，才能实质性地解决纠纷，才能获得长久的社会稳定和国家的长治久安。

（3）正义论。持正义论者认为只要法院的审判符合法律规定的公平正义，法院的工作价值就能够实现。将公平正义作为人民法院工作的价值追求和最终目标符合我国社会主义制度的本质。习近平总书记强调："司法是维护社会公平正义的最后一道防线。公正是司法的灵魂和生命。"[2]将公平正义作为司法工作的终极价值具有重要意义和理论价值。但是在目前的司法实践中，社会公众与法官之间对于正义的理解和认知还存在一定的偏差，导致法院自身以及法律系统与社会系统对于正义的评价体系存在一定的差距。习近平总书

---

〔1〕　习近平：《论坚持全面依法治国》，中央文献出版社2020年版，第23页。

〔2〕　习近平：《论坚持全面依法治国》，中央文献出版社2020年版，第147页。

记强调："……决不能让不公正的审判伤害人民群众感情、损害人民群众权益。"[1]将正义论作为司法工作的核心价值理念，同时兼顾解纷论与稳定论的合理成分，以解决影响司法公正、制约司法能力的深层次问题为切入点，以确保人民法院依法独立行使审判权为重心，着力建设具有中国特色的社会主义审判权力运行体系。[2]

因此，从司法权的属性来看，不论是独任法官还是合议庭，作为司法的裁判者都应当具有独立行使司法权的地位和权限，若司法裁判者都不能独立自主地行使权力，那么司法审判的过程也将变成没有实质意义的司法仪式，而失去司法裁判的职能。[3]建立以法官独立为核心的司法体制改革的理论基点需要注意以下内容：

首先，法官独立审判的核心是法官在司法裁判的过程中能够依法独立地行使判断权力。不仅要保障法官拥有依法作出判断的权力，而且这种权力应当保证法官可以不受干涉、独立行使。无论是独任法官还是合议庭，其作为司法权的行使主体，通过法定程序依法独立行使审判权作出的裁判结果具有确定性，其他任何机关、组织和个人不得对裁判结果予以干涉，除经过法定上诉程序和再审程序外，独任法官和合议庭作出的裁判结果不得被改变或推翻。

其次，法官应当获得为维护其独立审判权所必需的必要保障。这种保障一方面来自身份物质保障，即法官独立行使司法权并对案件的裁判结果承担责任，这预示着法官需要独立承担责任，有责任就会有风险，而这种风险是由于强调审判权独立而产生的，法官需要增强身份认同以及增加工资待遇来保证责任的承担。同时法官在司法审判的过程中，由于个人知识的局限性以及立法的滞后性，即便完全依法裁判也可能会使案件出现纰漏或者错误，而在法官终身负责制的情况下，为了减轻办案法官的压力，促使法官积极主动地履行司法审判权，应当对独任法官和合议庭成员适当予以司法豁免，即案件承办法官不应因裁判案件而被追究法律责任，包括纪律责任和民事责任。只有在法官实施了违反法官职业伦理的行为时才能予以追责，其他情况不应

〔1〕 习近平：《论坚持全面依法治国》，中央文献出版社 2020 年版，第 205 页。

〔2〕 参见最高人民法院司法改革领导小组办公室编：《〈最高人民法院关于全面深化人民法院改革的意见〉读本》，人民法院出版社 2015 年版，第 22 页。

〔3〕 陈瑞华：《司法体制改革导论》，法律出版社 2018 年版，第 70 页。

追究法官在裁判案件过程中的责任。

再次，法官独立审判应当建立在上下级法院的"审判独立"的基础之上。法官的独立审判不仅要在本级法院内部保证不受院长、副院长等行政职务人员的干涉，还应当保障下级法院的案件承办法官独立于其上级法院，下级法院已经审理的案件，不论是上级法院还是更高层级的法院都无权以案件批示等形式予以干涉，或者给出任何倾向性的裁判意见。

最后，在尊重人民主权原则的前提下，强调由全国人民代表大会及其常务委员会产生最高司法裁判机关，而省级人民代表大会及其常务委员会产生省级以下的地方司法裁判机关。形成省级的人财物统一管理制度，形成中央和省级两层司法权配置的新格局。

（二）司法改革的现实动因

新时代社会的主要矛盾反映在司法领域是人们对于案件质量和效率的需求已经同当下司法机关所掌握的资源和司法资源的运行规则之间产生了不相适应的问题。在社会转型的新的历史时期，"原有的社会结构体系受到冲击或者被打破，新的社会结构体系和运作秩序需要循序渐进地建立，以满足人们的新需求"，[1]包括司法制度也是如此，任何政治制度都要通过不断完善去适应人民日益增长的各项需求。[2]本轮司法改革既是对我国司法制度的整体优化，对历史实践的继承和延续，也是在新时代下对于我国司法制度逐渐不能满足人民日益增长的司法需求的回应和调整，具有深刻的现实动因。

1. 新时代主要矛盾的变化是司法改革的根本动因

经济基础决定上层建筑。我国的社会结构、经济结构、市场主体、经济形势、社会心理及文化等多方面因素都发生了较大的转变。从最根本的社会生产力来看，我国的社会生产力水平已经有了明显的提升，生产制造能力、科学技术水平等很多方面已经走在了世界的前列，曾经存在于我国的物质资源短缺、基本社会需求缺乏的经济状况以及与此相适应的社会制度等各种要素均已发生了根本性的转变。从社会需求的角度来看，随着社会生产力的提高，人们的生活水平也逐渐提高，人们不再满足于之前物质性温饱的生活，

---

〔1〕　参见姜小川：《司法的理论、改革及史鉴》，法律出版社2018年版，第111页。

〔2〕　参见曹全来、冯俊贤：《当代中国司法体制改革与国家治理现代化研究》，载《汕头大学学报（人文社会科学版）》2019年第4期。

而是将视角转到如何更好地满足优质生活的领域。因此，人们对于社会管理和政治服务乃至于司法制度服务等国家公共服务领域已经从"有没有"的需求转变为"好不好"的需要，人们对于社会制度、政治服务、司法政策等内容的要求已经出现了质的转变，呈现出需求的均等化、优质化、规范化、便捷化的新特点。

基于社会结构以及经济基础的深刻转变，我国党的十九大报告中对社会的主要矛盾作出了重大论断，指出："中国特色社会主义进入新时代，我国社会主要矛盾已经转化为人民日益增长的美好生活需要和不平衡不充分的发展之间的矛盾。……我国社会主要矛盾的变化是关系全局的历史性变化……我国社会主要矛盾的变化，没有改变我们对我国社会主义所处历史阶段的判断，我国仍处于并将长期处于社会主义初级阶段这个基本国情没有变，我国是世界最大发展中国家的国际地位没有变。"[1]根据党的十九大报告对于我国新时代社会主要矛盾转变的阐述和认识，我们应当认识到我国当前的司法制度已经不能适应新时代人民的需求和社会的发展，应当根据社会治理出现的新问题、新矛盾、新需要构建更加公正、高效、规范的社会主义司法制度体系，同时解决社会治理层面中出现的矛盾纠纷更加复杂、化解难度加大等新时期的新问题。但是在司法体制变革的过程中，我们也应当严格遵循我国仍处于并将长期处于社会主义初级阶段的这一基本国情，根据我国的实际情况，因地制宜、因势利导，构建既符合中国特色社会主义基本国情的司法制度，又能够在经济快速发展的新时代充分满足人民对于司法的期待、对于公正的追求。

2. 党关于司法体制建设的新理念是司法体制改革的理论动因

司法体制是国家政治体制的重要组成部分，司法体制改革是健全社会主义法治、建设社会主义国家的关键环节。党的十八大以来，以习近平同志为核心的党中央逐步提出了关于司法体制改革的一系列新思想新理念，为司法体制改革提供了理论动因。[2]司法理念是司法文明的内核，司法制度是司法文明的外壳。[3]我国目前的司法改革处于时代的节点上，只有在适合我国司

---

〔1〕 习近平：《决胜全面建成小康社会夺取新时代中国特色社会主义伟大胜利》，载《人民日报》2017年10月28日。

〔2〕 参见崔永东等：《司法改革战略与对策研究》，人民出版社2021年版，第114页。

〔3〕 马毓晨：《中国司法理念的变迁》，中国法制出版社2022年版，第2页。

法实际和国情的司法理念指导下的司法制度才能焕发出新的生机与活力，才能实现中国特色社会主义法治建设的蓬勃发展。那么在当下的社会发展和国家司法改革的进程中，什么样的司法理念才是适合我国的司法理念呢？可以从以下几个方面予以审视与考量。

（1）司法理念应是本民族文化传统的体现。每个民族在早期的发展阶段，法律同语言、习俗或者建筑一样，都蕴含着一个民族的特色与烙印，具有一个民族的固定特征，而且难以与民族完全分割，而联系着法律与民族的纽带便是整个民族的共同信仰与共识。中国具有独特的家国一体的信仰，所谓"修身齐家治国平天下"，即认为一个人在自身人伦道德良好的基础上可以维护好自己的小家，能够使小家富足后，才能够将这种德行扩大至整个国家的治理。对于中国人来说，离开人伦道德，便无家国，也无法治。与道德融为一体的良法才能更接近实质正义，才能使人们更容易接受法律、信仰法律，实现法律的权威。[1]这一理念在司法领域表现为司法公信力。

司法公信力是一个国家法治水平的综合性体现，是社会公众对司法机构和司法人员的信赖程度的依据。如果我们站在整体系统的立场上看，则可以说司法公信力建设绝非一个局部性问题，而是具有全局意义的基础性问题。这就需要我们必须从宏观与微观相结合的角度来正视、研究这一问题。[2]而评判司法公信力主要包括三个方面：一是当事人的服判息诉率；二是人民群众的满意度；三是工作报告的赞成率。[3]这三个方面都体现了人民群众对司法的态度和信任度，当事人在具体案件中服判息诉是对司法信赖利益的直观体现，人民群众的满意度是对司法工作的整体社会评价，而司法工作报告的赞成率则是我国人民作为国家的主人对于自己授权的事项的最后查验，是对司法信任的最高评价。

习近平总书记指出："司法体制改革成效如何，说一千道一万，要由人民来评判，归根到底要看司法公信力是不是提高了。"[4]能够获得人民认可的法律才是适合中国社会和中国国情的法律，在当代民众生活中，无论社会如何

---

〔1〕 马毓晨：《中国司法理念的变迁》，中国法制出版社 2022 年版，第 206 页。

〔2〕 参见崔永东：《从系统论视角看司法公信力建设》，载《暨南学报（哲学社会科学版）》2023 年第 3 期。

〔3〕 黄文艺：《论习近平法治思想中的司法改革理论》，载《比较法研究》2021 年第 2 期。

〔4〕 习近平：《论坚持全面依法治国》，中央文献出版社 2020 年版，第 147 页。

变革和进步，流淌在中国人血脉里的文化基因从未改变，中国人一直将"礼仪道德"视为规制自身行为的首要原则和标准，"礼"在中国现代社会中依然发挥着调整社会关系与规范社会秩序的职能。

因此，在当代中国社会，人们依旧具有共同的价值取向、具有共同的是非判断标准、具有共同的为人处世准则，这些依旧是源于中国传统的价值观念，如果全盘否定这些价值取向和心理准则，那么，国家的司法理念与制度也将失去其推行的民众心理基础。[1]

（2）司法理念应是社会实践的反映。马克思说，法律要以社会为基础，法律应当是社会共同利益的表现，而不应当是单个人的恣意横行。[2]随着改革的深入和经济社会的发展，社会中的纠纷和法律事件频发，侵害着司法的稳定性和法治社会的底线，而法律作为维护社会秩序的工具必须对社会需求做出回应。诚如国家的发展进程一样，司法理念的变迁体现了国家和社会的发展历程和发展规律。自晚清以来，我国的司法理念经历了从传统的"以和为贵"的和谐司法理念逐渐演变为了自强求富且主张向西方学习法制的理念。近代时期，国民党政府为了实现革命的目标提出了以"三民主义"为思想理论指导的"司法党化"的理念。直到21世纪初，中国共产党根据中国的司法实践以及法治建设的目标，提出了具有中国特色的社会主义法治理念，我国才真正探索出了符合我国国情、反映我国社会实践的司法理念。我国以习近平法治思想为核心的新时代的司法理念表明：我国的司法理念应当是体现鲜明的中国特色、反映中国实际的理念，是真正能够服务于实践、服务于人民的司法理念。[3]

（3）司法必须服从政法传统。政法传统的核心问题是法律与权力的关系。在中国的政法传统的概念中，司法至少承担两项职能：一是政治职能，二是社会职能。政治职能要求司法在改革、运用和实施等过程中要兼顾对国家战略和长远目标的遵守，这一职能要求从近代的力求独立自主、繁荣富强到今日的寻求国家综合实力的提高、长治久安，即司法需要为国家发展大局服务。而司法的社会职能又要求司法能够实现对具体纠纷的合理解决，更看重司法

---

〔1〕 参见马毓晨：《中国司法理念的变迁》，中国法制出版社2022年版，第207页。

〔2〕 参见《马克思恩格斯全集》（第6卷），人民出版社1961年版，第291页。

〔3〕 参见马毓晨：《中国司法理念的变迁》，中国法制出版社2022年版，第204~205页。

的社会治理职能。当这两者发生冲突时，在政法传统理念下，社会职能要让位于政治职能。张文显教授指出，我们的法律要为政治服务，我们要讲法律的政治职能，但也要关注法律的正义和人权价值。[1]因此，我国的司法需要为政治服务，具有明显的政治职能是我们不可忽视的一个特征，这是具有中国特色、中国传统的司法理念，是深深根植于中国官方和民众心中的传统法律文化，司法理念的转变、司法改革的推进，都需要服从于这一传统。

（4）司法要坚持综治模式。法律不是万能的，试图将社会秩序完全依托在法律之上是难以实现的目标。根据中国多年的本土经验来看，只依靠法律、依靠法院来解决社会矛盾和纠纷是不现实的。德治和法治相结合是治国理政的基本方式。首先，道德和天理人情等人文因素使司法不再是抽象的条文，而是成为能够为民众所理解的行为准则。其次，由于德治及天理人情的包容度较强，也可以很好地弥补成文法本身所固有的滞后性与僵化性的缺点，可以使法官更加灵活地适用法律、使民众更好地理解法律。最后，在司法中，法律原则、法律规则的适用问题也可以通过与当地的风土人情、道德伦理等相互结合、相互转化，使法官更好地理解抽象性的、专业化的法律原则和规则，使法律原则和规则的适用难题得以化解。总之，我们应当坚持综合治理的司法理念，这不仅是现实需要的结果，也是我国千百年来民族发展的文化结晶和历史传统。

（5）司法坚持与自治的良性互动。自治是社会主体自我管理、自我负责的社会治理方式，是社会治理的高级形态。随着社会自治组织整体实力的不断提高，其以后将会成为社会政策的重要执行者和社会服务的重要提供者，并最终成为我国社会主义现代化建设不可或缺的重要力量。[2]对于社会中出现的能够为司法起到辅助作用的社会组织的服务，我们要善于运用并积极转化，通过不断完善各类"软法"性质的社会规范，例如民间法、行业协会规范、村规民约等，逐步形成具有多层次效力的规范体系。[3]通过社会规范体系的作用，可以更好地实现社会管理，既可以减轻司法的压力，还可以充分

---

〔1〕　参见张文显：《中国社会转型期的法治转型》，载《国家检察官学院学报》2010年第4期。

〔2〕　参见张文显：《中国法治四十年：历程、轨迹和经验》，载《吉林大学社会科学学报》2018年第5期。

〔3〕　参见马毓晨：《中国司法理念的变迁》，中国法制出版社2022年版，第210页。

利用社会资源，形成国家、社会、个人三位一体的良性社会治理模式，将法治、德治、自治有效统一，实现整个社会的共建共治共享的良好局面，提升整个社会的治理水平。

因此，作为整个司法改革甚至是司法制度运行的理论基础，司法理念应当具有高度的包容性，既要继承优秀的传统法律思想，遵循政法工作规律的传统，又要兼顾当下实践发展状况，善于综合治理，吸纳各方力量，努力形成一个既具有中华传统的和谐司法内核，又能够体现当代司法为民思想的新时代司法理念。

3. 司法工作面临的实际挑战是司法改革的现实动因

虽然我国在不断完善和调整司法体制和司法机制，但由于经济社会的深刻变革以及之前的改革大多是局部调整或者是尚未涉及深层次的问题等原因，导致我国的司法领域仍旧存在一些发展困境，使得人民法院的司法工作机制与经济社会发展速度和人民群众对司法的需求不相适应。司法改革是我党在对现有制度深刻理解的基础上制定改革方针以使我国司法制度和体系更趋完善的改革。[1]

（1）案多人少的工作压力。案多人少一直是我国司法所面临的实际困境，特别是基层人民法院的这一矛盾更加突出，虽然基层人民法院不断推出诉讼调解、诉源治理等多元化的纠纷解决机制，但都没有彻底消解这一问题，说到底是由于我国经济社会发展，社会主体数量骤增，经济关系也更为复杂，很多民商事纠纷难以通过民间手段予以解决，当事人为了寻求稳固、可靠的保护手段，更愿意通过或者说只能通过司法的手段予以解决。由于司法以国家强制力作为后盾，具有为当事人提供更为可靠的保护手段的这一优势，使社会主体都更加青睐司法救济手段，人们通过司法手段维护自身权益的意识得以不断提高，诉讼案件数量也就呈现不断增长的态势。另外一个原因是司法机构和司法运行机制本身并不完善，难以实现司法权力的高效运行，不仅导致了司法资源的浪费，而且难以满足群众的司法需求，使得案件堆积，最终导致案多人少的困境出现。

---

〔1〕 参见高一飞、陈恋：《习近平关于司法改革重要论述的理论体系》，载《广东行政学院学报》2019 年第 6 期。

（2）杜绝冤假错案的发生。我国近些年一些冤假错案相继被暴出，不仅直接损害了当事人的利益，也严重损害了社会公众对于司法的信任，损害了司法权威，这不仅从反面反映出某些司法工作人员的职业素养存在缺陷，还反映出我国的司法制度和司法权的运行机制也存在一定的问题。深入司法体制改革，规范司法权的运行规律，就是要从制度上，从运行机制上杜绝冤假错案的发生，使司法体制更加科学、更加规范、更加透明，使企图滥用职权之人无可乘之机，从源头上防范冤假错案的发生。

（3）避免司法不公的出现。司法是维护社会正义的最后一道防线，是人民群众维护自身合法权益的最后一项选择。但在司法实践中，司法工作人员的司法廉洁问题还依旧损害着司法机关的整体形象，侵蚀着司法机关的社会权威，尤其是一些司法工作人员违法、违规办理关系案、人情案、金钱案，个别领导干部干预、过问、插手案件的审判过程和审判结果等问题还比较突出。[1]司法改革必须对这些问题予以高度重视，从司法体制上、从司法机关和司法人员的管理规则上严格限制、规范司法人员的行为，优化司法权力的行使过程和结果的监督机制，从根源上杜绝司法不公现象，还社会大众一个值得信赖、值得依靠的司法机关。

三、司法改革的原则、目标和方法

（一）司法改革的原则

习近平总书记在党的十八届四中全会上关于司法体制改革的基本原则的论述，是在总结以往三十多年的实践经验基础上，指出司法体制改革应当坚持守正创新，既继承了我国传统司法文明的优秀成果，又吸收了国外司法改革的先进经验，建构了中国式现代化司法体制改革的逻辑起点与基本走向。[2]在改革过程中，基本原则起到了稳定和引导的作用，可以为改革提供明确的框架，能够更好地应对改革过程中遇到的困境和变化，为改革提供稳定性和持续性。

1. 坚持党的领导

中国式司法制度是政治性、人民性和法律性的有机统一。政治性是其首要特征，司法制度的政治性要求其应当坚持党的领导，在司法领域具体体现

---

〔1〕　参见崔永东等：《司法改革战略与对策研究》，人民出版社2021年版，第117~118页。

〔2〕　江必新：《习近平法治思想中司法改革理论述要》，载《中国应用法学》2023年第3期。

为："党支持司法，确保司法权依法独立公正行使，禁止领导干部非法干预司法活动，优化司法职权配置，规范司法行为，保证公正司法，维护社会公平正义。"[1]在党的领导下，司法机关与其他机关根据宪法和法律的规定，行使各自的职权，分工负责、相互配合、相互制约，使国家权力在公平正义的环境中有序运转。人民法院是中国共产党领导下的国家审判机关，是人民民主专政的国家机器的重要组成部分。在司法工作的各个方面、各个环节自觉坚持党的领导，是新时代人民法院能动司法的根本政治保证。[2]中国司法建设坚持党的领导具有深厚的历史基础、理论基础和实践基础。

首先，从历史上看，在司法活动中坚持党的领导，是在践行通过政治民主协商而订立的契约。[3]新中国的政治制度和国家机构都是在党的领导下建立起来的，党的领导是一切国家制度运行的保障，党对于国家机关的领导在新中国成立时期就已经通过政治民主协商确定下来了，在司法工作中坚持党的领导不仅具有深厚的历史基础，还是我国宪法规定的重要内容。

其次，坚持党的领导可以为司法改革提供科学的理论指导。党的十八大以来，习近平总书记从坚持和发展中国特色社会主义法治道路的战略全局出发，创造性地提出了一系列适合中国国情、符合中国特色的新观点、新理念、新思想，创立了习近平法治思想，为新时代中国特色社会主义法治建设，创建社会主义法治国家提供了根本遵循和行动指南，是司法体制建设和司法改革的理论法宝。[4]

最后，从现实基础来看，坚持中国共产党的领导是中国特色社会主义法治道路的根本保证。根据我国已经完成的几轮司法改革的过程和结果来看，改革过程中的顶层设计、制度推进以及内容落实等改革的各个方面、各个阶段都是在党的领导下进行的，只有在党的领导下，才能破除改革过程中的各种难题，全力推进改革，实现法治建设。

从这个意义上说，党依法执政是我国法治建设的根本保证，完善司法制

---

〔1〕 张文显：《习近平法治思想的基本精神和核心要义》，载《东方法学》2021 年第 1 期。

〔2〕 公丕祥：《论新时代人民法院能动司法的主要特征》，载《中国应用法学》2024 年第 1 期。

〔3〕 胡云腾、程芳：《论坚持党的领导与坚持依法独立行使审判权》，载《江汉论坛》2014 年第 11 期。

〔4〕 参见高一飞、陈恋：《习近平关于司法改革重要论述的理论体系》，载《广东行政学院学报》2019 年第 6 期。

度、履行司法职责，既是党依法执政、治理国家的内在要求，也是巩固党的执政地位的重要方面。[1]但坚持党对司法工作的全面领导，也并不意味着党可以干涉具体案件的承办，而是需要在遵循司法规律的基础上，不断完善党对司法的领导方式，优化党的执政方式，提升党的执政水平。党与社会主义法治建设的目标和本质是一致的，党在整个国家建设中处于总揽全局、协调各方的地位，党组织对于司法工作的领导主要是在方针政策上的领导和组织上的领导，而不宜参与具体的办案工作。[2]

2. 坚持宪法和法律至上

宪法和法律至上是我国社会主义法治建设的统摄性原则。坚持宪法和法律至上就是要维护宪法权威，遵循宪法的基本准则，坚持各项改革于法有据，坚持改革与法治相结合，坚持在法治轨道上推进改革措施、取得改革成果。习近平总书记阐述了坚持司法改革与坚持宪法和法律至上的辩证关系：首先，坚持宪法和法律至上要坚持立法决策与改革决策相统一，促进改革与法治进程同步，不能以改革为由擅自随意突破现有的法律红线，不能以改革为由突破现有的宪法法律规定。其次，要实现深化司法体制改革与迈向良法善治相统一。深化司法体制改革需要良法善治的法治环境给予保障，而要想实现良法善治也需要科学的司法体制的支撑。最后，对于司法体制改革过程中出现的需要立法的问题，要及时提出法律法规的立改废释程序，完善和加强法律的备案审查制度，优化法律规范，坚持司法体制改革不仅要做到于法有据，而且要使法律规定与改革目标、改革举措相适应、相协调，相辅相成、共同发展。[3]

3. 坚持尊重审判权的权力属性

审判权作为一种判断权和裁决权，其权力属性应当是权力主体之间的独立性和平等性。不同于行政权力的命令和服从式的科层制特点，司法体制改革过程中应当充分体现审判权作为判断权和裁决权的权力属性，充分尊重审判权的行使主体即法官的独立性，充分尊重和保障法官在办理案件的过程中

---

〔1〕　江必新、马世媛：《以习近平法治思想引领司法审判工作论要》，载《中国应用法学》2022年第1期。

〔2〕　参见姚莉：《习近平公正司法理念的内在逻辑及实践遵循》，载《马克思主义与现实》2021年第4期。

〔3〕　江必新：《习近平法治思想中司法改革理论述要》，载《中国应用法学》2023年第3期。

的亲历性。[1]审判权力在行使主体的地位、行使的过程、权力的保障机制以及问责机制的程序设计等内容上都应当充分尊重审判权的权力属性，设计符合司法规律、符合审判权运行规律的制度。

4. 坚持整体推进

人民法院深化司法改革，应当着力解决影响司法公正、制约司法能力的深层次问题，破解体制性、机制性、保障性障碍，同时要分清主次、突出重点，以问题为导向，确保改革整体推进。[2]司法体制改革要从全局谋划、从全局出发、从全局提出改革举措，避免使改革沦为某个部门的利益扩张工具。习近平总书记强调："中央政法单位要带好头，无论是制度、方案的设计，还是配套措施的推出，都要从党和国家事业发展全局出发，从最广大人民根本利益出发。"[3]坚持服务于党和国家事业发展全局，才能全面理解和正确对待各项重大改革举措，深刻领会司法改革的重大现实意义和深远历史意义，才能做到自觉支持改革、拥护改革。[4]

5. 坚持公平正义的价值目标

公平正义的价值目标是人民群众诉诸司法解决纠纷的最基本要求和期盼。在诉讼程序中，实现正义意味着法庭应当赋予当事人在法律上应得的权利和救济，并且这种权利和救济在当事人之间是平等的。这就意味着：当事人之间没有人会在程序设置的条件下被区别对待、也没有人会在平等的程序中被优先对待、与其他人相比较，没有人会存在承担更高风险的可能性。[5]这种平等最直观的体现便是判决的公正性，因此，司法制度改革必须通过充分的步骤来保障公正判决的作出，这是对司法上公平正义的价值追求的基本程序保障内容。

6. 坚持符合国情和遵循司法规律相结合

司法体制改革必须兼顾遵循中国国情与遵循司法规律的双重原则。中国

---

〔1〕 最高人民法院司法改革领导小组办公室编著：《〈最高人民法院关于完善人民法院司法责任制的若干意见〉读本》，人民法院出版社 2015 年版，第 44 页。

〔2〕 参见最高人民法院司法改革领导小组办公室编：《〈最高人民法院关于全面深化人民法院改革的意见〉读本》，人民法院出版社 2015 年版，第 2 页。

〔3〕 习近平：《论坚持全面依法治国》，中央文献出版社 2020 年版，第 148 页。

〔4〕 习近平：《论坚持全面依法治国》，中央文献出版社 2020 年版，第 101 页。

〔5〕 参见齐树洁主编：《民事司法改革研究》，厦门大学出版社 2006 年版，第 11 页。

的司法改革具有中国特色、蕴含中国色彩，是在中国的广袤大地上，在中国多年司法实践和社会发展的基础上进行的改革，必须遵循中国的国情。司法改革只有遵循中国的政治制度和经济发展水平进行改革，只有符合中国和谐司法、公平正义的文化观念，才能保持蓬勃旺盛的生命力。[1]坚持符合国情，一方面要认真研究我国的传统法律文化、探究我国几千年来传统文化中蕴含的司法精华和法制底蕴，分析经验、吸取教训，择善而用。另一方面，也要积极总结当代司法体制改革以及司法活动的实践经验，分析当代司法理念与司法内涵，总结当代党领导人民进行法治实践的成果经验，丰富法治文化的时代内涵。而司法又具有专业性，司法规律不以人的意志为转移，司法改革不能忽视法律运行、司法程序本身的规律性、专业性和规范性，司法规律是顺利开展司法改革、形成正确的改革方向的基本准则。深化司法改革须以遵循司法规律为其出发点，在司法改革的制度设计上，遵循审判权的独立性、中立性、程序性和终局性特征，着力构建以审判权为核心、以审判监督权和审判管理权为保障的审判权力运行机制。[2]要坚持权责明晰，制定清晰的权力清单和职责清单，实现法定职责必须为，法无授权不可为，促使审判权依法规范运行；要坚持权责统一，享有多大的权力，就应当承担多大的责任，实现有权必有责，失职必担责；要坚持制约有效，办案责任问责机制和法官惩戒机制必须有效运行，严格依法追究违法审判责任。[3]

（二）司法改革的目标

司法改革的目标是司法改革的基础性、前提性问题，是司法改革的指引和方向。"深化司法体制改革，建设公正高效权威的社会主义司法制度。"习近平总书记的这一论断为司法改革的目标提供了清晰指引和有力论述。深化司法体制改革、完善我国的司法环境和审判环境，就要坚持习近平总书记指出的司法体制改革目标，坚持创建和维护公平高效权威的司法环境，将其转化为具体的改革方案和步骤。公正、效率、权威是中国特色社会主义司法制度的三个本质特征。公正是司法的生命、效率是司法的形象、权威是司法的

---

[1] 高一飞、陈恋：《习近平关于司法改革重要论述的理论体系》，载《广东行政学院学报》2019年第6期。

[2] 江必新：《习近平法治思想中司法改革理论述要》，载《中国应用法学》2023年第3期。

[3] 最高人民法院司法改革领导小组办公室编著：《〈最高人民法院关于完善人民法院司法责任制的若干意见〉读本》，人民法院出版社2015年版，第46页。

力量。[1]一个案件只要能够获得公正的处理便可以说是有价值的，但这种价值若是以牺牲效率为代价而做出的，价值的意义便会大打折扣，从而也会影响司法在社会中的公信力和司法权威。因此，公正、效率和权威三者是司法活动的重要指标，是我们进行司法改革的首要目标。

1. 维护司法公正

司法公正是指司法审判人员在司法和审判的过程和结果上都应当体现公平和正义的原则。司法公正包括三个层面的内容：一是在诉讼程序上平等地对待诉讼各方当事人，平等地保护各方当事人的诉讼权利，平等地要求各方当事人承担相应的诉讼义务。二是在裁判实体上，坚持权利标准，维护法定权利，对当事人坚持有权必保护，侵权必追究的原则。三是在裁判结果上要有利于社会稳定和良性发展。[2]2014 年习近平总书记在中央政法委工作会议上对司法公正提出了"四个决不允许"的要求，即决不允许对群众的报警求助置之不理，决不允许让普通群众打不起官司，决不允许滥用权力侵犯群众合法权益，决不允许知法犯法造成冤假错案，从司法的全过程和整体上的公正予以定位，强调了司法公正的重要性，为新时代司法改革、保证司法公正提供了思想指引。[3]

2. 提高司法效率

司法公正不仅包括司法过程中对于实体权利保护的平等对待，还包括在审理案件过程中的迅速裁决。司法的效率是当下社会公众对于司法的另一项要求。司法公正的实现依赖于司法效率的提高，司法资源的稀缺使得司法必须有高效率，否则其结果就是无法实现司法公正的初衷，要实现司法效率就应当及时审判，这是决定当事人能否获得公正审判的关键。[4]针对提高司法效率我国相继进行了繁简分流改革、速裁程序以及智慧司法等内容，都是在公平正义的基础上，提升司法机关办案效率和当事人诉讼参与效率的努力。我国以及世界各国的司法实践表明，只有对案件按照性质、类型和繁简程度予以分流、分案、分道承办，才能有效解决司法效率低下的问题，构建公平

---

〔1〕 参见蒋惠岭：《司法改革的知与行》，法律出版社 2018 年版，第 389 页。

〔2〕 参见胡夏冰、冯仁强编著：《司法公正与司法改革研究综述》，清华大学出版社 2001 年版，第 4 页。

〔3〕 参见江必新：《习近平法治思想中司法改革理论述要》，载《中国应用法学》2023 年第 3 期。

〔4〕 参见崔永东等：《司法改革战略与对策研究》，人民出版社 2021 年版，第 94 页。

高效的司法制度。

3. 保证司法权威

法律权威源自人民的内心拥护和真诚信仰。人民权益要靠法律保障，法律权威要靠人民维护。司法权威是我国法治进程中的重心，其作为一种正当权威，是司法权排他性、独立性的体现，是事实性与规范性的统一。司法的权威性具体表现在以下几个方面：

第一，争议的最终裁决权。审判机关对于具有法律性质的争议拥有管辖权，只要当事人付诸司法程序的争议，法院拥有对案件依法作出裁决的权力，并且法院做出的裁决具有终局性和拘束力，其他任何机关和组织、个人都不得对法院的终局性裁决予以改变，这也是法院所享有的司法权具有排他性的权力属性的体现。但法院对于争议的最终裁决权也决定了法院必须通过公平正当合法的程序，对当事人的争议做出裁决，裁决的过程和结果都必须做到公平合法，这也是司法具有权威性的前提。

第二，司法秩序的不可侵犯性。司法活动主要是由法官在司法过程中主持进行的。司法之所以能够区别于民间的私力救济一个显著的区别就是司法活动的不可侵犯性，这是诉讼程序作为国家公权力救济程序的必然要求。所有的司法活动都必须依据法律进行，当事人不得在法庭上做出违反法律规定、违反法庭秩序的行为，一切对法庭审理和司法活动存在干扰和侵犯的行为都会受到国家强制力的惩戒。

第三，仪式上的权威性。法官在服饰上、法庭席位等方面的标志有别于其他国家机关的工作人员，具有特殊的仪式感。法官的这种仪式感不仅可以增强法官自身的职业荣誉感与使命感，使法官更加严谨、认真地对待案件的审理，还可以使当事人更加严肃地参与法庭的审理，有利于对当事人形成形式上和氛围上的威慑力，使当事人认真行使权利、积极履行义务，诚实地参与案件审理，促进案件的审判进程和提高诉讼效率，这些仪式上的权威性不仅展现着法庭的尊严和司法的权威，更对于形成诚实守信的司法氛围具有一定的积极作用。[1]

树立司法权威是深化司法改革的重要切入点，司法权威的实现需要三个方面的条件："一是司法权力保障所需要的条件，二是知识优越性所需要的条

---

[1]　参见蒋惠岭：《司法改革的知与行》，法律出版社 2018 年版，第 7 页。

件,三是司法道德性所需要的条件。"〔1〕司法权威不同于具体的司法制度,其更像是一种社会信仰和精神,是公民对于司法活动、司法机关及司法工作人员的内心评价和真实的反馈,是公正司法、平等地维护人民权益,实现使人民在每一个司法案件中都能感受到公平正义的必然结果。

(三)司法改革的方法

党的十五大之后,司法改革上升到党和国家的整体战略层面,从改革纲领的提出到改革议程的形成,从改革规划的作出到改革方案的出台,司法改革的过程已经越来越规范化,逐渐形成了明晰的政治脉络和操作流程。〔2〕

1. 坚持正确的方向与遵循司法规律相结合

司法改革是事关我国经济社会稳定和国家长治久安的顶层设计,司法改革的方向与成效事关国家的长治久安,司法改革必须坚持正确的方向,坚持党的领导,坚持中国特色社会主义法治道路,坚持中国特色社会主义司法制度。习近平总书记指出:"司法制度是上层建筑的重要组成部分,我们推进司法体制改革,是社会主义司法制度自我完善和发展,走的是中国特色社会主义法治道路。党的领导是社会主义法治的根本保证,坚持党的领导是我国社会主义司法制度的根本特征和政治优势。深化司法体制改革,完善司法管理体制和司法权力运行机制,必须在党的统一领导下进行,坚持和完善我国社会主义司法制度。"〔3〕司法规律是司法活动的本质属性和内在规律,只有遵循司法规律才能确保改革的正确性和科学性,才能有序推进司法体制改革,只有坚持依据司法规律制订改革方案、推进改革进程,才能确保改革成果经得起历史和实践的检验。深入推进司法体制改革,既要坚持中国特色社会主义司法制度,又要充分尊重司法运行规律,科学推进改革进程。

2. 坚持制度自信与正确认识存在的问题相结合

习近平总书记在庆祝中国共产党成立 95 周年大会上明确指出,中国共产党人要坚定"四个自信",即道路自信、理论自信、制度自信和文化自信。其中,制度自信是对中国特色社会主义制度具有制度优势的自信,其中包含对于司法制度的自信。我国的司法制度是具有鲜明中国特色、中国优势的司法

---

〔1〕 李桂林:《司法权威及其实现条件》,载《华东政法大学学报》2013 年第 6 期。

〔2〕 何帆:《积厚成势:中国司法的制度逻辑》,中国民主法制出版社 2023 年版,第 163 页。

〔3〕 习近平:《论坚持全面依法治国》,中央文献出版社 2020 年版,第 147 页

制度，是中国共产党领导中国人民不断探索和实践，经过多年司法实践和改革成果检验的司法制度，是具有鲜明中国特色、制度优势、强大自我完善能力的先进制度，是能够推动中国社会发展、维护社会稳定，能够保障人民群众自由平等权利和幸福美好生活的制度，我们应当对我们的司法制度具有制度自信。我们在为我们的司法制度感到自信的同时，也看到了我国当前司法制度与人民司法需求不匹配的地方，我们的制度自信是建立在深刻认识司法制度的基础上，勇于发现制度的问题，并实事求是地予以解决，我们的制度自信是建立在承认制度不完善的基础上的自信，是能够坚持对司法制度的积极认可与改革创新的自信，是在坚持中国特色社会主义司法制度的基础上，不断推进司法制度体系的完善和发展，更好地增强走中国特色社会主义法治道路的信心和决心。[1]

3. 坚持以人民为中心

司法改革必须以人民为中心，为了人民、依靠人民、造福人民。司法改革举措应当回应人民的需求和期待，满足人民的要求和愿望，应当以人民满不满意作为司法改革成功与否的标准。坚持以人民为中心的改革措施，就要做到以下三点：第一，让改革决策反映人民愿望。司法改革最终是要落实到实践中的，而对实践中改革措施的最好检验员和反馈者就是人民，人民是司法的最大受众群体，因此，应当充分尊重人民的意愿、听取人民的心声，使司法改革决策充分体现人民意志，代表人民利益。第二，让人民在改革成果中受益。改革的最终目标是造福人民，让人民在改革成果中受益，保障人民平等地参与司法，平等地进行诉讼，平等地获得公正的判决，使每一项改革成果都能够适用于人民、造福于人民。第三，让人民评判司法改革的成效。司法改革成效高不高、司法公信力水平高不高，取决于人民的满意度，要由人民来评判，[2]人民对于司法的满意度、信任度和司法公信力的提高是司法改革成效的最好体现。

4. 坚持保持自己的特色和优势与推进制度创新相结合

中国特色社会主义法治建设是我们在尊重中国实际的基础上发展起来的，

---

〔1〕　江必新、陈梦群：《司法审判的根本遵循——习近平司法理论述要》，载《法律适用》2022年第5期。

〔2〕　参见崔永东：《新时代以来司法改革的主要成就与理论逻辑》，载《政治与法律》2022年第12期。

必须保持自己的特色、认可自己的特点，但同时我们也应当看到科技创新、制度创新的优越性，人工智能、大数据、区块链等新科技的运用为司法领域带来了史无前例的科技革命和创新性发展，实现了司法公正、司法效率和司法公信力的历史性飞跃。因此，一方面，我们要坚持当前我国司法制度的特色和优势，认清自身的特点，另一方面，也要坚持制度创新，以时代发展的要求审视自己，以改革创新的精神完善自己。[1]我们应当运用科学技术提升司法效能，为全面依法治国提供一套系统更加完备、机制更加高效、运行更加稳定的中国特色社会主义司法制度体系。

5. 坚持从我国实际出发与借鉴人类司法文明成果相结合

习近平总书记强调，改革应当从中国实际出发，他指出："一个国家实行什么样的司法制度，归根到底是由这个国家的国情决定的。评价一个国家的司法制度，关键看是否符合国情，能否解决本国实际问题。"[2]但是，同时也强调："坚持从我国实际出发，不等于关起门来搞法治。法治是人类文明的重要成果之一，法治的精髓和要旨对于各国国家治理和社会治理具有普遍意义……"[3]我们的司法制度具有包容性，应当以海纳百川的胸襟，在坚持守正创新的基础上，不断学习人类法治文明的优秀成果，既要认识到我国司法制度的特色和优势，长期坚持和不断丰富发展我国的司法制度，为世界司法文明贡献中国智慧和中国方案，又要善于博采众长，充分吸收和学习其他国家的司法文明成果，以使我国的司法制度不断丰富和发展。

6. 坚持问题导向与系统观念相结合

坚持问题导向就是要集中精力解决影响司法公正、司法效率和司法权威的深层次问题，聚焦司法改革的核心方向，着力破解体制性结构性难题。坚持问题导向可以为司法改革指明方向、确定道路。但同时我们也应当认识到任何事物都存在着某些必然的联系，司法改革是整体性的、系统性的，司法体制由各种复杂的关系和职权所构成，实现司法体制改革仅仅看到实践中的问题是不够的，还应当坚持系统思维，具有全局观念，从整体视角出发，运

---

〔1〕 江必新：《习近平法治思想中司法改革理论述要》，载《中国应用法学》2023 年第 3 期。

〔2〕 习近平：《论坚持全面依法治国》，中央文献出版社 2020 年版，第 59 页。

〔3〕 中共中央文献研究室编：《十八大以来重要文献选编》（中），中央文献出版社 2016 年版，第 186~187 页。

用系统性、协同性的观点去看待改革中遇到的难题，整体谋划、协同发展。

7. 坚持顶层设计与鼓励基层创新相结合

司法改革是推进国家治理体系和治理能力现代化的重要举措，具有系统性、整体性、协同性。但同时我国幅员辽阔，法院数量众多，也难以避免基层出现特殊性的地方，应当允许基层在整体推进的基础上实现一定的制度创新。习近平总书记在十八届中共中央政治局第二次集体学习时指出："摸着石头过河，是富有中国特色、符合中国国情的改革方法。摸着石头过河就是摸规律，从实践中获得真知。摸着石头过河和加强顶层设计是辩证统一的……"〔1〕司法改革的权力在中央，要由中央来发动，整体推进自上而下的改革，但也要重视基层创新的职能，如果缺乏基层的参与，缺乏基层的声音和实践经验，改革也难以整体推进。因此，司法改革的顶层设计依赖于摸着石头过河的基层经验，基层实践出来的经验需要通过顶层设计予以广泛发展和适用，顶层设计与基层实践创新相结合的改革方式才能推动司法改革走向最终的胜利。〔2〕

8. 坚持全面推进与抓住关键环节相结合

改革是一个系统集成性的工程，特别是此次改革，事关国家发展和社会建设的全过程，是司法体系的整体化改革，必须坚持全面推进。全面推进是司法改革的必然要求，若改革不能实现全面推进，改革的效果和效率就会受到影响，改革就难以形成合力，改革的成效就会大打折扣。但全面推进是有重点的推进，要通过抓住关键环节和重点领域带动改革的全面推进。全面深化司法改革，必须统筹考虑，既要坚持全面推进，又要突破重点领域，抓住关键环节。〔3〕

9. 坚持整体设计与循序推进相结合

司法改革涉及司法体制、审级制度等司法领域的深层次问题，必须坚持整体设计，统筹谋划。在司法改革的过程中，在制度设计环节，不仅要注重司法体制改革本身的改革内容与改革成效，也要注重与司法改革配套的制度设计，确保各项改革举措与建设法治国家、推进我国治理体系和治理能力现

---

〔1〕　参见习近平：《习近平谈治国理政》（第1卷），外文出版社2014年版，第67~68页。

〔2〕　高一飞：《中国司法改革历程》，湖南师范大学出版社2022年版，第24页。

〔3〕　江必新：《习近平法治思想中司法改革理论述要》，载《中国应用法学》2023年第3期。

代化的需求相适应；在改革路径的选择上，也要在统一谋划的前提下，充分尊重各地实际情况，积极试点、分类推进，凡是与现行法律规定不相适应的改革举措，都要先行申请法律授权，在于法有据的前提下循序渐进地推进改革。

10. 坚持遵循目标引领与注重效果评估相结合

深化司法体制改革应当坚持遵循目标引领与注重效果评估互相为用。坚持目标导向，就是以科学目标引领改革方向、规划改革路径、确立改革任务，加快构建公正高效权威的社会主义司法制度。坚持效果导向，就是实行目标化管理、项目化实施、定量化考评。"对已经出台的改革举措，要加强改革效果评估，及时总结经验，注意发现和解决苗头性、倾向性、潜在性问题。"[1]司法改革遵循目标引领，可以保证公正高效权威的社会主义司法制度的建设顺利开展，注重司法改革的效果评估，有利于对司法改革举措实施过程中的各个环节各项内容进行综合检验，确保改革的质量和成效。在今后的改革中，应当将目标引领与效果评估贯穿于改革的全过程，确保改革在科学法治的轨道上运行，发现问题及时改正、发现偏离及时纠正，确保各项改革举措符合目标要求，各项改革成果达到实效。

四、审级的概念和职能

党的十八大以来我国的司法体制改革进入了关键时期，不仅强调司法体制的优化与完善，更加注重司法体制综合配套改革措施的落实与进行。

作为提升改革整体成效、保障改革稳定进行的重大举措，综合配套改革的内涵有三：第一，巩固深化。截至党的十九大之前，我国已经完成了以司法责任制改革、员额制改革、健全职业保障制度改革、省以下地方法院检察院人财物统一管理改革为内容的四项基础性改革目标，[2]实现了司法体制改革的基础性任务，但影响司法公正、制约司法能力的深层次障碍尚未得到全部破解，改革中也还存在落实不到位、配套不完善等问题。因此需要通过综合配套改革对已经实现的改革成果予以巩固，推动已有改革措施落地见效。第二，系统集成。司法体制改革是一项复杂的系统工程，各项改革之间依存

---

〔1〕 习近平：《论坚持全面依法治国》，中央文献出版社 2020 年版，第 149 页。

〔2〕 高一飞、陈恋：《中国司法改革四十年变迁及其时代特征》，载《东南法学》2019 年第 1 期。

度高、耦合性强，是相互关联的有机整体。深化综合配套改革就是更加注重系统性、整体性、协同性，从全面依法治国的国家战略出发，结合中国具体国情、尊重司法权运行的客观规律，使司法领域产生了深刻性的变革。[1]第三，协同高效。要把司法体制改革作为一个整体，以综合配套的方式，统筹协调各项改革举措相互配合、相互促进，使改革能够贯彻到司法体制机制的各个领域和主要环节、改革的触角能够深入司法体制机制运行的各个方面，从而激发出改革的联动效益和共生效应。

审级制度改革是建立中国特色社会主义审判权力运行体系，优化人民法院内部职权配置的重要改革举措。[2]审级制度的优化不仅可以使四级法院各司其职，充分发挥其职能和优势，更有利于提高诉讼效率、树立司法权威、提高司法公信力，[3]树立一个科学、有序、权威、高效的司法形象。四级法院审级职能定位改革是司法改革中司法责任制的具体举措中"规范上下级法院关系"项目的一个延伸的子项目，[4]四级法院审级职能定位改革是优化审级制度，规范上下级法院职能的重要改革措施。

（一）审级的概念

四级法院审级职能定位改革是对我国审级制度的一次系统性修正，是在保证我国四级两审终审制的基础上，对于审级职能的优化。

审级是对于法院在纵向上的划分，是对上下级法院的审判业务关系的规律性总结。审级是一个法院组织体系概念，是指在纵向上法院的分级设置规律、上下级法院之间的关系、上级法院对下级法院有何权限等问题，同时，它又是一个诉讼制度概念，其解释了案件经过几级法院的几次审理才能够达到终结，获得生效判决。从国家治理的技术上看，审级制度通过司法等级制将国家法律沿着审级的架构和脉络，辐射至适用的全部领域。[5]

（二）审级的职能

审级的级是指法院的层级，而审则代表了司法判决的程序保障。从审级

---

〔1〕　参见丁亮华：《新时代司法改革的逻辑展开与路径思考》，载《中国法学》2023年第3期。

〔2〕　姜伟：《司法体制综合配套改革的路径和重点》，载《中国法学》2017年第6期。

〔3〕　参见最高人民法院司法改革领导小组办公室编：《〈最高人民法院关于全面深化人民法院改革的意见〉读本》，人民法院出版社2015年版，第107页。

〔4〕　蒋惠岭：《司法改革的知与行》，法律出版社2018年版，第188页。

〔5〕　傅郁林：《审级制度的建构原理——从民事程序视角的比较分析》，载《中国社会科学》2002年第4期。

制度来看，它具有以下五个职能：

1. 保障诉讼利益

审级设置的目的是保障当事人能够在审级中获得公正、全面的裁判结果。审级是为当事人的诉讼活动服务的，合理的审级有利于当事人及时获得司法救济和正当的裁判结果，若一项审级制度不能满足当事人对诉讼活动的基本需求，那么这一审级不适合于该国的司法实践。具体来说，对于当事人的诉讼利益，审级主要体现为三种类型的保护：第一，设置不同的审判层次。根据当事人案件的复杂程度和案件所涉及的利益大小，确定案件的级别关系，由不同层级的法院予以审理，这是审级制度对于案件纠纷的初次划分。第二，设置不同的终审条件。审级不仅可以在初审阶段对案件的审理层级予以划分，还可以通过终审条件的设置，控制案件的审理层级。对于简单的小额诉讼案件，可以实行一审终审，以达到快速解决纠纷，恢复社会秩序的目的。而对于存在法律争议的案件，则需经过两审才能做出生效的裁判，有的国家甚至对于存在重大法律纠纷的案件实行三审终审制，这些都是审级对于当事人诉讼利益予以保护的体现。第三，设置不同的救济程序。对于生效裁判，可以在审级制度之外设置再审程序，对当事人权益予以保障和救济。

2. 实现有效监督

《人民法院组织法》（2018 年修订）第 10 条第 2 款规定，最高人民法院监督全国各级人民法院的审判工作，上级法院监督下级法院的审判工作。这种监督是在审级制度内的审判监督，审级制度为上下级法院之间的监督与被监督的关系提供了运行轨道，上级法院对于下级法院审理的一审案件享有审查权限。在上诉审程序中，通过审级程序纠正一审裁判中的错误和偏差，有效地在审级中实现了对下级法院审判工作的监督，这种监督是专业性更强、运行程序更加规范的监督方式，完全区别于行政机关对于下属部门的领导监督关系，体现了司法审判工作的专业性和严密性。

3. 推动案件分流

国家设置审级制度，隐含着一个制度前提即法院的层级越高，审理的案件就会越少、案件的社会影响力以及法律争议就会越大，法官的司法审判能力就越强，掌握的司法资源也就越丰富。因此，一个理想的审级制度应当是呈金字塔形状的，案件自下而上，依照繁简程度、疑难程度、所涉利益大小，有效过滤、分层解决、依法终结,[1]确保只有少部分具有重要社会影响力和法律适用意义的案件能够通过审级制度逐级进入最高审判机关。

4. 配置审判资源

审级对各级法院的审理职能进行了合理的分层,法院的层级越高,审理的案件越少,案件的繁简程度越复杂、社会影响力越大。因此,审级制度可以通过不同法院的审判定位对各级法院的审判人员的数量、素质、权力运行机制、诉讼费用标准、审理期限长短等事项进行规定,合理配置各级法院的审判资源。

5. 统一法律适用

基层人民法院的数量众多,并且根据审级制度,侧重于对案件所涉纠纷的快速解决,对事实争议的快速处理,法院与法院之间、法官与法官之间对于案件的处理难免会出现个人化的差异。因此,对于案件一审裁判结果存在争议的,可以通过审级制度进行上诉审或者申请再审,通过高层级法院对有法律适用争议的案件予以审理,在二审的过程中,对于下级法院做出的不同法律适用情形的案件予以统一裁判,获得法律统一适用的效果。另外,通过具有指导意义的裁判,为下级法院法律适用提供示范性指导以实现法律适用的统一。

综上,审级制度是一个国家司法制度和司法活动得以运行的基础,司法体制改革是司法改革的核心,而审级制度的改革和优化是司法体制改革的重中之重。科学界定审级制度的内涵,有利于正确认识审级制度在司法活动中的重要地位,明确审级制度的固有特征,为审级职能定位改革提供科学依据。

五、法院审级职能定位改革的历程、理论基础和发展方向

四级法院审级职能定位改革是对于四级两审终审制的审级制度的中国化改造。考量世界各国都少有两审终审的审级制度,大多以区分事实审和法律审为前提,实行三审终审制。而我国在成立初期,由于民事纠纷大多案情简单、强调经济便捷的纠纷解决方式等实际原因,最终选择了两审终审审级制度。随着经济社会的发展,为了适应逐渐复杂的案件以及保障当事人合理的诉权,也并没有改变我国的审级制度,而是通过申请再审这一诉讼补救机制

---

[1] 何帆:《积厚成势:中国司法的制度逻辑》,中国民主法制出版社 2023 年版,第 335 页。

来弥补两审终审的不足。

四级两审终审制在我国司法体制的运行过程中仍具有继续适用的合理性。因此，本着司法制度稳定性的考虑，针对审级制度的改革并不一定要完全改变本来的审级制度，而应当从中国国情出发，科学选择司法改革的中国道路。中国应该坚持自主型的司法改革道路，只有正确认识我国实际存在的国情和司法状况，才能科学地选择适用于中国的司法改革道路。[1]四级法院审级职能定位改革是一项尊重中国国情、遵循实际情况的改革举措，是坚持司法改革的中国经验、中国道路、中国模式的理性选择，[2]对四级法院审级职能定位改革，真正需要讨论的是在中国的现实语境中这一改革依托于何种结构、试图实现何种职能，如何利用司法结构来实现司法职能，并如何通过落实司法职能来优化司法结构。[3]

（一）法院审级职能定位改革的历程

1. 法院整体职能改革阶段

党的十一届三中全会后，我国的民主法治工作开始渐渐恢复，法院的司法权威和司法职能得以被社会和国家认可。此时，对于法院的审判职能的着眼点主要是以法院的整体职能为主。1997年，党的十五大报告指出，推进司法改革，从制度上保证司法机关依法独立公正地行使审判权和检察权。此阶段，主要强调法院作为司法机关的司法职权的独立性以及合法性，并未关注到不同层级的法院内部的职能分工问题。

2. 审判庭职能改革阶段

2005年10月《人民法院第二个五年改革纲要（2004—2008）》第26条规定，要建立法官依法独立判案责任制，逐步实现合议庭、独任法官负责制，开始尝试从法院层级的职能独立走向审判庭独立。[4]法院职能的视角开始由法院整体逐渐深入法院内部，这对于明确司法责任制、优化法院职能定位内容以及审判权的科学合法运行具有重要意义。

3. 健全司法权力运行阶段

2013年党的十八届三中全会通过的《中共中央关于全面深化改革若干重

〔1〕 公丕祥：《中国特色社会主义法治道路的时代进程》，载《中国法学》2015年第5期。

〔2〕 崔永东等：《司法改革战略与对策研究》，人民出版社2021年版，第244页。

〔3〕 参见靳栋：《结构与功能：四级法院审级职能定位改革研究》，载《政法学刊》2022年第2期。

〔4〕 高一飞：《中国司法改革历程》，湖南师范大学出版社2022年版，第64页。

大问题的决定》明确指出："优化司法职权配置，健全司法权力分工负责、互相配合、互相制约机制，加强和规范对司法活动的法律监督和社会监督。改革审判委员会制度，完善主审法官、合议庭办案责任制，让审理者裁判、由裁判者负责。明确各级法院职能定位，规范上下级法院审判监督关系。"直接阐明了人民法院司法责任制的内涵，[1]并首次提出"明确各级法院职能定位"的举措。党的十八届三中全会通过的《中共中央关于全面深化改革若干重大问题的决定》将深化司法责任制的改革目标予以明确，并注意到了法院的职能定位是司法责任制改革的一项重要举措，开启了四级法院审级职能定位改革的新阶段。

4. 完善审级制度阶段

在党的十八届三中全会确定了司法责任制改革的明确方向后，党的十八届四中全会在党的十八届三中全会的基础上，在完善审级制度、优化司法职权配置方面进行了更为全面详尽的规定，提出了"完善审判制度，一审重在解决事实认定和法律适用，二审重在解决事实法律争议、实现二审终审，再审重在解决依法纠错、维护裁判权威"的论断，实现了对于法院审级职能的内部合理定位与分工，是优化我国审判制度、实现司法权科学有效运行的规定，也为四级法院审级职能定位改革奠定了基础和规范依据。

5. 四级法院职能定位改革阶段

在党的十八届四中全会对法院一审以及二审和再审审级职能定位内容的科学界定的基础上，2021 年 9 月最高人民法院发布《审级职能定位改革实施办法》，其中第 1 条对于四级法院审级职能定位进行了明确的划分，并强调应当充分发挥四级两审终审制的审级优势，加快推进审判体系和审判能力现代化，为全面建设社会主义现代化国家提供有力司法服务和保障。[2]至此，我国关于法院审级职能定位改革已经基本定型，这项改革举措是深化司法责任制、优化司法职权配置和完善我国审级职能定位的一项技术性改革措施，体现了鲜明的中国特色和自主品格，是对我国四级两审终审级制度的改革和优化升级。

党的十九大报告要求："深化司法体制综合配套改革，全面落实司法责任

---

〔1〕　高一飞：《中国司法改革历程》，湖南师范大学出版社 2022 年版，第 65 页。

〔2〕　参见《关于完善四级法院审级职能定位改革试点的实施办法》，载《人民法院报》2021 年 9 月 28 日。

制，努力让人民群众在每一个司法案件中感受到公平正义。"〔1〕目前，我国的审级制度改革已经越来越趋于专业化、精细化，改革措施尊重中国国情、遵循司法客观规律，各项改革举措科学有序进行，但我们也应当认识到关于四级法院审级职能定位改革的具体落实是一项涉及领域广、涉及层级多的任务，要想切实落实改革实效，不仅要透彻分析审级职能定位改革的整体性质、理论基础，更要将目光聚焦于不同层级的法院，认识到法院层级不同，实际情况以及实现改革举措的困境也就不同。因此，将审级职能定位改革落到实处，应当具体分析不同层级法院的改革状况以及实施策略。

（二）法院审级职能定位改革的理论基础

审级职能定位改革是落实习近平总书记重要指示精神，实现司法改革的人民性、专业性、系统性的重要实践，本次改革涉及审级全面、涵盖领域广泛、系统集成度更高，〔2〕是最高人民法院经过深入调查和研究后启动的改革，具有深厚的理论基础和规范依据。

1. 兼顾公正与效率的司法理念

公正是法治的生命线。为了实现司法公正的价值追求，我们需要建立多层级的审级制度，设置不同的审级，允许当事人合理合法的上诉，通过上下级法院在诉讼程序上的制约和监督，才能保证每一层级的法院能够遵循法律的规定，以事实为依据，以法律为准绳，公正合法地审理案件，才能充分保障当事人的诉权，维护当事人的合法权益。但是这并不意味着审级越多，司法的公正性越高。实体的正义不是唯一的正义，真正的正义要兼顾公平与效率的双重价值保护，若因审级过多而导致诉讼拖延，不能及时解决当事人的纠纷、满足当事人的诉求，这种"迟来的正义"并非真正意义上的正义，也不是诉讼当事人所追求的正义。〔3〕司法的时效性对于当事人来说是另外一种公正，司法效率是审级制度追求的另一价值理念。对于大多数案件来说，特别是民商事案件，及时有效地解决纠纷与案件的实质公正往往同等重要，因此，仅

---

〔1〕 习近平：《决胜全面建成小康社会 夺取新时代中国特色社会主义伟大胜利》，载《人民日报》2017年10月28日。

〔2〕 参见周强：《深入开展四级法院审级职能定位改革试点 推动构建公正高效权威的中国特色社会主义司法制度》，载《人民司法》2021年第31期。

〔3〕 参见杨知文：《现代司法的审级构造和我国法院层级结构改革》，载《华东政法大学学报》2012年第5期。

仅通过审级制约而达到公正审判还不足以满足司法实践的需求。分工是提高效率的前提，通过审级职能定位改革，依据职能分工的不同，设置一审重在解决纠纷，审理事实问题。二审重在定分止争，审理法律适用问题的审级职能内容，可以清楚定位每一层级法院的职能。法院的司法工作更加明确、更加具体，可以集中精力、优化资源，不仅保证了案件的公正审理，而且提高了工作效率和司法资源的利用率。

2. 遵循以人民为中心的司法宗旨

"努力让人民群众在每一个司法案件中感受到公平正义"，这是党的十八届四中全会后，我国司法改革、司法实践以及司法理论研究都要遵循的一项宗旨。以人民为中心、以人为本的司法观体现了我国社会主义司法制度的优势和特色，是社会主义法治区别于资本主义法治的根本所在。[1]

首先，本次改革将大部分案件下沉到基层，有利于民众诉讼便利。通过基层人民法院对案件的实质审理，不仅仅做出了合法的审判结果，更加注重案件溯源治理，了解案件发生的原因、深入人民内部，调和人民矛盾，从根源上解决了案件症结之所在。其次，将涉及国家利益、社会重大利益以及可能存在"诉讼主客场"的案件提级由中高级人民法院审理的做法更是直接体现了"司法权力服务于人民"的宗旨。实现了司法是维护社会公平正义的最后一道防线的要求，实现了在两层审级之内实质化解纠纷，努力让司法更加亲民、诉讼更加便民、改革更加惠民，提升人民群众的获得感。[2]最后，虽然我国一直呼吁破除司法的地方化，取消法院公职人员由同级人民代表大会任命的制度，将司法公职人员的任命权收归中央或者交给省一级人民代表大会。但不论由哪一层级的人民代表大会实施司法公职人员的任命权，都体现了我国的司法权力属于人民、来源于人民的宗旨，体现了我国的司法制度始终坚持人民利益至上，坚持一切为了人民、一切依靠人民的宗旨。[3]

3. 符合和谐司法的境界追求

从党的十一届三中全会我国社会主要矛盾的改变，到党的十六届六中全

---

〔1〕　胡铭：《司法制度的中国模式与实践逻辑》，商务印书馆 2023 年版，第 26 页。

〔2〕　周强：《深入开展四级法院审级职能定位改革试点　推动构建公正高效权威的中国特色社会主义司法制度》，载《人民司法》2021 年第 31 期。

〔3〕　参见胡铭：《司法制度的中国模式与实践逻辑》，商务印书馆 2023 年版，第 27 页。

会作出逐步确立和谐司法模式的决定，再到党的十八大以来"让人民群众在每一个司法案件中感受到公平正义"的有力论断，这一系列的改革和举措无不体现着我国对于和谐司法的追求。我国具有浓厚的倡导和谐社会的文化传统，儒学强调"君子和而不同，小人同而不和"、道家倡导"道法自然、无为而治"等传统社会治理思想都是对于和谐社会的体现与追求。在社会主义新时代，和谐司法也是我国构建社会主义和谐社会的具体要求之一，不仅要求通过对案件的诉源治理、探究真实以减少社会纷争，更强调通过司法裁判的法律指引作用引导人民树立正确的社会价值导向，[1]共同构建社会主义和谐社会。审级职能定位改革将大部分案情简单的普通案件聚焦于基层人民法院，可以使基层人民法院集中司法资源充分发挥定分止争、化解纠纷的社会职能，将具有法律指导意义和社会指引价值的案件上提至中高层级法院，可以发挥中高层级法院通过发布指导案例的方式以引导社会价值，倡导和谐司法、构建和谐社会的价值取向。四级法院通过审级职能定位改革，依据不同的法院层级和资源优势，划分职能分工，实现了对于和谐司法的价值追求，充分展现了和谐司法在全面依法治国的国家战略的指引下，通过职能分工衡量司法活动的各种价值、属性、职能，提升司法公信力，实现社会融洽的价值目标。

（三）法院审级职能定位改革的发展方向

习近平总书记指出："走什么样的法治道路、建设什么样的法治体系，是由一个国家的基本国情决定的。"[2]中国式的司法制度是我国广大人民群众在中国共产党的领导下，以马克思主义思想为指导，借鉴人类优秀文明成果，吸收中国传统优秀司法理念，充分总结社会主义法治建设实践的基础上形成的具有中国特色、中国风格、中国面貌的司法制度。[3]审级职能定位改革是在这样的背景下开始的改革。因此，审级职能定位改革具有中国特色、体现中国国情、展现中国优势。在中国特色社会主义法治理论体系指引下的审级职能定位改革的发展方向如下：

---

〔1〕 胡铭：《司法制度的中国模式与实践逻辑》，商务印书馆 2023 年版，第 28 页。

〔2〕 习近平：《论坚持全面依法治国》，中央文献出版社 2020 年版，第 110 页。

〔3〕 参见杨衡宇、杨翔：《司法体制改革共识及其未来图景》，载《湘潭大学学报（哲学社会科学版）》2022 年第 2 期。

1. 破除地方司法化的管辖制度

我国对于破除地方司法化的最主要的改革措施便是地方法院人财物由省级统一管理的制度。但这只是从管理上对于地方司法化的改革，从司法制度本身来看，地方司法化并没有完全得到解决。在四级法院审级职能定位改革中，将地方司法化定义为"诉讼主客场"问题，打破诉讼主客场在审判中主要通过把案件提级到较高层级法院管辖的办法予以解决。其实，地方司法化问题从司法制度专业化、合法化改革进程的角度来看，是一个阻碍司法制度现代化进程的消极因素。但从基层人民法院作为社会治理主体、参与社会治理过程中来看，地方司法化又会成为化解基层纠纷的一个可利用的优势资源。中国社会具有错综复杂的社会关系网，特别是基层人民法院处理的小范围内的民商事纠纷难以完全破除地方司法化的问题，因为司法适用于地方、矛盾纠纷出在地方、当事人的利益诉求也与地方息息相关，对于基层人民法院来说难以完全突破社会因素、完全依照法律程序解决纠纷。

因此，对待地方司法化应当坚持辩证的思维，基层人民法院要善于转化地方司法化的劣势为优势，将地方司法化作为基层人民法院参与社会治理、依靠基层力量审理案件、解决纠纷的合理化路径，将地方司法化问题转化为司法资源参与社会治理，但同时也应当注意到对于国家利益、社会公共利益以及人民集体利益具有重要影响的案件绝不可以将地方司法化作为不上交、不提审的挡箭牌，对于符合提审要求的案件必须通过法定程序由较高层次的法院予以审理，严格限定地方司法化的界定标准。

2. 改变既有的上下级法院之间的关系结构

我国在上下级法院的关系上首先需要突破的就是上级法院对下级法院的行政领导型的关系结构。我国《人民法院组织法》（2018 年修订）第 4 条明确规定："人民法院依照法律规定独立行使审判权，不受行政机关、社会团体和个人的干涉。"该条法律规范强调了法院独立行使审判权，但这种独立不仅是指法院作为一个国家机构的整体意义上的独立，审判权的具体行使归根结底是由具体的人来行使的，因此，审判权的独立性不仅应当在法院整个机关的层面予以强调和认知，这种独立意识更应当存在于法院内部以及具体到不同的法官以及法官与其他具体的个人层面来理解。这种独立代表着审理案件的法院、审判庭、合议庭以及法官只能以事实为依据、以法律为准绳来审理案件，不受任何人的干涉。

因此，确认我国上下级法院之间审级关系的独立性具有充分的法律依据和逻辑基础。但我国《宪法》（2018年修正）第132条第2款明确规定："最高人民法院监督地方各级人民法院和专门人民法院的审判工作，上级人民法院监督下级人民法院的审判工作。"因此，虽然上下级法院之间在审判案件的过程中要保持完全的独立性，但上级法院也要实现对下级法院的监督工作。在本次审级职能定位改革下，通过上下级法院的职能分层实现了这二者的平衡，即第一审法院主要负责审理案件事实，第二审法院主要负责审理法律适用问题，这样的职能划分是司法在解决纠纷过程中实现纠错程序以及上级法院在审级制度中对下级法院实现合理监督的制度性安排。实行不同审级法院之间的职能分层，既是现代司法通过审级制度实现司法在解决社会纠纷上的价值职能和目标的技术性制度设置，也是维护上下级法院之间相互独立性的规范性安排。[1]

3. 实现事实审与法律审的分离

我国法院改革对于事实审和法律审的分离问题的讨论由来已久，众多学者认为我国对待事实审与法律审的分离问题应当学习其他国家通过改变审级制度，变两审终审制为三审终审制来解决。[2]而随着我国四级法院审级职能定位改革的开展，我们可以得到的一个明确信号是我国四级两审终审制的审级制度对于我国目前的司法实际来说并没有存在严重不适合的现象。因此，我国的审级制度改革均是对两审终审制的优化而非变革。即便追求事实审与法律审的分离，也应当是在坚持四级两审终审的审级制度的基础上展开。

然而，按照西方的审级变动逻辑好像只有实行三审终审制，严格设定事实审法院和法律审法院才能实现事实审与法律审的分离，其实不然，事实审与法律审分离的实质是由哪级法院审理什么事项的问题，审级的制度形式和层级数量并不是能够实现事实审与法律审的唯一通道。不论是两审终审还是三审终审，只要通过职能定位，严格划分法院职能，不管什么样的审级制度

---

〔1〕　参见杨知文：《现代司法的审级构造和我国法院层级结构改革》，载《华东政法大学学报》2012年第5期。

〔2〕　参见章武生：《我国民事审级制度之重塑》，载《中国法学》2002年第6期；陈杭平：《比较法视野中的中国民事审级制度改革》，载《华东政法大学学报》2012年第4期。

都可以实现事实审与法律审的分离，况且事实审与法律审并不能实现完全意义上的分离，即便是事实审的法院，也不能完全不审理法律适用问题，法律审的法院同样在二审环节也难以避免对事实认定问题的考量。

所谓的事实审与法律审的分离问题其实是法院的审理重点问题：基层人民法院或者说初审法院应当将法院审理案件的职能重心放在事实认定问题上，重点对事实争议予以审理和认定。而高层级法院应当将审理重点放在法律适用问题上，重点审理法律适用是否正确，意图彻底终结诉讼、解决当事人的纷争，同时实现法律的统一适用。通过职能分层而实现的事实审与法律审相分离的结果是：在法律审阶段，由于证据已固定并经过当事人辩论质证，应当确保事实认定的完全无差错，法官应当将精力集中于运用法律推理方法进行法律认定。[1]通过职能分层也就实现了事实审与法律审的分离，一审重在审理事实问题，解决事实争议，二审和再审重在审理法律问题，实现定分止争。由于审理内容的精细化和合理分层，法官在庭审的过程中聚焦事实问题或法律问题，具有明确的审理内容和审理目标，不再只是程序的主持者角色，同时实现了庭审的实质化，可以使庭审内容产生实质性的审理结果，尽可能地满足当事人的心理预期，避免当事人因不了解案件的审理过程而对审理结果产生怀疑，真正实现两审终审。

六、法院审级职能定位改革下的民事审判权

四级法院审级职能定位改革是审级制度改革的重要措施。法院的民事审级职能定位和分工集中展现了法院审判职能改革的整体效果，其一方面在实践中影响着审判权力的实际运行，另一方面充分体现了审级制度改革的成效。

（一）民事审判业务关系的概念和特征

民事审级职能定位改革是民事审判权在民事审判制度中的职能发挥方式和职能定位内容的改革，是审判业务关系中民事审判权的职能定位问题。根据杜豫苏教授的论证，审判业务关系是一个集合性的概念，是一个综合了审判关系、业务指导、审判管理、内部审批、理念引导、督查督办、司法巡查

----

[1]　参见梁平：《我国四级法院审级职能定位改革的规范与技术进路》，载《政法论坛》2021年第6期。

等众多关系的集合。[1]首先，审判关系是审判业务关系的基础，审判业务关系比审判关系所涵盖的范围更广，具有广泛性、动态性、开放性的特点。对比审判关系，上下级法院之间的一切监督、指导关系均可纳入审判业务关系的范畴，其不仅包括案件审理内容的指导，还包括案件审理之后、审判监督之外的多个层面的业务关系。其次，随着人民法院工作重心以及工作理念的调整，法院的审判业务关系的具体内涵也会随之调整，并根据法院的工作内容而更新。最后，上下级法院之间的审判业务关系具有多重性质，存在着错综复杂的性质定位。这一特征在最为广泛且适用范围最大的民事审判业务关系方面最为突出。民事审判业务关系具有如下特点：

第一，下级法院对上级法院具有形式上的独立性和实质上的依附性。根据《宪法》（2018 年修正）和《人民法院组织法》（2018 年修订）的规定，除了履行审判职能，上级法院还承担着监督指导下级法院的延伸职能，[2]并且是在审判事项上存在着监督和指导关系。但这只是从应然的视角对上下级法院之间的关系予以认定，在司法实践的实际运行中，我国上下级法院并未实现规范的上下级法院之间的法律关系内容，而是将这种审判案件的专业化方向的监督与指导关系异化为了上级法院对下级法院的单向指挥和支配关系。在司法实践中，案件请示制度已经是常见的下级法院向上级法院请示汇报案件审理情况的形式。此外，上级法院还会以"处理具有社会重大影响案件"的名义而直接插手下级法院审判的案件，这是对上下级法院监督指导关系的曲解。之所以会出现上下级法院关系异化的现象，一方面是因为我国运用行政机关的管理模式去管理司法机关；另一方面是因为我国存在着司法管理权与司法审判权的混同现象。

司法管理权是司法机关作为一个国家机关就机关运行的日常事务如人员分配、行政事务等进行管理的权力，而司法审判权则是具有高度法律性质和专业性质的权力，审判权只能由法官行使，具有行政职务但并非审理案件的人员不得行使审判权。但我国法院尚未完全实现行政权与司法权的分离，并且上级法院对下级法院的司法行政事务具有领导和控制权限，导致上级法院对于下级法院在司法审判权限上也实行了严格的控制与领导，但这一做法严

---

〔1〕 参见杜豫苏：《上下级法院审判业务关系研究》，北京大学出版社 2015 年版，第 33~34 页。

〔2〕 王晨编著：《审判管理体制机制创新研究》，知识产权出版社 2013 年版，第 118 页。

重损害下级法院审判独立性，损害了审级制度。

第二，上级法院的民事审判具有全面性。上级法院的民事审判程序包括第二审程序和再审程序。我国当事人双方均有提起二审程序的权利，并且第二审程序的启动并不需要上级法院的同意，对当事人的上诉未作实质限制。这就导致我国的上诉案件数量多，再加上我国的上诉审程序对初审法院已经经过法庭审理且作出认定的事实问题及法律问题又一次做出判断，这种审查的重复性不仅是对二审法院民事审级职能的资源浪费，同时也是对初审法院第一审程序民事审判工作的否定，浪费了司法资源。

就再审程序而言，由于我国有错必纠的司法理念，虽然为再审程序设置了启动理由并且需要经过人民法院的审查才能启动，但再审程序的启动依旧较为频繁，再审程序作为一种审级制度以外的补充救济渠道，被反复启动，不仅使已经作出的生效裁判失去了既判力和稳定性，还会对我国终审裁判的权威性产生不利影响。

第三，初审判决往往具有明显的暂时性。由于我国上诉审程序启动的无实质限制，频繁启动上诉审程序，致使我国的初审判决几乎失去了既判力和稳定性（不包括一审终审的案件），甚至很多当事人根本不去考虑一审判决是否正确，一审结束后立刻申请启动第二审程序，这对初审法院和初审民事审判权是一种资源上的浪费。

第四，上下级法院之间的民事审判职权划分不清，民事审判业务混同。法院具有纠纷解决机构和国家权力机关之一的双重身份，在社会治理中既要发挥解决个人纠纷的私人诉讼目的的司法职能，又要满足社会公共服务目的的政治职能。依据这一双重任务要求，"金字塔形"的审级结构是符合审级制度规律和司法实践需要的经典审判制度模式，即越靠近塔顶的法院的社会公共服务的职能越强，越靠近塔基的法院服务于个人纠纷的职能优势越明显。[1]而我国的审级制度呈现出了一种柱形结构，每一级法院都具有案件的初审管辖权，都对案件进行事实审和法律审的全面审理，民事审判业务混同，民事审判职能同质，难以区分哪一层级法院侧重社会公共服务目的的司法职能，哪一层级法院侧重个人纠纷解决的职能。

---

[1] 傅郁林：《审级制度的建构原理——从民事程序视角的比较分析》，载《中国社会科学》2002年第4期。

第五，上级法院以多元化的方式促进下级法院在法律适用上的统一。从宏观的角度看，我国当前的法院职能呈现多元化的结构，不仅需要发挥司法审判的专业性，承担纠纷解决的职能，还要发挥法院作为国家政权体系中国家机关的政治职能，通过司法程序的法律适用实现规则治理，作为国家公权力机关在为民众解决具体纠纷的同时还要发挥社会治理的职能。[1]司法职能的多元化，导致上级法院对下级法院的指导内容的多元化，在方式选择上，我国上级法院在实践中为了覆盖多方面的职能指导职责，对于下级法院采取了制定司法解释、做出个案回复、发布审判业务文件、召开审判业务会议等多元多样化的上级指导方式，这种多元化的指导方式虽然对于下级法院的各项职能事项实现了指导和监督职能，但也导致下级法院在适用法律过程中的某种程度的变动与混乱。[2]

我国民事审判业务关系具有下级依附上级，上级管理下级，上下级法院之间的民事审判业务内容部分混同、权限内容分类不清晰等明显特征。因此，我国的民事审级职能定位改革的开启具有极大的现实必要性。民事审级职能定位改革是此次四级法院审级职能定位改革的具体改革事项，是以审判制度为基础的审级职能定位改革的重点领域。究其原因，在于民事审判权在法院审判事务中的重要作用和举足轻重的地位。审级职能定位改革，首先要清晰定位民事审级职能的定位情况，而民事审级职能定位改革的关键在于对于民事审判权的清晰认知。

（二）民事审判权的权力结构体系

现代社会的审判是指以调整和解决社会中存在的利害关系和纷争为目的，由具有法律权威的第三方就纠纷事项做出具有拘束力的判定结果，并在这一过程中贯彻国家精神与意志的活动。[3]具体来说，审判的这一概念可以拆解为三个方面来理解：

（1）审判的对象是社会关系中的纠纷。审判所规制的是社会主体在社会交往过程中所产生的各种关系，这种社会关系可能是人与人之间因人身自由、

---

〔1〕 参见项坤：《当代司法国情条件下的高级法院功能研究》，载《法律适用》2012 年第 9 期。

〔2〕 参见杜豫苏：《上下级法院审判业务关系研究》，北京大学出版社 2015 年版，第 149~150 页。

〔3〕 参见［日］田中成明：《现代社会与审判：民事诉讼的地位和作用》，郝振江译，北京大学出版社 2016 年版，第 142~144 页。

财产安全、经济利益等各种原因而产生的纠纷和冲突，社会关系中矛盾纠纷的存在是审判制度得以产生和发展的社会基础。民事审判解决平等主体之间的社会关系纠纷，刑事审判调整私人主体与国家或集体利益之间的冲突与纠纷，行政审判调整私人主体与行政机关之间的社会纷争，审判活动通过对社会纷争的解决才能发挥其作用，展现其职能。

（2）审判是第三方做出的具有法律拘束力的判断。对审判的第三方的强调突出了审判权的中立性，同时审判之所以具有法律拘束力是源于司法中的审判有法律的规范性支持、国家强制力为后盾的保障，司法审判最独特和最本质的特征在于其具有强制性的拘束力。审判并不以当事人是否承认裁判结果为案件审结的依据，相反，当事人将纠纷诉诸司法审判程序之中也就意味着当事人默认接受裁判结果的权威性和拘束力。审判的强制力更多的是以国家权威作为保障和后盾，更加强调审判权作为国家司法权的政治属性，强调法院作为国家司法机关的政治地位。

（3）审判是对社会生活的依法规制。审判是适用法律的过程，而审判的特点是在适用法律的过程中不仅实现了对个案的解决还会产生对社会的指引效果。法律以及审判的这种社会指引作用在民事审判中最为常见，民事审判程序通过适用法律对具体的纠纷予以解决，并在适用法律的过程中通过生效判决对社会其他人的行为制定了行为规范，使人们对自己行为的正确与否具有了准确的界定标准，实现了通过裁判对人们行为的规制。这同时也体现了民事法律的双重职能，即通过运用法律对个体纠纷作出生效裁判，解决个体纠纷、定分止争的同时，发挥社会规范的指引作用，引导人们进行合法的社会交往行为，发挥规制作用。

民事审判具有纠纷解决和规制社会行为的双重职能，而民事审判的职能需要民事审判权的运行来实现。民事审判权作为实现民事审判的核心权力，具有独立性、中立性和统一性的特点，民事审判权的三个特点构成了民事审判权与其他权力的本质区别，同时也影响着民事审判的最终效果。[1]针对民事审判权可从以下几个方面予以考察：

民事审判权是审判机关代表国家依法对民事权益争议和非权益争议进行审

---

〔1〕 参见潘剑锋：《从民事审判权谈民事审判方式改革》，载《法学家》2000年第6期。

理和裁判的权力，[1]从广义上来说，包括单纯含义的审判权、审判管理权和审判监督权。对于审判权作这样的划分来源于权力结构理论，权力结构理论认为权力结构是权力的组织体系、权力配置与各种权力之间的相互关系。权力结构理论认为权力体系是一个客观的权力结构问题，强调权力结构模式的合理性，主张对于权力的有效制约模式，既要保证在同一层面上的权力的横向分解配置，也要注重权力体系中纵向的层级分解，分权是制约的前提，只有将权力放在结构化的权力体系中予以分化，才能实现权力之间的相互制约。在法院内部可以将审判权分为审判权、审判监督权和审判管理权。这三种权力在权力结构体系中发挥着各自的作用且相互制约、相互依存，形成了科学的权力结构体系。

（1）就三种权力之间的依存关系来说，审判权是核心，审判管理权和审判监督权是审判权正常运转与行使的保障，三者共同构成了结构完备的司法权力体系。第一，三种权力运行的最终目标均是让人民群众在每一个司法案件中感受到公平正义，其价值目标是一致的。第二，三种权力是一个系统的有机整体，是宪法赋予的法院审判权在实际运行过程中的具体职能分工，是审判权不可分割的一部分，其共同展现了审判权力的完整内容。[2]第三，审判权、审判管理权和审判监督权三者之间虽相互制约，但也相互依存。没有审判权这一核心权力，审判管理权和审判监督权就失去了权力运行的客观对象，而审判权若缺乏审判管理权和审判监督权也会导致审判权难以成为正义、公开、现代化的法院审判权。第四，三种权力职能的侧重点不同，其发挥的职能价值也不同。要实现公平正义的司法裁判，就要使审判权正确有效地运行，而在这个过程中，审判管理权基于督促和监督，以审判为基础，服务于审判的特殊管理活动，具有依法性、精细化、系统性和全面性的特点，为审判权的运行和实施提供了资源、制度等基础性保障。[3]审判监督权又通过监督机制确保整个过程的依法化、规范化，确保审判权的运行质效。总之，三种权力互相依赖、互相补充，分工负责、协调一致，共同构成了审判权力运

---

[1] 宋汉林：《谦抑与能动：民事审判权运行之相对限度》，载《河北法学》2013 年第 2 期。

[2] 参见万国营等：《审判权力运行机制改革研究：以完善审判权力结构为思路的理论分析与制度构建》，人民法院出版社 2018 年版，第 66~67 页。

[3] 参见董开军主编：《司法改革形势下审判管理基本理论与实践研究》，法律出版社 2016 年版，第 70~75 页。

行的科学体系。

（2）就三种权力的制约关系来看，审判管理权、审判监督权在为审判权发挥辅助作用的同时也在制约、规范、控制着审判权的有效运行。审判权的公正性、审判管理权的效率性以及审判监督权的正当性，三者各具特色，各有侧重，在权力运行的过程中往往会产生冲突和张力，而正是这种冲突性的因素，使三种权力进行此消彼长的互相制约、互相依存，从而维持了审判权权力运行的科学稳定的结构体系。

（3）就三种权力的配置原则来看，配置审判权、审判管理权和审判监督权需要遵循以下三个原则：一是审判权主导原则。审判权是核心权力，审判管理权和审判监督权是辅助性权力，审判管理权和审判监督权要始终围绕着审判权的运行而运行。当审判权与审判管理权、审判监督权发生冲突时，必须坚持审判权的主导地位，不能本末倒置，片面地追求效率和便利，而使审判权失去主导地位。在司法审判过程中，审判权的独立行使是审判权力运行体系的底线。二是坚持权力结构平衡原则。在审判权力结构体系中，三种权力此消彼长、相互依存、相互制约，共同构成了完整的审判权力结构体系，一方的扩张会导致另外一方的范围限缩。鉴于我国多年来法院内部行政化、科层化的管理体制，审判管理权和审判监督权的权能范围很容易因扩张而导致审判权的权能减损，在三种审判权力配置的制度设计中，要坚持适度管理、合理监督的思路，在管理、监督的内容方式上都要自觉地保持克制原则，充分保障审判权的核心主导地位。[1]三是坚持权责一致及匹配原则。有权必有责，用权受监督是现代民主政治的共识。审判权也不例外，作为国家司法权的核心，审判权以及审判管理权、审判监督权都应当具有相应的责任体系。就审判权来说，其行使主体从宏观层面是法院，但具体到每个案件的审判权则分配给了具体承办案件的法官。就审判权的问责体系主要是针对案件承办法官的责任承担方式，主要包括司法伦理责任、司法绩效责任、司法瑕疵责任、违法审判责任[2]等多方面、多维度的不同程度的问责体系，可以对审判

---

〔1〕　万国营等：《审判权力运行机制改革研究：以完善审判权力结构为思路的理论分析与制度构建》，人民法院出版社2018年版，第68页。

〔2〕　万国营等：《审判权力运行机制改革研究：以完善审判权力结构为思路的理论分析与制度构建》，人民法院出版社2018年版，第69页。

权的公平稳定运行保驾护航。

对比审判权的问责体系，审判管理权和审判监督权的问责体系就显得过于单薄。首先就审判管理权的问责体系来说，由于审判管理权更类似于行政权，其问责体系的第一个层面应当是政治责任的问责。就审判管理活动的总体合法性的评估结果，可以针对具体情况对审判管理权的主体进行工作业绩的考核，根据审判活动的整体效果对审判管理权主体的考核内容进行评估。第二个层面是纪律责任。审判管理权更强调权力集中，强调效率原则，富有行政化的优势，同时也要严防行政化的权力劣势，避免管理不当、管理失职、违法违纪等行为对审判管理权的侵害。第三个层面是从法律责任的角度对于严重违反审判管理体制的个人追究刑事责任，这是最严重也是深层次的问责机制。

就审判监督权的问责机制来说，由于审判监督权监督审判权的运行，审判监督权的行为主体是否会被问责主要取决于审判权行使主体是否存在错误。因此，若审判案件的法官在行使审判权的过程中出现了错误，而审判监督权的主体并未及时发现错误并予以纠正，那么审判监督权的主体也要承担相应的责任。

在权力结构理论的指导下，对三权结构进行分析的基础上，我们可以对民事审判权的概念予以界定，民事审判权是指法院内部的审判组织认定事实和适用法律对案件做出裁判的权力。[1]对于这一概念，可以从以下方面理解：首先，从国家权力的角度看，民事审判权是司法权在民事审判领域的具体化表现。其次，从司法权的内在属性来看，司法权实质上是司法人员对于争议事务所做出来的一种判断，属于判断权。[2]对此，马克思有经典的论述："法律是普遍的。应当根据法律来确定的案件是单一的。要把单一的现象归结为普遍的现象就需要判断。""法官的职责是当法律运用到个别场合时，根据他对法律的诚挚的理解来解释法律。"[3]最后，从内在属性上来看，审判权是判断权和裁量权。审判权作用的对象是具体的案件，不仅包括对案件事实的判断，

---

〔1〕 万国营等：《审判权力运行机制改革研究：以完善审判权力结构为思路的理论分析与制度构建》，人民法院出版社 2018 年版，第 62 页。

〔2〕 参见胡夏冰：《司法权：性质与构成的分析》，人民法院出版社 2003 年版，第 181 页。

〔3〕 《马克思恩格斯全集》（第 1 卷），转引自万国营等：《审判权力运行机制改革研究：以完善审判权力结构为思路的理论分析与制度构建》，人民法院出版社 2018 年版，第 62 页。

还包括对于法律适用以及程序的推进的判断，判断权是法官依据其对于法律的理解对具体的个案事实如何与抽象的法律相匹配的判断，而裁量权则表现在面对抽象的法律条文，如何做出具体、合理的符合个案实质正义的裁量结果，这两个权力属性均是审判权的特征，是推进民事审级职能定位改革应当确立的理论基点。

（三）民事审判权的运行逻辑

民事审判权具有判断权和裁量权的特性，而审判权进行判断和裁量的标准是"让公民在每一个案件中感受到公平正义"。司法为民的思想是社会主义民主政治和中国特色社会主义法治道路的本质要求，是民事审判权的基本指导思想。司法为民的指导思想体现了作为司法权的核心权力的审判权同其他国家权力的产生一样，都来源于人民的授予，并要服务于人民，这就要求民事审判权要坚持服务于人民、以为人民谋利益为宗旨，每个行使审判权的法官都要坚持情为民所系、利为民所谋、权为民所用，将审判权定位为服务型的司法权而不是行政管理型的司法权。在强调服务型民事审判权的基本定位的同时，也要对服务型民事审判权的运行环境予以完善，包括以下方面：

首先，应当通过理论创新来丰富服务型民事审判权理论，以使其更加科学化、体系化。实践基础上的理论创新是社会发展和变革的先导，在实践中要先树立服务型民事审判权的基本定位，在司法审判实践中践行服务型民事审判权的基本宗旨，可以促进服务型民事审判权理论内容的更加完善。

其次，通过体制创新来营造服务型民事审判权的运行环境，使之更加规范化和畅通化。审判体制是民事审判权发挥其服务型特征的运行载体，对审判体制进行革新，可以为民事审判权提供一个尽可能良好的运行环境。

最后，通过制度创新以落实民事审判权的实践，使其更加具体化和具有可操作性。由理论创新、体制创新转变为制度创新，是将服务型民事审判权落到实处的必要步骤，只有具体制度的转变才能真正让服务型民事审判权在司法案件中发挥作用，才能让每一个司法案件中的当事人都能感受到以"司法为民"为宗旨的服务型民事审判制度，有利于民事审判权、司法权的专业化、司法化、规范化的转变。

民事审判权是判断权和裁量权这一权力属性的限定是民事审判权运行规则的基础。民事审判权作为判断权和裁量权在运行过程中呈现如下特点：一是独立性。具有判断权和裁量权属性的民事审判权更需要强调权力自身的独立性，民事审判权是人民赋予的权力、是法律明文规定的权力，法院依法独立行使民事审判权，法官在行使民事审判权的过程中有权依据自己的内心确信和法律的规定依法作出裁判。二是中立性。审判者在行使民事审判权的过程中必须不偏不倚，保持中立，这是民事审判权作为司法权的基本要求和本质特征。三是亲历性。亲历性是直接言词原则的要求，即审判者必须参与裁判的全过程，依据在审判过程中亲身经历的辩论、审核证据、质证等过程从而形成内心确信，对案件做出实质审理。四是程序参与性。民事审判权的运行必须在法定的程序之中运行，遵循法定程序、接受程序性的制约，才能保证民事审判权行使的公正、公平、公开。五是参与性。审判权是对诉权的回应，必须通过控辩审三方的基本审判结构的审判，经过庭审程序，保证各方的参与。[1]六是公开性。民事审判权的运行结果和运行过程对于当事人的诉讼利益产生影响，民事审判权的启动、运作过程以及运行结果，除了依法不予公开的部分以外，都应当予以公开。这是建立开放、透明、动态的民事审判权运行机制应有的题中之义，是从更深层次上提高司法审判公信力的当然要求。[2]

这些基于审判权作为判断权属性的运行特征，是审判权运行机制的客观规律。明晰民事审判权的运作逻辑，可以为我们更加客观、科学、理性地分析民事审判权的权力属性和本质特征提供理论依据，也为我们对于法院审判权的运行环境、运行标准的认定提供了客观依据。

近期，在四级法院审级职能定位改革接近尾声时，人民法院提出了"院庭长阅核制"。"院庭长阅核制"是围绕如何处理好法官审判权和院庭长监管权之间关系展开的改革举措，明确民事审判权的运行逻辑，对"院庭长阅核制"的正确理解和有效展开具有重要作用。对于"院庭长阅核制"的性质如何，主要看各级法院如何来落实这一政策，若各级法院的案件审判法官依旧像之前一样依赖于"院庭长阅核制"，将责任承担的希望寄托于"院庭长阅核制"这一程序，那么可能会逐渐演变为原来的审批制。

---

〔1〕 万国营等：《审判权力运行机制改革研究：以完善审判权力结构为思路的理论分析与制度构建》，人民法院出版社 2018 年版，第 14 页。

〔2〕 万国营等：《审判权力运行机制改革研究：以完善审判权力结构为思路的理论分析与制度构建》，人民法院出版社 2018 年版，第 60 页。

但正确认识阅核制，需要遵循其制定的本质逻辑，其与审批制存在着很大区别。首先，院庭长阅核制是审判监督权的表现。虽然实行院庭长阅核制，但这只是案件审理后的一项监督程序，院庭长对于案件的裁判结果并没有独立的判断权，案件审理的最终裁判决定权仍旧在案件的承办法官手中。其次，院庭长阅核制对于案件裁量结果没有决定权，法院实行法官独立、司法审判权独立是基本的制度逻辑，不同于行政系统的领导负责制的上命下从的关系，院庭长对于阅核的案件认为审理结果不当的，没有直接改变审理结果的权力，只能提出建议或提请审判委员会讨论决定。最后，由于院庭长阅核制中，院庭长实际上承担的是一种审判监督权。因此，院庭长也不必对案件的审理结果承担过重的责任，依旧是由案件承办法官对案件的审理结果承担责任，院庭长只承担监督不力的责任，这样既能减轻院庭长的压力，有利于院庭长阅核制的顺利推进，同时也可以避免案件承办法官通过院庭长阅核制而推卸责任。[1]

（四）民事审判权的作用范围

审判权的作用范围是一个国家文明程度的重要标尺，代表了国家对于社会纷争的保护范围。界定民事审判权的作用范围，可以使民事审判权具体对哪些纷争可以予以保护的界限清晰明确，民事审判权作用范围的界定是进行民事审级职能定位的前提依据。

1. 界定民事审判权作用范围的理论基础

（1）分权制衡理论。从民事审判权的权力属性来看，其最根本的理论属于分权制衡理论。从民事审判权的权力溯源来看，民事审判权是审判权的一种类型，而审判权属于司法权。从分权制衡理论的角度来看，影响民事审判权的制约因素主要有二：一是司法权的权力范围。司法权与行政权、立法权的权力界限鲜明，司法权具有性质鲜明的作用范围，而民事审判权作为司法权的下位权力概念，其作用范围自然不能超出司法权的权力范围，民事审判权不能审理属于行政权或者属于立法权所管辖的事项，这是根本性的前提和大范围的界定。从另一个角度看，司法权界限是民事审判权作用范围所能到达的最大范围，除了司法权事项，任何其他性质的事项不能进入民事审判权的作用范围之内。二是民事审判权自身权力性质的范围。审判权分为民事审

---

[1] 参见万毅：《阅核制述评》，载《法学》2024年第3期。

判权、刑事审判权和行政审判权。民事审判权只能审理"民事争议"，对于刑事案件以及行政案件，不得通过民事程序和民事审判权予以解决，这是民事审判权作用范围的直接标准。

（2）权利救济理论。人类解决纠纷的方式经历了从自力救济到公力救济的转变过程，自决最适合社会冲突的个性本原，是最原始的纠纷解决形式。[1]随着社会契约论和文明的发展进步，人们逐渐将自力救济的权利转移给了国家，通过国家来行使纠纷解决的强制执行力，并通过国家强制力保证纠纷解决结果的稳定性。由于人民向国家让渡了纠纷解决的权利，国家垄断了暴力救济的手段。因此，国家就有义务在公民权利受到侵害的时候予以公力救济，公民便产生了裁判请求权。即当公民之间发生纠纷时，公民有权利请求国家的公力救济，这种公力救济不仅包括公民有权诉诸诉讼，请求国家强制力通过司法程序予以裁决，还包括公民有权利请求国家通过正当的法律程序予以公正的裁决，这些权利是公民让渡自力救济权利的结果。

王亚新教授指出，民事审判权作用范围的界定，从法院的视角来说是民事审判权的边界问题，而从当事人的视角来说便是什么时候才可以享有接受公正裁判的权利的问题。[2]国家民事审判权的行使边界是从国家权力的角度来讨论民事审判权的作用范围，民事审判权是司法权，就必然具有司法权的本质属性——被动性。因此，民事审判权不能主动予以启动，而裁判请求权是公民的宪法性权利，可以由公民在产生纠纷的情况下予以实施。裁判请求权的范围决定着民事审判权的范围。只有当事人提起诉讼，法院才能启动民事审判程序，行使民事审判权，法院不能主动启动诉讼程序审理案件，这也是《人民法院组织法》（2018年修订）予以明确规定的法院的基本原则。但是我们应当看到，裁判请求权的范围要大于民事审判权，即只有法律规定应当由司法程序予以解决的事项，当事人就此事项行使裁判请求权，提起诉讼时，人民法院的民事审判权才得以启动。这一逻辑是从权利制约权力的角度出发，以当事人的裁判请求权对于法院的民事审判权的制约来看民事审判权的作用范围，体现了公民权利对国家权力的制约。

（3）司法有限性理论。如果说分权制衡理论是从国家公权力之间的权力

---

〔1〕　参见顾培东：《社会冲突与诉讼机制》，法律出版社2004年版，第30页。

〔2〕　参见王亚新：《社会变革中的民事诉讼》，中国法制出版社2001年版，第253~254页。

分配角度来讨论民事审判权的作用范围,权利救济理论是从公民权利对于国家权力的制约角度来看待民事审判权的作用范围,那么司法有限性理论就是从司法权本身的性质和特点角度,从内化的视角对民事审判权的作用范围予以界定。司法的有限性主要表现在三个方面:

第一,司法调控范围的有限性。虽然纠纷解决是司法的本质属性和基本职能,但并不是所有的社会纠纷都可以通过司法程序予以解决,司法不是社会矛盾纠纷解决的唯一途径。博登海默指出,仅仅依靠法律这一社会控制力量是不够的,实际上,还存在着其他能够引导或指导人们行为的社会力量,在社会控制和纠纷解决过程中发挥着辅助和补充作用,其中包括道德、宗教、习俗等社会规范。[1]庞德认为司法局限性有以下三点:司法是国家对人的行为的调控,并且是对人的外在行为的调控,不能规范人的内心;司法是国家通过强制力实现的调控手段;司法具有被动性,不能主动对社会进行调控。[2]因此,司法具有固有的有限性,这种有限性直接体现在对民事审判权的作用范围的界定上。民事审判权作为司法性权力,具有司法权本身所固有的有限性,对于民事审判权来说其调控范围比司法权的调控范围更小。

第二,司法职能的有限性。司法的这一有限性主要表现在司法作为依靠国家强制力、依靠国家暴力方式对社会纷争予以解决的模式。只对当事人的外在行为予以规制,对于当事人的内心所能产生的影响很小,与道德对于社会公民潜移默化、润物细无声的教化作用不同,司法仅强调公平高效地满足当事人的需求,作出合法的裁判,对于当事人的内心活动并没有过多的关注。

第三,司法资源的有限性。国家权力分为司法权、行政权与立法权三个体系,司法资源并不能获得完全充足的国家资源。而司法审判本质上就是通过国家资源以强制力的方式对社会纠纷予以裁判,因此,在国家资源对司法的分配总量并未增加,而社会矛盾纠纷进入诉讼程序的数量却在显著增加时,司法资源的有限性是必然的发展结果。综上,司法资源的有限性决定了所有的社会冲突均进入司法程序予以解决是不可能的,同样也并不是所有的矛盾

---

〔1〕 参见 〔美〕E. 博登海默:《法理学:法律哲学与法律方法》,邓正来译,中国政法大学出版社 2017 年版,第 357 页。

〔2〕 参见 〔美〕庞德:《通过法律的社会控制、法律的任务》,沈宗灵、董世忠译,商务印书馆 1984 年版,第 130~132 页。

都会聚集到民事审判权的行使范围之内，而具体哪些可以成为民事审判权的作用范围，哪些会被排除在外，是国家根据司法的客观规律和国家的实际情况予以立法规定的，只有法律上的争讼才是民事审判权的作用范围。

分权制衡理论、权利救济理论以及司法有限性理论分别从国家权力、公民权利以及民事审判权自身性质三个维度对民事审判权的作用范围进行了理论论证，是民事审判权作用范围合理界定的理论基础，对于我们明确民事审判权的基本属性、合理界定民事审级职能的清晰定位具有重要意义。

2. 界定民事审判权作用范围的原则

原则是一项权利或一个制度得以建立的重要依据，是其建立需要遵循的最基本的法则。正确认识民事审判权作用范围的确立原则是清晰界定民事审判权作用范围的基础和前提。

（1）保障当事人接近司法救济原则。自力救济作为最古老最传统的救济方式，是人们在发生冲突时的第一反应。随着国家的产生和社会的形成，为了统一行使国家权力，对社会进行治理和控制，国家通过强制力将公民纠纷解决的自力救济权收归国家所有，由国家来行使纠纷解决的权力，从而形成了司法权。因此，司法权是由公民让渡给国家而产生的对于公民和社会矛盾冲突进行救济的权力，国家具有随时保证当事人通过司法寻求救济的义务。而民事审判权作用范围的确定也是对当事人能够接近司法救济原则的贯彻，民事审判权作用范围从国家的角度来说是民事审判权在哪些事项范围行使的问题，而从当事人权利救济的角度来看，是哪些事项可以寻求民事司法程序的问题。

（2）司法最终解决原则。司法最终解决原则表现在两个层面：一是时间上的最终性。即司法审判具有终局性。通过司法程序予以解决的案件具有终局性和拘束力，任何人或者组织不得在司法程序作出判决后再寻求其他方式的救济，司法的拘束力不仅体现在当事人和法院之间，也对社会其他成员发生一定的作用。二是事项范围上的最终性。通过其他方式无法解决的事项，均可以通过法律程序予以解决，法律具有至高无上的权威性。司法程序是社会正义的最后一道防线，司法权本身就体现了一种最终性原则。民事审判权作用范围的界定也应当严格遵循司法程序的最终性原则，民事审判权的作用范围要尽可能地包含司法程序能够予以救济的全部事项，穷尽司法救济程序，对公民的民事权利予以最大限度的保护，这也是司法程序最终性原则的要求与体现。

3. 界定民事审判权作用范围的标准

民事审判权作用范围的原则是界定民事审判权作用范围的宏观准则，要准确界定民事审判权的作用范围还需要对其标准予以探讨。

（1）树立正确科学的纠纷观。我国自古以和为贵，具有深厚的拒讼、畏讼的心理，甚至将通过官方渠道、公力救济解决私人之间的纠纷视为耻辱的行为。这一深厚的厌讼心理不仅导致我国公民较少愿意通过诉讼程序解决纠纷，而且对于专业司法工作人员的正确客观的纠纷观、诉讼观也产生了一定影响。

首先，由于纠纷的存在，人们可以通过冲突来表现自己的不满、排解自己的情绪，不至于将普通民事纠纷演变为更严重更恶劣的冲突，同时如果矛盾纠纷能够得到合理解决，还会使社会关系得以缓和，营造一个暂时和谐的社会环境，产生新的社会秩序。其次，从哲学对立统一规律来看，矛盾是普遍存在于社会之中的，时时刻刻都会有矛盾的存在，这是社会发展的客观现象，是不为我们的意志所转移的。最后，我们应当客观地承认社会中存在矛盾，我们需要做的就是通过合理的途径解决矛盾，通过司法解决社会矛盾，是每一个法治国家的必然选择。

因此，我们应当树立科学的纠纷观，正确对待社会中的矛盾和纠纷，并善于、主动通过法律程序、运用司法的手段解决矛盾，只有我们正确对待社会中的矛盾，才能以更宽广的视野面对民事审判权的作用范围，民事审判权正是国家通过司法手段对于社会矛盾予以解决的途径，我们对于社会矛盾纠纷的认可度、接纳程度决定了民事审判权作用范围的广度。

（2）树立科学正确的现代司法观。现代司法观是以人为本的人本司法观。人本法律观强调司法为民，不是从司法机关对人民的权威性控制的角度出发，而是从司法权来源于人民，司法机关通过人民让与权力而获得了为人民服务、解决纠纷的权限的角度出发，以人民为中心是现代人本司法观的核心内容。坚持人民主体地位，坚持以人民为中心，是中国特色社会主义法治的独特优势，是中国特色社会主义法治区别于资本主义法治的根本所在。[1]"坚持人民

---

〔1〕　参见胡铭：《司法制度的中国模式与实践逻辑》，商务印书馆2023年版，第26页。

主体地位，必须坚持法治为了人民、依靠人民、造福人民、保护人民。"[1]只有牢固树立以人为本的司法观念，才能明确司法权、民事审判权的本质属性是为人民谋利益、为人民谋幸福的判断权和裁判权，民事审判权的行使范围也要紧紧围绕以人民为中心的原则，牢记司法权来源于人民，审判权是人民赋予的权力，要牢记人本法律观的基本宗旨，坚持每一项民事审判权的行使都能坚持以人民为中心、为人民服务的原则。

（3）确立以裁判请求权为理念指导。在现代法治国家和社会，公民产生纠纷而通过法院获得公正裁判的权利是公民的基本权利，是宪法赋予公民的基本请求权。在发生纠纷后，人们能否通过在法院寻求司法救济而解决纠纷是衡量一个国家司法制度是否完善的重要标准。之所以将公民的裁判请求权置于宪法中予以保障，主要基于以下依据：一是在现代社会，法律是人们所有社会活动的行为准则，法律支配着人们的各种权利以及社会生活的方方面面。法律应当渗透到人们生活的每一个方面，法律应当覆盖对于社会纠纷的全面处理。二是从分权制衡以及权利制约权力的司法理念来看，由于行政权与司法权的分离，行政权往往以管理权的方式予以展现和实施，司法权由于其要保持中立的特性，被动性特征明显。在司法权领域就应当赋予公民充分的裁判请求权。三是司法权是国家权力的重要组成部分。司法权的行使是依法进行的，人民请求司法裁判的权利也是依法进行的，是对于自身正义以及社会正义的追求，遇到纠纷可以通过裁判请求权获得公正的司法救济是公民基本的社会权利，是人们生存发展的基本权利。

因此，公民的裁判请求权是开启司法程序的重要权利依据，民事审判权的行使范围首先要以公民的裁判请求权为标准，特别是在民事审判领域，司法权还要充分地尊重当事人的处分权，对于当事人通过裁判请求权申请法院予以解决的纠纷事项，民事审判权必须做到依法裁判、公正处理，而对于当事人未提出的诉讼请求，不损害国家、社会公共利益以及他人合法权益的，司法权应当保持谦抑性、被动性原则，不能主动加以干预。从这个意义上说，公民的裁判请求权是民事审判权行使范围的重要标准，是民事审判权行使范围的界定标尺。

（4）确立以诉的利益为其主要评判标准。在大陆法系国家，诉的利益既

---

[1]　习近平：《论坚持全面依法治国》，中央文献出版社 2020 年版，第 107 页。

是当事人行使诉权的要件，同时也是法院进行民事实体裁判的前提，诉权是连接程序法与实体法的重要纽带。[1]一个国家的司法制度是否健全和完善，一个重要的评价标准为是否把具有诉的利益的案件都能够纳入司法保护的范围。对于司法权的保护范围应当依据诉的利益标准，将当事人具有诉的利益的案件范围作为司法保护范围的重要依据。

正确的纠纷观是民事审判权作用范围能够正确界定的文化基础，只有使人们相信司法、信任司法，民事审判权的作用范围才能得以展开。以人为本的人本司法观是从法院角度对于民事审判权行使范围的约束，法院只有牢记民事审判的权力来源于人民、民事审判的权力应当服务于人民，以为人民服务作为民事审判权运作过程的精神内核，才能使我国的民事审判权体现其本质和发挥其功效。

人们的裁判请求权以及诉的利益标准是准确界定民事审判权作用范围的界限，裁判请求权的范围是民事审判权作用范围的初步界限。人们对于民事纠纷均具有裁判请求权，法院具有对当事人所请求裁判的纠纷运用民事审判权予以救济的义务，而诉的利益是对当事人裁判请求权的进一步限定，并不是所有的民事纠纷均能够通过司法程序予以解决。民事审判权的作用范围可以做以下两项明确的排除：一是将存在隶属关系的主体之间的民事纠纷排除在外，如个体成员对所属单位领导、决定、分配行为不服引起的纠纷等，一般不纳入民事诉讼程序。二是将存在管理关系的主体之间的纠纷排除在外，如政府及其职能部门对企业、行业、社会团体的管理行为引发的纠纷等，一般不纳入民事诉讼程序。[2]这两项标准将民事审判权的作用范围进行了更为细化的界定。

4. 民事审判权作用范围在民事审级职能定位改革中的作用

民事审判权与民事审级职能定位改革的关系是一个复杂而重要的问题。民事审判权是指法院对民事纠纷进行裁决的权力，而民事审级职能定位则是指法院在不同层次的审判机构中承担的职责和任务。在现代法治社会中，民事审判权和民事审级职能定位是司法体制改革中的两项重要内容，民事审级职能定位改革是法院审级职能改革的重要过程，而民事审判权的优化与作用

---

〔1〕　参见廖永安：《我国民事审判权作用范围之重构》，载《法学论坛》2005 年第 3 期。

〔2〕　参见姜启波：《民事审判权作用范围的相关问题》，载《人民法院报》2005 年 11 月 9 日。

范围的再界定是民事审级职能定位的重要依据。

（1）民事审判权是保障公民合法权益、解决民事纷争的重要手段。第一，民事审判权是保障公民合法权益的基础。民事案件涉及个人、家庭和社会各个方面的利益，通过司法程序来审理和裁决，可以确保公正和公平的判决结果，维护公民的合法权益。第二，民事审判权的存在使得公民在遭受侵害时有权利寻求法律救济，从而保护自己的权益不受侵犯。民事审判权是解决民事纷争的有效途径，民事纠纷在日常生活中经常发生，而通过法院的审级程序来解决这些纠纷，可以避免冲突升级和暴力事件的发生。民事审判权的行使使得当事人可以通过和平的方式解决争议，维护社会和谐稳定。第三，民事审判权有助于维护社会公平正义。通过民事审判权的行使，可以对违法行为进行制裁，维护社会的公平正义。第四，民事审判权的行使促使当事人遵守法律规定，遵循公平原则，从而促进社会的和谐发展。民事审判权的行使应当遵循法律的规定，确保公正、公平、公开的原则，保护当事人的合法权益。

（2）民事审级职能定位改革是完善司法体系的重要举措。随着经济社会的快速发展，传统的民事审级职能定位可能难以适应新的社会需求。一方面，民事审级职能定位改革有助于优化司法资源配置。传统的民事审判方式存在资源分配不合理的问题，导致一些案件积压严重。而另一些案件却得不到及时处理。通过改革，可以合理分配法院的人力资源和物力资源，确保每个案件都能得到适当的关注和处理，提高司法效率。另一方面，民事审级职能定位改革有助于提高司法效率。在传统的模式下，不同级别的法院审理的案件类型和难度不尽相同，导致一些简单案件被复杂化处理，而一些复杂案件又被简化处理。通过改革，可以明确各级法院的职责范围和审理标准，避免重复劳动和资源浪费，提高整体司法效率。

（3）要充分考虑各方面的因素和利益关系。一方面，要保障当事人的合法权益，确保审级过程的公正性和透明度。另一方面，要提高审判效率，减少诉讼成本，方便当事人参与诉讼。

总之，民事审判权与民事审级职能定位改革是相辅相成的关系。通过改革民事审级职能定位，可以提高民事审判的效率和质量，更好地保障公民的合法权益。同时，民事审判权的行使也需要不断完善和规范，确保司法公正和公平。只有通过改革和完善，才能构建起更加科学、高效、公正的民事司法体系。民事审判权与民事审级职能定位改革还有助于提高司法公信力。当公众对司法机关的公正性和效率产生怀疑时，司法机关需要通过改革来回应这些质疑。通过调整民事审判权和民事审级职能，可以使司法机关更加注重当事人的诉求，提高司法公信力。这对于维护社会稳定和谐具有重要意义。

（五）民事审判权在审级职能定位改革中的职能

民事审判权在民事审级职能定位改革中的地位和作用需要从民事审判的职能角度出发予以审视。民事诉讼是一个系统整体，民事审判权在民事审级职能定位改革中发挥着内在职能与社会职能两方面的效果。

1. 内在职能

民事审判的内在职能源于民事诉讼运作机制本身特性而产生的职能，其包括民事权利义务确定职能与发现真实职能。

民事审判权是判断权和裁判权的集合体，民事诉讼活动是对当事人的民事争议做出法律判断的过程。法律判断是运用法律规定进行逻辑推理的过程，而在这个过程中法律关系都可以简化为权利义务关系。当事人因为享有相应的诉讼权利或者实体权利而做出一定的处分，从而具有提出相应主张、利益行为的正当性基础，而义务是当事人处于被动地位的动因，在诉讼过程中因程序法规定或者实体法规定而在权利义务关系中负有一定义务的一方当事人往往需要承担一定的被动行为，处于被动地位。因此，在民事审判的过程中确定民事权利义务并形成相应的法律判断是民事诉讼的内在职能并且是首要职能。而民事诉讼的这一首要职能也决定了在民事审级职能改革过程中，应当充分尊重民事审判需要负担的确定民事权利义务关系的这一职能，在初审法院特别是基层人民法院重在解决纠纷的民事审判过程中，应当充分保障民事审判确定当事人之间权利义务关系的职能，通过各种运行机制确保民事审判这一内在职能的发挥。

民事诉讼的内在职能是民事诉讼作为客观存在物的存在依据。[1]民事诉讼的另一内在职能体现在发现真实的职能上。民事审判的过程是通过运用法律知识、依据事实和法律规定而进行的法律推理过程，这一过程民事审判权发挥了推理的作用，但事实依据是必要的前提，所有的推理过程都是为了得

---

[1]　参见韩波：《当代中国民事诉讼思潮探究》，华中科技大学出版社 2015 年版，第 111 页。

到绝对的事实。[1]因此，发现真实成为民事诉讼的重要内在职能。

2. 社会职能

民事诉讼的社会职能是由其所处的社会环境而产生的，民事诉讼的内在职能通过民事审判的运行而作用于具体实践，在这一过程中相应的产生了民事诉讼的社会职能。具体来说，民事诉讼的社会职能分为国家和个人两个层次。

（1）从国家层面看，民事诉讼的社会职能主要体现为对社会秩序的维护。民事纠纷首先是对于社会秩序的冲击，而社会秩序稳定是涉及国家发展的根本性利益。民事审判通过和平的方式对民事纠纷予以解决，有利于维护国家的大局稳定和社会的健康发展。

（2）从个人层面看，纠纷是由于公民对于与自身有关的权利、义务等社会分配的不认同而产生的。首先，就个人来说，解决当下的纠纷是诉讼的直接目的，通过纷争的解决而对原本的社会物质资料的分配关系予以调整，从而形成合法且能为双方当事人所接受的物质分配关系。因此，民事审判的社会职能是由初步的纠纷解决职能与深层次的物质分配关系再界定组成的。而在民事审级职能定位改革中，民事审级职能首先应当满足个人的初级社会职能的实现，解决纠纷是民事审判以及司法审判的首要职能。其次，社会秩序的稳定也是民事审判应当予以考虑的社会效果。实现审级职能的合理定位和分工，是民事审级职能得以发挥的重要进路。

民事审判权作用范围既决定了司法介入社会生活的深度和广度，也决定了公民的民事权利在何种程度上能够得到保护，民事审判权的作用范围对国家和人民来说至关重要。在审级职能定位改革中，民事审判权发挥着重要的作用。首先，它是改革的核心和关键。法院作为解决社会纷争的主要机关，通过案件审理实现社会治理，而根据司法实践的发展以及社会现实的需求，民事纷争是社会中最常出现、类型和数量最多的纠纷。只有明确了各级法院的民事职能定位，首先，通过民事审判领域对审级职能实现了明确的定位和合理的分工，才能为刑事审判和行政审判工作提供实践性经验和示范效应，实现法院整体司法资源的合理配置，进而提高审判效率，强化司法公正。其

---

[1] See Garry D. Watson, the Structure and Purpose of Civil Procedure, in Janet walker, ed, *The Civil Litigation Process（Cases and Materials）*, 7th Edition, Emond Montgomery Publication Limited, 2010, p. 69.

次，它是评估改革效果的重要指标。通过对法院民事审级职能的率先改革，可以减小改革的阻力，通过民事审判实践的经验，探索改革的可行性以及及时调整改革的具体举措，通过观察各级法院的工作情况和社会反应，了解改革的效果，为进一步的改革提供参考和指导。

七、法院审级职能定位改革的具体路径：法院职能分层

民事审级职能定位改革是在司法体制改革的社会背景下，作为四级法院审级职能定位改革的一部分改革内容，具体路径蕴含在四级法院审级职能定位改革的路径与方式中。职能分层是在实现现有审级制度不变的基础上，对于四级法院审级职能定位予以优化和更新的最优技术性规范。

（一）法院职能分层的含义、意义和功能

1. 法院职能分层的含义和意义

职能分层是权限划分的内容之一。就权限划分而言，分为三个方面：一是从民事审判的内部关系来看，当事人享有对自己权利的处分权限，法官享有对民事案件的审判权，通过对二者进行权限划分实现权利与权力之间的相互制约。二是在法院系统的纵向关系上，上下级法院之间的权限通过划分而实现了职能分层，一审法院重在审理事实问题，二审法院重在解决法律适用问题，通过职能分层，实现法院在审判事务上的分工，通过审判程序内的上诉程序，实现上下级法院之间的监督和制约。三是从法院整体来看，法院司法权与其他国家机关权力之间的权限划分，通过对法院民事审判权的界限的明确划分防止其他权力对司法权的干预，有利于保证审判权的独立行使。因此，从权限划分的角度来看，法院职能分层是指在审级制度中，在上下级法院之间的纵向关系上，通过法律明确各自的职能配置和由此划定的上下级法院之间的权力界限，建立以一审程序为重心、上下级法院之间相互制约的机制。[1]其具有两个方面的意义：

（1）在权力结构层面上，有利于形成审级程序内的权力分立和权力制约。通过职能分层，对不同层级法院的职能进行明确的划分，上下级法院都在各自的职权范围内活动，不会出现权力扩张或者权力干涉等问题。尤其是上下

---

〔1〕　参见傅郁林：《分界·分层·分流·分类——我国民事诉讼制度转型的基本思路》，载《江苏行政学院学报》2007 年第 1 期。

级法院之间的关系，通过职能分层，上级法院只能在法律规定的权限内行使司法权，在上诉审中只侧重于对案件的法律适用问题的审查，需要在一审法院事实审的基础上进行。因此，应当充分尊重一审法院的审理结果，实现上下级法院之间在审判事务上的双向监督，改变了以往上级法院对下级法院的单向监督模式，使下级法院真正实现了审判权的独立行使，不受包括上级法院在内的任何国家机关、社会团体和个人的干涉。

（2）在程序技术层面上，有利于分解案件审理压力，有利于实现最终的司法统一。通过职能分层，对各层级法院依据其具有的独特优势和所处层级的特点，对其应当承担的法定职能予以明确规定。例如，基层人民法院往往作为一审法院，主要承担对案件的初审职能，侧重对案件事实的审理，重在解决纠纷。中级人民法院作为大部分案件的二审法院，在一审法院已经对事实进行了充分审理的基础上，减轻了对于事实部分的审理，甚至只需要对法律适用问题进行审理，重在定分止争，作出终审判决。高级人民法院则侧重对较少一部分生效判决进行审判监督和依法裁判纠纷的职能。最高人民法院在下级人民法院已经对大部分案件进行了充分审理的基础上，可以具有大部分的精力审理具有法律适用争议和冲突的案件，实现统一法律适用的职能。

2. 法院职能分层的功能

在不同层级的法院之间实行司法职能上的划分是现代国家审判制度建构的一般做法，其也可被看作是现代司法审判体系建设的基本构成要素和重要技术规范。[1]案件分流、程序分类和职能分层的意义不仅在于价值妥协，其在制约法官权力、抑制当事人滥用诉权、维护司法的具体公正与宏观正义方面所具有的意义广泛而深远。[2]具体来说，职能分层的功能体现在以下几个方面：

（1）上下级法院之间通过职能分层形成了明确的民事审判程序内的司法等级制度和职权分明的双向制约机制。通过职能分层，将上级法院的职能范围予以明确规定，上级法院只能在法律规定的范围内进行司法审判活动、行使司法审判权，从而上级法院在监督下级法院的同时，自身的权限也是在法

---

〔1〕 参见杨知文、朱泓睿：《指导性案例编纂中的司法统一与职能分层》，载《河北法学》2015年第7期。

〔2〕 参见傅郁林：《民事司法制度的功能与结构》，北京大学出版社2006年版，第193页。

律规定的范围内的，同时这种界限的划分是通过对下级法院拥有的法定职能予以充分尊重的基础上实现的，上级法院在监督下级法院的同时也受到了来自下级法院职能的制约，从而避免了之前上级法院对下级法院单向的监督，避免司法程序内的监督转向行政系统的领导关系。

（2）法院职能分层有利于保障审级制度呈金字塔型，对诉讼案件予以有效分流。通过职能分层，不同层级的法院具有不同的分工和工作重点，可以将大部分的案件解决在基层人民法院，从而使得较高层级的法院得以在烦琐的案件审理工作中脱离出来，集中精力承担统一法律适用等其他司法职能。中高层级的人民法院，除了承担司法审判职能外，还具有规则治理和社会控制等其他政治职能和社会职能，减少了中高层级法院对于案件的审理工作，赋予了中高层级法院作为国家机关其他职能的发挥空间。

（3）法院职能分层实现了对社会公共利益和当事人私人利益的兼顾保护。比如越接近塔顶的审判越注重对案件的法律意义和规则价值事项的审理，而越接近塔基的法院则越注重对当事人个人利益和权益的保护，职能分层通过审理侧重的划分对公共利益和个人利益的保护职能也进行了相应区分，有利于精准保护国家和公民个人的权益，实现了具体正义与宏观正义的统一。[1]

（二）法院职能分层的基本思路

分级设置审判职能，是指根据审级制度设置的基本目的，针对不同级别法院的审判特征，分别设定各自不尽相同的审判职能。[2]对四级法院的职能实行分层，进而实现四级法院民事审级职能的科学定位是一项系统性工程，需要遵循基本的改革思路，注意改革中应当考量的各项因素。

对四级法院审级职能定位的改革是新中国成立以来涉及法院层级最全、涵盖诉讼领域最广、系统集成性最高的一次改革，[3]本次改革的内容对于下一步完善审判理论、优化审级结构、修改相关法律都具有重要意义，应当遵循以下基本思路：

首先，既要"放下去"又要"提上来"，推动纠纷自下而上有效过滤、

----

〔1〕　参见傅郁林：《民事司法制度的功能与结构》，北京大学出版社 2006 年版，第 193 页。

〔2〕　参见廖中洪：《论我国民事诉讼审级制度的修改与完善》，载《西南民族大学学报（人文社会科学版）》2005 年第 7 期。

〔3〕　参见刘峥、何帆：《〈关于完善四级法院审级职能定位改革试点的实施办法〉的理解与适用》，载《人民司法》2021 年第 31 期。

精准提级。

通过完善民事案件级别管辖标准，逐步实现第一审民事案件主要由基层人民法院管辖，第二审民事案件由中级人民法院管辖，实现案件在两级法院对于事实争议和法律争议的实质性解决，切实实现两审终审制。"放下去"主要是指案件下沉到基层，这充分考量了我国基层人民法院解决纠纷能力和水平不断提升、在解决纠纷上具有时间、空间和组织上的天然优势，既便于接近矛盾纠纷源头，更好地查明案件事实，也能够有效利用基层组织的资源力量，开展诉源治理和多元调解，实现矛盾纠纷就地解决等优势，具有准确查明事实、实质化解纠纷、打造坚实的第一审的能力。[1]在实行审判重心逐渐下沉的同时，也应当看到高层级法院对于打破"诉讼主客场"和地方保护主义案件的审理优势，完善提级管辖机制，推动具有规则意义、涉及重大利益的案件进入高层级法院审理，充分发挥高层级法院熟悉辖区审判情况、抗外部干预能力强等优势，配套完善繁案精审、类案同判等机制，逐步实现"审理一件，指导一片"的示范作用。[2]

其次，既"调结构"又"定职能"，不断优化最高审判机关受理案件的类型。

本次改革的涉及范围广、涉及体系全面的一点体现就是最高人民法院第一次参与改革试点。最高人民法院作为我国的最高审判机关，对全国的司法工作承担着指导和模范带领的作用，最高人民法院的改革成效和改革过程，不仅关涉着最高人民法院内部的发展情况，更影响着全国法院的运行机制和全国司法工作的开展情况。从审理的案件类型、审理方式和诉讼机制以及权力的运行机制上，对最高人民法院的审级职能和权力结构予以调整，优化调整向最高人民法院申请再审的案件类型，严格控制最高人民法院审理案件的数量和质量，通过对案件类型的把控，充分发挥最高人民法院在审理案件过程中的统一法律适用、政策制定以及对于全国司法工作的指导示范作用。建立最高人民法院裁判直接转化为指导性案例的工作机制，推动相关司法裁判成为辅助、优化司法解释制定方式和内容，以及修改、废止司法解释的重要

---

〔1〕 参见李浩：《优化基层法院审级职能 实现纠纷实质性化解》，载《人民法院报》2022 年 8 月 31 日。

〔2〕 参见何帆：《中国特色审级制度的形成、完善与发展》，载《中国法律评论》2021 年第 6 期。

渊源。[1]

最后，既"做优化"又"强配套"，通过诉讼制度改革带动机构机制更科学。

通过调整四级法院审理案件的类型，构建了层级明晰、依次过滤的案件分布结构，使四级法院形成了与其所在审级层次相适应的案件分布格局，以审理案件类型和数量为基础，使各级法院不断完善与其审级职能相匹配的人员编制和机构设置格局。《审级职能定位改革实施办法》是本次改革的明确依据，是落实改革实施方案的文件之一，但是在内容上更侧重于对于诉讼制度安排的宏观谋划，对于机构内容的调整、管辖机制的具体变更、诉讼费用的调整等还都需要通过改革试点的经验来予以优化和调整，这些是在改革试点之后，通过对改革经验的不断考量和优化，逐步实现的综合配套措施。具体来说，综合配套措施应当从以下几个方面予以推进：

审级制度改革是一项复杂的系统性工程，不仅限于改革方案中所涉及的上诉制度、提级管辖、再审管辖等审级制度内部的改革核心内容，对于与此相关的法院的组织体系、机构设置、诉讼费用的缴纳与数量负担多少等问题对于审级职能定位改革也具有重要的作用，应当以系统高效集成化的观点去看待审级制度的综合配套改革措施，与改革措施实现高效联动，达到集成性的改革效果。

1. 与法院组织体系改革的关联

审级架构与法院设置之间的关联性最强，尤其是专门人民法院和其他跨行政区划设置的法院。[2]我国要想完成审级制度的改革，也必须对法院的组织体系作出相应的完善与改变。

（1）最高人民法院巡回法庭的性质定位。随着审级职能定位改革后，最高人民法院对于具体案件的审理工作将会大大减少，特别是一审案件，几乎已经完全退出了最高人民法院的司法职责之外，而最高人民法院设置巡回法庭的目的却是对于全国各地的疑难复杂案件的初审，主要职责就是办案，而巡回法庭对于最高人民法院还具有很大的依附性，是最高人民法院的重要组

---

[1]　参见何帆：《积厚成势：中国司法的制度逻辑》，中国民主法制出版社2023年版，第369页。

[2]　[美]劳伦斯·鲍姆：《从专业化审判到专门法院：专门法院发展史》，何帆、方斯远译，北京大学出版社2019年版，第3页。

成部分，本身不具有机构独立性。在最高人民法院褪去办案职能的未来，巡回法庭的工作机制和机构性质及应当如何设置定和位需要予以考量。

（2）在四级法院进行审级职能定位改革背景下，专门人民法院的层级以及专门人民法院的性质也是应当考虑的重要问题。我国之前的专门人民法院，例如军事法院、铁路运输法院、林业法院等专门人民法院的设置并不是以专业性和案件审理为第一目标设立的，并且这些法院在层级上还独立于普通的法院管理体系，随着法院整体的体系化改革，专门人民法院的体系定位和主要职能必须予以明确。近几年，随着我国司法观念的更新，对于专门人民法院的定位也越来越清晰，逐渐对于专门人民法院是为了发挥专业性、为审理特定类型案件而设立等目的达成共识，从知识产权法院、互联网法院等新型专门人民法院的设立也可以看出专门人民法院在我国的性质定位的走向。明确了专门人民法院的专业性定位之后，职能内容就更容易确定，但由于专门法院不同于普通法院的专门法庭，其自身的机构运行和管理具有独立性，专门人民法院属于高级人民法院管辖还是与高级人民法院属于同等级法院体系的问题需要予以明确，明确专门人民法院在法院组织体系中的等级层次有利于专门人民法院案件审理程序的确定。

（3）对于跨行政区划法院是否应当予以推广并构建配套机制。跨行政区划法院是对于摆脱司法地方化和地方保护主义的回应，通过设立跨行政区划法院审理特殊类型的案件，普通法院审理受地方干预较小的普通案件，以实现司法的科学、精简、高效的原则。但由于我国的法院层级一直都与行政区划相一致，跨行政区划法院的设立难度不仅在于案件管辖制度的设置，还在于对于跨行政区划法院的层级定位问题，跨行政区划法院审理终结的案件应当向哪一级法院申请上诉等问题都需要予以解决。

2. 与诉讼繁简分流改革的关联

我国自从民事诉讼程序推行繁简分流改革后，完善小额诉讼程序、完善简易程序、扩大独任制的适用以及对于在线诉讼的探索适用等试点成果都已经被纳入了修改后的《民事诉讼法》（2021年修正），[1]民事诉讼繁简分流改革取得了显著成效。在法院审级职能定位改革后，对基层人民法院影响最大的一项改革措施便是审判重心的下沉。随着审判重心的下沉，大量案件聚集

---

[1] 参见何帆：《中国特色审级制度的形成、完善与发展》，载《中国法律评论》2021年第6期。

到基层人民法院审理，基层人民法院的案件审理压力将进一步加大，此时，诉讼程序的繁简分流将发挥巨大功效，因此，应当在原有的改革成效的基础上，继续探索繁简分流机制，例如诉源治理、多元化纠纷解决机制的探索等，以缓解人案矛盾，强化基层人民法院的司法效能，打造坚实的第一审基础。

3. 与诉讼费用制度改革的关联

司法是重要的司法资源，诉讼费用在诉讼这一国家公力救济的纠纷解决方式上发挥了杠杆和门闸的作用，对于大量的民事纠纷案件起到了第一步的有效分流和筛选。在一审程序中，通过诉讼费用的设立，可以对于当事人的司法意愿予以调解，将非讼纠纷解决机制挺在前面，缓解法院的审理压力；在上诉程序和再审程序中，诉讼费用更是可以对于当事人恶意上诉、滥用再审权利的行为进行适当的遏制。诉讼费用在我国不仅体现了司法作为国家资源不可随意浪费的权威性，更对于控制上诉或再审的案件数量发挥了一定的调节作用，有利于遏制再审任意提起的现象，让再审制度回归纠错的特殊救济程序的本位。

4. 与法院审判方式改革的关联

本次试点虽然没有明确划分事实审和法律审的分离，但在规则制定上逐渐将对案件的事实、证据和程序性事项的审查任务交给高级人民法院，最高人民法院主要审查法律适用问题，但裁定提审后，仍是依法全面审理，只是庭审的内容更加聚焦解决法律适用的争议性问题。[1]因此，试点期间，各级人民法院应当根据职能定位改革的实施方案有意识地进行事实问题、证据问题审理与法律适用问题审理的分离，明确法律问题的识别标准，学会转化和提炼法律问题，努力探索形成具有中国特色的事实审和法律审的分离机制，形成中国特色的法律问题处理模式，为进一步构建科学化的审判方式和审理程序奠定基础。

（三）法院职能分层的考量因素

1. 背景因素：我国司法改革的趋势

从我国的改革历程来看，对法院的审级职能进行科学定位与改革是必然趋势：2013 年 11 月党的十八届三中全会通过的《中共中央关于全面深化改革若干重大问题的决定》提出明确各级法院的职能定位；2014 年 10 月党的十八

---

[1] 参见何帆：《积厚成势：中国司法的制度逻辑》，中国民主法制出版社 2023 年版，第 375 页。

届四中全会通过的《中共中央关于全面推进依法治国若干重大问题的决定》对审级制度明确做出了"一审重在解决事实认定和法律适用，二审重在解决事实法律争议、实现二审终审，再审重在解决依法纠错、维护裁判权威"的决定，首次对四级法院的审级职能定位予以明确规定，为四级法院职能定位指明了方向，强化了四级法院的职能分层；随后的几年又先后推出了司法责任制改革、省级法院对地方各级法院人财物统一管理等改革举措，为审级职能定位改革奠定了基础；2021年9月正式开展了为期两年的四级法院审级职能定位改革，对四级法院的审级职能内容开展全面的系统化的改革举措，深刻展现了我国对于科学的审级制度、高效的法院层级的改革决心和改革方向。

2. 对象因素：法院特点

改革在充分尊重原有的实际经验和工作特点的基础上进行优化和改良才能更快更好地实现改革目标，降低改革成本，减少改革的不适应性。对法院的审级职能定位改革更是如此，这是对法院的制度性改革，关系我国法院自上而下的运行模式和工作机制，应充分尊重法院已有的特点和实践经验。

（1）占有资源。法院在占有资源方面呈现两方面的特点：一是物质资源与法院层级成反比；二是制度资源与法院层级成正比。我国的法院数量是自下而上逐级呈现递减趋势的，基层人民法院数量众多，且分布在全国各地，而随着法院层级的提升，直至最高人民法院则只有一家，但是对于改革政策的制定、改革方案的实行等全国性的改革事项和活动由最高人民法院进行，同时从人财物的分配资源来看，基层人民法院虽然法官数量很多，但从审理案件的能力和司法工作的经验来看，最高人民法院的少数法官掌握着全国最具实力的审判力量，其审判案件的能力是最优的。

（2）既有经验。我国法院目前的职能定位和职能分层情况虽然不完全符合审级制度的构建原理，但司法审级职能分配情况经过几十年的实践，各级法院对于本院的审理事务都已经十分熟悉并逐渐形成了运行可靠的司法经验，例如基层人民法院对于第一审案件以及对于诉前调解等多元化的纠纷解决机制的经验，中级人民法院对于大多数案件二审审理的重点的把握，高级人民法院对于再审案件审理内容的把握以及对于全省司法审判工作的指导经验，最高人民法院对于来自全国的具有实质法律争议案件的审理逻辑的把握、对于司法解释、指导性案例的梳理经验等司法实践总结出来的宝贵经验，都是我国司法改革应当予以充分重视的重要内容。对既有经验的认真研究和深刻把握，是进行更加优化的司法体制改革的前提和基础，可以为审级职能改革提供充分的实践基础。

（3）体系位置。对于四级法院的职能予以定位还需要慎重考虑法院所处的体系位置，这是决定法院职能内容的关键因素。以基层人民法院为例，基层人民法院处于审级制度金字塔的底层，法院数量最多，接触的案件类型最多、案件数量也最多，对于当事人以及案件的发生地、发生时间以及实际的客观真相也最近。因此，对于基层人民法院的职能定位应当充分尊重这些特点，将人力资源重点向基层人民法院倾斜，以满足基层人民法院案件数量多的特点。其次，针对基层人民法院最能够接近群众、接近案件事实的特点，应当将案件的审理重点放在对事实争议的审理上，学会充分综合运用其他纠纷解决方式与司法审判力量相协调，力求在基层人民法院的第一审程序中解决当事人对于事实的争议，化解矛盾纠纷。

3. 理论因素：审级制度的建构原理

审级制度的建构原理，即隐藏在形形色色的审级制度背后的一些基本原理和技术规范，其中蕴含着现代法治国家对司法价值目标的一些基本共识。[1] 四级法院的职能定位体现了审级制度的建构原理，实现科学的职能定位内容就要对审级制度的建构原理拥有清晰的认识：

（1）法院的职能有分层。实现上下级法院之间的职能分层是审级职能定位改革的主要途径。通过构建金字塔型的审级结构，上下级法院之间的职能定位得以清晰明确。基层人民法院处于塔基的位置，数量多、接近纠纷、接近群众，主要的司法职能是对于纠纷的处理，主要的工作内容是对于个人利益的满足。而较高层级的法院处于金字塔的上层，法院数量少、接近政策制定机关，解决的纠纷都是经过下级法院筛选审理过的，一般较少存在事实争议，大多是对于法律适用存在争议或者是出现了制定法难以解决的问题进而需要中高级人民法院作出裁判的案件。因此，最高人民法院更多的是对于国家宏观政策和社会管理方面的工作，发挥的职能作用更强。在对上下级法院进行职能分工时，必须遵循这一规律。

---

[1] 傅郁林：《审级制度的建构原理——从民事程序视角的比较分析》，载《中国社会科学》2002 年第 4 期。

（2）法院及案件数量有多寡。在审级制度中，对于不同层级的法院审理的案件数量需要予以一定的分配。法院审理的案件数量随着法院层级的增高而呈现逐渐递减的趋势，这也符合法院审级结构和案件审理规律的安排。

（3）法院审理案件有分工。在审级制度的建构过程中，需要对事实审和法律审予以一定的分工。一般来说，较低层级的法院数量较多，更加关注事实审，而较高层级的法院数量较少，更加关注法律审。原因在于：一是通过缩小较高层级法院的审理范围而实现控制其规模的目的；二是防止当事人为了寻求更高一层级的救济而忽视之前的审理过程，浪费司法资源；三是事实问题具有个别性，难以做出具有共同之处的认定，对于事实的认定因生活环境和知识储备的不同可以做出不同的认定，而若每一层级的法院均可以做出事实认定，不仅上级法院对下级法院的事实认定可能产生否定的效果，还会出现法院法官对于同一事实做出不同认定结果的效果，否定了司法的统一性，有损司法的权威性。

（4）法院裁判依据有张弛。在审级制度的构建原理中，需要对不同层级的法院司法审判的合法性要求赋予一定的弹性。合法性分为两个层面：一是消极的合法性，即不与法律规则正面抵触，只要符合法律原则和理念即可；二是积极的合法性，即在遵循法律原则和理念的前提下，严格符合法律。[1]法院的层级越低与社会的距离越近，触及风俗习惯、行业规则、道德舆论等非法律渊源的社会规范越多，在不违背基本法律规范和法治理念的前提下，可以允许法院充分运用各项资源对于案件事实予以实质化审理，以追求纠纷解决的最大化。而对于高层级的法院，需要严格遵循司法原则和法律规范，才能对具有法律争议的案件做出公正的判决，强调严格的形式法治，以提升法律权威，增强法律信仰和社会法治的共识。

（四）法院实现职能分层问题

我国法院民事审级职能定位改革的改革背景因素具备、改革契机充分、改革方向明确，但具体到民事审级的实际状况来看，我国几十年以来的四级两审终审制的审级制度并没有得到实质性优化，目前对民事审级职能予以改革仍存在以下问题：

---

〔1〕 参见王庆延：《四级人民法院的角色定位及功能配置》，载《中州学刊》2015年第5期。

1. 四级法院职能的同质化

按照金字塔的审级结构，上下级法院之间应当有明确的职能划分，越靠近塔基的法院对于事实的审理职能越明显，越靠近塔顶的法院对于法律问题的审理职能越强。目前我国本着对于实质正义的追求和对于当事人的全面保护，我国的一审二审甚至再审程序没有完全清晰地区分事实审和法律审的边界，上下级法院的审理模式存在同质化，每一级法院、每一级程序都有权全面审理事实问题和法律问题，有权重新调查事实并根据自己查明的事实作出新的裁判，这样不仅否定了之前审判法院的工作成果，更浪费了司法资源，损害了司法权威。各级法院主要是政治和管理的关系，而不是职能和分工的关系。[1]

2. 审判关系的行政化问题

根据《宪法》和《人民法院组织法》的规定，上下级法院在审判业务关系上，应当是监督关系，而不是领导关系。但从过去的司法实践中上下级法院的关系发展来看，上下级法院之间的监督指导关系表现为一种行政管理关系。如果在一审法院的办案过程中，上级法院直接提前介入，参与一审法院案件审理的决策过程，或者在一审法院对于法律适用存在疑难问题时，通过直接向上级法院请示的制度作出决策。这些方式看似是一种监督指导和接受指导的关系，并且从传统的行政化工作方式的角度看似没有问题，但这样的做法却损害了当事人的上诉权，因为二审法院法官的意志在一审法官向上级法院进行案件请示的时候就已经形成了二审法院法官的意志，使二审程序失去了上级法院的监督职能。[2]

3. 审判指导方式的无序问题

我国上级法院对下级法院的审判指导方式呈现多元化的特点，例如制定司法解释、进行个案答复、发布审判业务文件、发布指导性案例或者参考性案例等，这些不同的方式在统一规范、指导、监督下级法院审判工作方面发挥了各自的优势，但同时由于审判指导方式的多元化且缺乏统一具体的运行和适用规则，致使下级法院在适用法律过程中出现某种程度的变动和混乱，[3]导

---

〔1〕　参见苏力：《道路通向城市：转型中国的法治》，法律出版社 2004 年版，第 149 页。

〔2〕　李彦凯主编：《人民法院司法功能定位及相关问题研究》，法律出版社 2016 年版，第 51 页。

〔3〕　参见杜豫苏：《上下级法院审判业务关系研究》，北京大学出版社 2015 年版，第 149 页。

致审判工作和指导工作缺乏统一的标准。上级法院对下级法院的指导性审判业务文件数量庞大，且发布主体多元，既有最高人民法院发布的指导性文件，又有高级人民法院、中级人民法院发布的案件审理意见，这些文件对于基层人民法院来说都属于上级法院的审判指导性文件，都具有适用的正当性。最高人民法院曾专门通知清理各地制定的指导性文件，规定高级以下人民法院不能制定指导性文件。[1]同时，多元化的审判指导和业务规范方式彼此之间缺乏衔接机制，相互冲突、适用混乱的现象客观存在，使得上级法院在统一法律规则和法律适用方面缺乏一定的稳定性和有序性。[2]

4. 司法管理职能的模糊问题

法院的司法管理权主要是指司法行政管理权，是对于法院内部除了司法审判权作用范围之外的法院作为一个国家机构的日常运行的管理权限。我国司法行政管理权的主要问题在于：一方面，司法行政管理权没有严格遵循管理权的运行规律和权限范围，对于司法审判工作介入影响较多，干预了司法审判，从而影响了《宪法》和《人民法院组织法》所规定的法院依法独立审判原则的实现；另一方面是司法行政管理权缺乏对其本质权力目标的实现和保障。司法机关内部的管理权，对于司法审判权的保障工作是其行使权力的根本目标，而从实践发展情况来看，司法行政工作并没有充分实现这一目标，反而与司法审判机制产生了混同与重合，司法管理人员同时也享有司法审判权，人员适用、权力运行机制混同，司法经费不足、司法待遇不高、司法人员素质偏低等问题，都一定程度反映出司法管理权对于司法审判工作保障的不足。[3]

（五）法院职能分层的基本方向

推进四级法院审级职能定位改革的主要目标在于克服法院职能分层体系不够明显的结构性问题。实现法院职能分层是克服职能体系不明显的合理方式。这种方式具体表现在：加速柱形审级结构向"金字塔形"结构的转变，处于塔基的基层人民法院和中级人民法院主要承担认定案件事实与实质化解决纠纷的职能，趋近于塔顶的高级人民法院在上诉程序和再审程序中依法纠

〔1〕 项坤：《当代司法国情条件下的高级法院功能研究》，载《法律适用》2012年第9期。
〔2〕 参见杜豫苏：《上下级法院审判业务关系研究》，北京大学出版社2015年版，第150页。
〔3〕 参见蒋惠岭：《司法改革的知与行》，法律出版社2018年版，第258~259页。

正错误，统一裁判尺度，处于塔顶的最高人民法院专职负责司法政策制定修改和法律规范统一适用。由此观之，法院职能分层主要包括针对基层人民法院的司法权下沉和针对高级人民法院的司法权优化两个方面的内容。

司法权的下沉主要是指四级法院审级职能定位改革后，基层人民法院和中级人民法院更加注重案件的审理，将大部分案件集中于这两个层级的法院进行审理。在四级法院审级职能定位改革的过程中，为了配合司法权下沉的举措的落实，最高人民法院于 2021 年 9 月 17 日出台《关于调整中级人民法院管辖第一审民事案件标准的通知》提高中级人民法院管辖民事案件的诉讼标的额。按照最新标准，当事人住所地均在或者均不在受理法院所处省级行政辖区的，中级人民法院管辖诉讼标的额 5 亿元以上的第一审民事案件，当事人一方住所地不在受理法院所处省级行政辖区的，中级人民法院管辖诉讼标的额 1 亿元以上的第一审民事案件。基于此，诉讼标的额在 5 亿元以下或者特定情形下 1 亿元以下的民事案件由基层人民法院管辖，诉讼标的额高于 5 亿元或者特定情形下 1 亿元以上低于 50 亿元的民事案件由中级人民法院管辖。这样一来，大多数民事案件下放消化到基层人民法院或者中级人民法院，对于案件进行实质审理的司法权逐渐下放到基层。

司法权的优化主要体现在针对高级人民法院和最高人民法院审理案件数量和结构的控制、优化，对于两层级法院司法权的职权内容的发挥的调整。在四级法院职能定位改革后，高级人民法院的主要职能在于通过上诉程序或者再审程序依法纠正错误，统一裁判尺度。不仅如此，《审级职能定位改革实施办法》第 5 条允许对具有普遍法律适用指导意义的案件进行提级管辖，实际上隐含着高级人民法院应当树立法律审的意识；《审级职能定位改革实施办法》第 13 条要求高级人民法院可以审理法律适用有误而不具有法律适用指导意义的案件，更是强化了这层意思。加强最高人民法院的法律审功能和祛除不必要的事实审任务亦是这次改革中非常重要的内容。[1]

（六）法院实现职能分层的举措

我国法院实现民事审级职能分层还存在一定的困境，况且民事审级职能定位改革是一项系统性的工程，需要循序推进、协调进行，在实现民事审级职能定位改革之前，需要完成一定的基础性制度建设和理论工作，为民事审

---

〔1〕 宋朝武：《我国四级法院审级职能定位改革的发展方向》，载《政法论丛》2021 年第 6 期。

级职能定位改革奠定制度性基础。

1. 夯实第一审的审判质量

随着审级重心下沉趋势的逐渐发展，第一审在对案件事实认定方面的作用逐渐显得尤为重要。如果第一审在查明和认定事实方面不能实现良好的司法效果，将极大地影响后续案件审理程序定分止争效果的实现。而提升一审审判质量，除了通过程序设置、优化审级结构、提升法官素质和补充司法资源外，还应当充分发挥基层人民法院接近社会、接近事实的特点，综合运用多元化的纠纷解决机制，对司法审判程序给予适当的辅助机制，增强司法审判对于案件纠纷的解决能力。在加强多元化纠纷解决机制建设的基础上，继续不断推动人员、编制和员额等司法审判资源向基层人民法院倾斜。

2. 明晰特定诉讼程序阶段的价值取向

尽管审级制度兼具诉讼权益救济、上诉监督纠错、统一法律适用等职能，但案件进入较高层级审理后，必须有所侧重，锚定第三审上诉程序或再审程序的价值取向。[1]特别是上诉审程序和再审程序，应当明晰其价值取向，上诉审侧重对法律争议的处理，再审程序侧重对案件法律适用错误的纠正，通过对程序阶段价值取向的慎重考量可以使审级制度过滤分流案件的职能发挥实效。

3. 确保最高人民法院的案件数量和审判资源的精准匹配

最高人民法院作为金字塔的塔尖，即使"择案而审"，案件数量也不能多。所以，在审级职能分层的过程中，准确衡量最高人民法院的案件审理数量是一项关键性的改革内容，最高人民法院审理案件的数量适度，才能确保其聚焦于对具有重要影响力的案件的审理、发挥统一法律适用、指导全国司法工作的任务和职能。但是，从另一个方面来说，在我国这样一个超大型的单一制国家，我国的最高人民法院之下，是 31 家高级人民法院、400 多家中级人民法院和 3100 多家基层人民法院。[2]每年 3000 多万件庞大塔基的案件基数，决定了即便是在塔尖的最高人民法院的案件审理数量即使会减少，案件体

〔1〕 参见许政贤：《最高法院法律审职能之反思：理论与实证之分析》，载《月旦法学杂志》2018 年第 9 期。

〔2〕 参见何帆：《积厚成势：中国司法的制度逻辑》，中国民主法制出版社 2023 年版，第 338 页。

量也不可能很低，也不可能像美国联邦最高法院那样形成"每年从近 8000 个调查卷复审令申请中选出近 80 个案件审理，并且大法官人数恒定为九人"的惯例。[1]对于这一点，必须有清晰的认知，才不至于陷入制度想象的误区。[2]

---

〔1〕 参见［美］H. W. 佩里：《择案而审：美国最高法院案件受理议程表的形成》，傅郁林、韩玉婷、高娜译，中国政法大学出版社 2010 年版，第 246~247 页。

〔2〕 参见何帆：《中国特色审级制度的形成、完善与发展》，载《中国法律评论》2021 年第 6 期。

第二章
基层人民法院的民事审级职能定位改革

我国法院在纵向审级上分为基层、中级、高级和最高，法院数量从下至上依次递减，审理案件的数量按照审级制度原理的分配由下至上依次递减，这是科学的审级制度结构即金字塔结构的必要设置。而在法院审理的众多案件中，民事案件占据大多数的比例，而基层人民法院作为审理第一审案件的法院，审理的民事案件数量最多、类型也最为丰富。因此，研究法院民事审级职能定位改革离不开对基层人民法院的研究。

一、基层人民法院的特征、角色定位和职能

（一）基层人民法院民事审判工作的特征

基层人民法院作为接触案件的第一层级法院、作为司法审判系统具体案件审理的主要承担者、作为社会地方治理力量的重要组成部分，具有其他层级法院所不具有的一些特征，[1]具体来说，包括以下三个方面：

（1）基层人民法院审级职能定位侧重于化解矛盾、解决纠纷。基层人民法院作为初审法院在审级制度中承担的主要职能是对于争议事实的解决，其他职能的发挥是在行使司法审判权、解决民事纠纷的过程中辐射产生的。因此，基层人民法院审理民事案件应当侧重于对矛盾的化解。另外，正是由于基层人民法院是初审法院，是第一个接触到纠纷的司法机关，这时纠纷还未经过司法程序的审理，矛盾尚处于"源头"状态，在源头上化解矛盾纠纷，有利于缩短纠纷和冲突在社会中滞留的时间，也有利于社会关系的快速缓和。

---

〔1〕　参见顾培东：《当代中国司法研究》，商务印书馆 2022 年版，第 296 页。

以身份关系案件为例，一审法院统合、迅速地处理案件，有利于身份关系、家庭关系的早日稳定，避免因身份关系的久未确定而处于不安的状态。[1]其他类型的诉讼案件也是一样，每个诉讼案件都代表着不稳定的社会关系的存在，一审法院充分审判，尽早实现定分止争也是对于社会关系稳定的维护，对于恢复稳定的社会秩序、构建和谐的社会环境具有重要作用。

（2）基层人民法院侧重于调解机制的适用。基层人民法院虽然受理了大多数的民事案件，但受理的民事案件中有一部分为案情较为简单的案件，有利于基层人民法院更好地对案件中进行分流、分类处理。基层人民法院普遍将"难案精办，简案快办"作为民事审判工作的基本策略，同时大力开展诉前调解机制，将矛盾纠纷解决在审前。基层人民法院对于调解的适用已经非常成熟，依靠调解制度解决了大量的矛盾纠纷，实践基础雄厚。基层人民法院作为第一审法院侧重于对调解机制的适用可以更好地纾解基层社会治理过程中案件数量繁多的压力，实现更加高效地解决民事纠纷。同时，对比上级法院，基层人民法院对于事实争议的审理和解决重于规则的确立，而二审法院或者高层级法院在审判民事案件的过程中，不管是出于做出明确司法裁判，纠正一审裁判错误的考量，还是对于社会而言，需要通过司法裁判发挥指引作用，或是从抑制、说服当事人服判息诉的角度来考虑，二审或者再审程序都不如一审法院更适合以调解结案，这也成为基层人民法院作为初审法院审理案件的一大特色。

（3）基层人民法院侧重地方社会治理职能的实现。一方面，就纠纷解决来讲，基层人民法院处于地方社会之中，很多案件很难避免牵涉到地方社会治理问题或者会对地方社会秩序或经济发展产生一定的影响。"良法善治"就是要以人民的利益为中心，以人民的满意度为标准。习近平总书记指出："司法体制改革成效如何，说一千道一万，要由人民来评判，归根到底要看司法公信力是不是提高了。……把解决了多少问题、人民群众对问题解决的满意度作为评判改革成效的标准。"[2]另一方面，就案件解决本身来讲，基层人民法院受理的某些案件可能会蕴含着某些法律层面以外的因素，很多复杂社会

---

〔1〕　参见民事诉讼法研究基金会：《民事诉讼法之研讨（二十六）》，元照出版公司2023年版，第52页。

〔2〕　习近平：《论坚持全面依法治国》，中央文献出版社2020年版，第147页。

关系的调解和解决需要依托于地方党组织或者其他社会力量的协调与配合。这是基层人民法院作为初审法院，最接近纠纷源头的地方特色，也是基层人民法院司法审判工作不得不面对的特殊情形。

(二) 基层人民法院的角色定位

我国没有明确划分初审法院或二审法院的界限，我国的每一级法院都具有审理一审案件的权限。但是，基层人民法院处于离纠纷最近的位置，能够更加直接、深入地化解社会纠纷、解决社会矛盾。在四级法院审级职能定位改革中将案件予以下沉，基层人民法院实质上承担了初审法院的职能。基层人民法院需要在第一审过程中专注于案件审理，着力解决纠纷，同时需要在发挥纠纷解决职能的过程中发挥其他职能。就各级法院的职能定位来说，不管是基层人民法院对事实争议的审理职能的定位，还是中级人民法院定分止争职能的定位，抑或是最高人民法院统一法律适用的社会规制职能的定位，都是在审级制度内根据审级建构原理、依据各级法院所具有的工作特点和工作优势对其最主要职能的定位，这并不意味着各级法院只承担一项职能。职能分层是对主要职能的集中展现，以便明确各级法院的工作重点。基层人民法院的角色定位包括以下三个层面：

(1) 从制度来看，基层人民法院是纠纷解决法院。这是基层人民法院的主要职能和角色定位。基层人民法院承担了大部分案件的一审职能，特别是民事案件，案件类型大多属于法律关系较为简单、对于事实非常清楚、法律适用也不存在争议的案件，以及已经经过上级法院明确过法律适用规则或者经过立法解释、司法解释已经明确规定过的类案。[1]基层人民法院对于审理的民事案件的事实应当尽可能地做出清晰准确的认定和合法的判决，在民事案件中能够准确认定当事人是否存在违约、提出的诉讼请求是否符合法律规定等实质性内容，才能使案件审理更加清晰，达到定分止争、化解矛盾的目的。同时对于事实争议较大的民事纠纷，基层人民法院也应当承担查清事实的职能，这样即使当事人提起上诉，二审法院也可以在一审法院已经完成的案件审理内容的基础上对案件继续进一步审理。因此，基层人民法院承担纠纷解决的职能不仅是对于人民群众通过司法程序对民事纠纷予以解决的司法诉求的合理满足，更是基层人民法院作为审级程序中"塔基"的初审法院为

---

[1] 参见李彦凯主编：《人民法院司法功能定位及相关问题研究》，法律出版社2016年版，第68页。

上级法院做好案件审理的基础和前提性工作的必要内容。

（2）从空间维度来看，基层人民法院是社会治理者的角色。随着经济社会的快速发展，很多新型的法律关系得以产生，而我国的成文法规范并不能完全涵盖实践中新生的法律关系或者各种具体的侵权关系、违约关系，其他社会纠纷解决机制也难以解决各种新型的法律问题，当事人难以通过社会规范予以解决时，司法途径就成了纠纷解决的唯一可靠途径。有观点将这一过程称为"社会化的民事诉讼"，其认为诉讼制度是能够影响整个社会的现象，其运作并非全为私人，其间还包含着如何更加有效地加以运作这一国家所关心的内容，包含在社会本位及公法角度重视程序安排与如何使程序过程更为合理的内容。为此，民事诉讼制度必须服务并保护人民利益，法院（法官）则必须担负起保护社会福祉的责任。[1]在以人为本的司法观和社会化民事诉讼思想的影响下，社会公众对于通过司法途径解决纠纷也抱有较大的期待。[2]基层人民法院通过对具体案件做出公正合法的裁决，对于一些新型的尚未进入到司法视野的矛盾纠纷做出裁判意见，可以对社会公众起到社会规则的指引职能，为社会公众的行为起到规范作用，从而实现对社会规则的治理。

（3）从依宪治国的视角来看，基层人民法院充当着稳定秩序的政治安定者的角色。在法院的四级职能分层中应当是越靠近塔顶的法院承担的对于国家和社会公共秩序和利益的维护职能更明显，貌似基层人民法院只承担对案件的审理、对纠纷的解决的纯司法职能。但考察我国基层人民法院的多年实践可以发现，基层人民法院在某种程度上也承担着一定的政治职能。理由如下：第一，"党管干部原则"要求法院必须与政治保持高度的一致性。在既有的政治框架下，法院确立了党委对法院组织人事进行管理的基本结构。[3]基层人民法院的院长由地、市委管理，其他法院干部由县、区委、组织部管理，每一级法院内部都是嵌套的、双层的组织管理体制。[4]在党委领导下的法院执行党的政治政策和政治任务就成为其必要的工作指标。第二，"政治正确"

---

〔1〕　王福华：《民事诉讼的社会化》，载《中国法学》2018 年第 1 期。

〔2〕　参见周强：《基层人民法院在转型社会中的角色回归——兼论符合司法规律的民事审判权运行方式》，载《法治论坛》2012 年第 4 期。

〔3〕　参见郑智航：《当代中国法院的功能研究：理论与实践》，北京大学出版社 2020 年版，第 103 页。

〔4〕　参见刘忠：《条条与块块关系下的法院院长产生》，载《环球法律评论》2012 年第 1 期。

是法院各项工作的一个重要标准。任何一个国家机关和个人的工作发展都要保持政治正确，作为国家司法机关的法院也不例外，在具体的工作中对于政治正确的最好体现和遵循，就是对党的具体的方针政策的遵循和落实，以使基层人民法院能够代表党和人民的意志，为国家发展服务。第三，法院为了提升在整个政治体系中的地位，往往对政治采取一种积极主动的态度，并采取一定的积极措施来主动承担一定的政治职能。法院应当在司法活动中积极主动地发现经济社会发展中存在的问题，并善于运用司法技术，创造性地适用法律，对经济社会中存在的问题予以解决或提供司法解决的路径与思路，适度地主动为党委、政府决策提供有价值的参考。〔1〕

（三）基层人民法院的职能

初审法院的角色定位要求基层人民法院在司法案件办理的过程中履行以下职能：

（1）着力解决纠纷，化解社会矛盾。这既是基层人民法院作为初审法院承担司法审判职能的基本要求，又是基层人民法院发挥社会控制职能的必然要求。

（2）高效处理各类案件。作为纠纷进入国家司法程序的第一道阀门，基层人民法院面临着较大的案件审理压力，对案件进行有效分流分类，高效处理案件纠纷，是基层人民法院应对案多人少的一项有效措施。

（3）综合运用各类社会资源。基层人民法院作为初审法院明确事实争议、实质化解纠纷是其工作追求的首要目标，同时由于基层人民法院深入基层、接近群众，对于社会习俗、村规民约等约定俗成的道德准则和行业规范也更了解，司法工作在处理某些特殊纠纷时，可以适当地运用社会资源，构建多方调解机制，利用多元化资源缓解矛盾纠纷。

（4）在案件审理上要侧重于对案件事实的审理。基层人民法院作为初审法院具有审理清楚案件事实的责任，要打造坚实的一审基础，为二审的法律审奠定基础。

（5）主动融入国家治理体系，积极参与社会治理，维护社会稳定。参与社会治理、维护社会稳定，不仅是基层人民法院的政治任务，更是法院在审

---

〔1〕 参见公丕祥：《坚持能动司法 依法服务大局——对江苏法院金融危机司法应对工作的初步总结与思考》，载《法律适用》2009 年第 11 期。

前实行预防性司法的必要途径。从基层人民法院逐步探索诉源治理，将社会矛盾纠纷化解在源头这一做法也可以看出，法院发挥司法能动性，主动深入社会，积极化解纠纷具有重要的现实意义，是有效缓解案件大量进入司法程序的一个有效措施。

可见，基层人民法院作为"初审法院"的性质定位，要求基层人民法院不仅要着力于案件审理工作，更要在行使司法审判权的过程中，延伸出更多的社会角色和职能定位内容。

二、基层人民法院民事审级职能定位改革的基本思路

人民法院民事审判工作与人民群众的生产生活息息相关，特别是基层人民法院审理的民事案件大多是私人纠纷，涉及的利益多为人民群众之间的私人利益，涉及私人利益的范围广、案件数量多，基层人民法院对于民事纠纷案件的处理情况直接关系着社会和谐稳定的发展。民事审级的基本理念是做好民事审判工作的前提。[1]就基层民事审判工作来说，明确其基本审级理念需要处理好四对关系。

（一）法院构建科学的民事审判理念应处理好的四对关系

1. 服务大局与依法裁判的关系

我国的司法权是中央事权，具有政策性和政治性，司法权的正确行使关党和国家发展大局。从司法审判的性质来看，司法权本质上是一种判断权，司法机关通过证据查明案件事实并依据法律对案件依法作出裁判，司法机关通过对国家和社会生活中法律关系的依法判断，构建一种规范的纠纷解决方式，守护着党和国家事业的稳定推进。同时，也由于司法审判程序本身具有公开性、平等性、终局性的特点，决定了司法审判的权威性和对纠纷解决方式裁判的终局性。而司法改革需要一个稳定的社会环境和政治环境，没有稳定的社会环境和政治环境，一切改革和发展问题便缺乏了稳定的根基。司法审判作为社会中具有中立性、公正性、权威性、终局性的纠纷解决方式，在维护社会稳定、为国家和社会发展提供稳定和谐的社会基础方面具有不可替代的作用。同时，司法审判的本质和特点决定了司法审判必须服务党和国家

---

〔1〕　参见杜万华主编：《〈第八次全国法院民事商事审判工作会议（民事部分）纪要〉理解与适用》，人民法院出版社 2017 年版，第 16 页。

发展的大局。依法审判、定分止争，维护社会稳定发展，本身是在服务党和国家发展的大局，因此，司法审判服务党和国家发展大局是在依法审判、法律规定的范围内实现的，人民法院应当通过严格执法、公正司法等法律程序之内的职能内容加以体现，服务大局最重要的是裁判过程和裁判结果不得与国家发展大局和方向相冲突、相违背。[1]

2. 形式正义与实质正义的关系

从法院审理裁判的程序性来看，法律的适用过程体现了一种形式正义，但是形式正义不能违背实质正义作出裁判，形式正义的裁决必须以实质正义为核心。处理好形式正义与实质正义的关系，应当处理好程序公正和实体公正的关系、法律真实和客观真实的关系以及社会公正和个案公正的关系。

首先，就程序公正和实体公正来说，要坚持以实体公正为核心，以程序公正为保障。实体公正是司法裁判能够被人民群众所信服、建立司法公信力、树立司法权威的重要保障，若缺乏实体公正，法院作出的司法裁判就难以使人信服，自然也就达不到定分止争的社会效果。但是，我们又不能忽略程序的公平，因为它是一项合理的工作，具有自己的独立价值，我们不但要让正义得以实现，而且要让它以人们看得见的方式实现，程序公正是审判公正的有力保障，[2]应当在程序公正的基础上，最大限度地追求实体公正，任何以追求实体公正为理由而忽视程序公正的做法都是不可取的。

其次，要坚持法律真实与客观真实的统一。在民事案件的审理过程中，不管是法官还是当事人都希望尽可能地实现对客观真实情况的详尽了解与掌握，但由于双方当事人的证据调查情况以及辩论的结果，可能最后在案件的事实认定环节呈现的真实与实际事实并不完全一致，但这并不能代表审判的不真实、不客观，在司法裁判中应当也不得不允许法律真实的存在，但我们仍旧应当以客观真实为追求原则，尽可能地实现以客观真实作为裁判的基础，实现以客观真实为主，以法律真实为辅做出司法裁判。

最后，在处理社会公正与个案公正的关系上，既要坚持以社会公正为导向，又要坚持以个案公正为基础。人民法院在审理民事案件时，要注重社会

---

[1] 参见江必新：《民事审判的理念、政策与机制》，人民法院出版社 2019 年版，第 2~3 页。

[2] 参见高其才：《多元司法：中国社会的纠纷解决方式及其变革》，法律出版社 2009 年版，第 408~411 页。

效果的辐射作用，不能就案办案，要从维护社会公平正义的社会正义要求出发来考量对个案的处理，要重视个案的社会效果，只有把个案的处理放在社会发展和社会稳定的全局上加以考量，才能真正实现审理一案治理一片的良好司法效果，才能实现司法审判的社会效益。[1]

3. 依法判定与调解和解的关系

调解是一项具有中国特色的纠纷解决方式，它既能促进社会和谐，又能化解社会矛盾，具有重要的理论意义和现实意义。在司法审判程序中及时达成调解、促成和解对于民事审判具有重要的辅佐功能。但是我们也应当看到调解和解也具有一定的局限性：一是一味地追求调解结案可能使审判效率降低，损害当事人的时间利益。二是调解可能使法律的可预测性降低，可能使违法者不会得到应有的法律制裁或者是被侵权者不能得到与损失相抵的赔偿。三是调解还可能会为当事人规避法律、损害国家利益或者是他人合法权益以及某些审判人员的主观偏颇提供可能空间等等。

因此，我们提倡在司法审判过程中积极适用调解和解程序，为司法审判缓解办案压力，促进社会和谐，但我们也要注意调解和解的适用边界。第一，应当明确调解和解自愿原则。法官应当充分尊重当事人的处分权，对于不愿意调解和解的案件，不得违背当事人的意愿，强制其参与调解和解。第二，应当坚持合法性原则。对于具体案件的调解和解，可能需要双方当事人对于自身的利益做出某种程度上的让步，但这种利益调和的让步仅限于双方当事人之间，不得因调解和解而损害他人利益，损害国家或者社会团体的利益。第三，调解和解应当坚持适度原则。不能出现久调不判，当事人将案件纠纷诉诸法院，不仅对于实体公正的裁判结果有期待，对于及时处理纠纷，在合理期限内获得公正判决也是具有合理期待的，不能因为适用调解和解而损害当事人的时间利益，对于难以达成调解和解的案件，要当机立断恢复诉讼程序，做出公正的判决。

4. 审判质量与审判效率的关系

只要有了争议，就说明存在一段不稳定的社会关系，说明社会规则与秩序存在不安定的因素，因此，为了保证当事人的利益和社会秩序安定的实现，及时、有效地解决争议，作出一个合法的判决，这是除了公正以外，对当事

---

〔1〕　参见江必新：《民事审判的理念、政策与机制》，人民法院出版社 2019 年版，第 5 页。

人的利益保障。及时处理案件，做出裁判既是审判人员职业操守的必然要求，也是参与诉讼的当事人对司法审判人员的期待。人民法院在民事诉讼审判过程中应当重视审理时限对于当事人的实质性损害，决不能无视审限的要求而随意延长审理期限，久拖不判，这是对人民群众心中对于司法审判公信力的消耗，是损害司法权威、损害人民法院群众满意度、信任度的行为。当然，不能以牺牲审判公正为代价刻意追求审判的效率和速度，对比审判效率，审判公正和质量的价值更高，人民法院审理民事案件必然要在保证审判质量的基础上，努力实现诉讼效益的最大化，最大可能地降低当事人的诉讼成本，使当事人能够以最低的成本获得最公正的审判。[1]

（二）以事实审为审理重点

我国虽然没有初审法院和上诉审法院的严格区分，不管是基层人民法院还是中级以及高级人民法院都具有对案件进行全面审理的权力，好似都在发挥着初审法院事实审的职能，但具体对比我国上诉审法院和基层人民法院的民事审判程序，可以清晰地看出差别。

一方面，上诉审法院审理案件可以选择开庭或者不开庭，而基层人民法院审理民事案件必须开庭，当上诉审法院不开庭审理案件时需要依据基层人民法院审理认定的案件事实予以裁判，体现了对于基层人民法院作为初审法院事实审的认定以及基层人民法院作为初审法院对于上诉审法院的拘束力。另一方面，上诉审法院事实审的内容更多的是对于案件的定性，不是对于原争议事实的实际认定，而一旦遇到事实不清的情况，就会发回原审法院重新审理，这种审理程序与基层人民法院就双方当事人所阐述的原生态的事实进行的审理具有很大的区别。[2]

基层人民法院作为我国的初审法院，应当主动承担对于案件事实的审理职责，理想的司法程序应当是所有的案件在一审时都尽可能地实现准确查明事实，认定证据，这既是基层人民法院作为初审法院的法定职责，也是与基层人民法院司法审判特征相契合的合理安排。

其一，基层人民法院作为最接近基层司法、最接近人民群众的国家司法机关，与案件事实的距离更短，可以更好地更全面地了解案件事实和客观真

---

〔1〕参见江必新：《民事审判的理念、政策与机制》，人民法院出版社 2019 年版，第 9 页。

〔2〕参见苏力：《送法下乡：中国基层司法制度研究》，北京大学出版社 2022 年版，第 128 页。

相，对事实认定的难度更低。其二，基层人民法院融合于基层社会治理主体之中，其本身也是基层社会治理的重要一员，侧重对案件事实的审理，既是公正司法，履行初审法官职责的要求，也是司法机关承担社会治理责任的必然要求。其三，基层人民法院近些年来逐渐探索多元纠纷解决机制来对案件事实予以解决，查清事实的手段和方式多样化，事实审的难度降低。

因此，基层人民法院应当回归初审法院的主要职能定位，以事实审作为其审理重点和职能发展方向，为二审法院审理法律适用问题奠定基础。美国学者杰罗姆弗兰克指出："在审理案件时，若初审法院出现了事实认定错误，并且将正确的法律规则适用于错误的案件事实上，而这些正确的法律规则就是那些假如认定的事实是实际事实应当适用的规则的话，那么，由此导致的不正义与法院将一条错误的规则适用于实际事实所导致的不正义完全一样。"[1]

(三) 以司法的逻辑参与社会管理创新

我国的法院是在党的领导下代表国家和人民行使司法权的国家机关，因此，法院本身就是为人民服务、属于国家机关范畴的机构，作为人民的司法机关，我国基层人民法院天然具有承担社会基层治理的法定职责。但法院又与其他国家机关存在区别，法院的司法审判权和司法审判程序具有专业性、独立性的特点，法院在履行社会治理职能的同时必须保持司法的独立性，以司法的方式或司法的逻辑参与社会管理创新。

所谓以司法的逻辑参与社会管理创新，是指法院以司法审判为核心，在司法审判过程中注重对于社会管理方式和管理职责的发散性影响，通过个案的审理，以个案公正产生影响社会发展的扩散性效果，引领社会治理方式创新和发展。所谓个案公正，是指民事司法主体依法能动地运用对个案的解释，平衡、选择法律适用和填补法律缺漏的权力，查明案件事实、准确适用法律，实现案件法律效果和社会效果的有机统一，实现"案结事了"的诉讼目标。[2]基层人民法院审理的案件虽不具有法律统一适用的重要意义，但此类案件的良

---

〔1〕　参见 ［美］杰罗姆·弗兰克：《初审法院：美国司法中的神话与现实》，赵承寿译，中国政法大学出版社 2007 年版，第 34 页。

〔2〕　朱福勇：《个案公正实现的路径依赖：以〈最高人民法院公报民事案例为样本〉》，法律出版社 2016 年版，第 16 页。

好解决，需要多元主体参与的互动治理，〔1〕其社会效果有利于为基层社会治理助力。其实质是法院充分利用个案裁判，提升法院裁判对法律发展的推动作用，以此来实现参与社会管理创新的目的。〔2〕具体包括以下内容：

1. 重视个案判决的导向性

法院判决具有终局性和权威性的特点，法院的判决结果特别是对于某类事实的认定会对社会产生一定幅度的影响，人民法院所做判决的态度在民众心中即代表法律的态度，代表国家的态度。因此，基层人民法院在对案件事实予以认定时，应当考虑个案的事实认定和审理结果可能产生的社会效应，不能只局限于一案的审理结果而不顾其所产生的社会效果。通过个案的裁判结果所展示的法院观点对于社会的影响是司法机关以司法方式、遵循司法逻辑参与社会管理的重要途径。

2. 重在提出司法建议、表达司法观点

社会生活的管理、社会秩序的维护是司法机关、行政机关以及各级党组织、社会组织共同努力的方向，司法机关不可能通过一些示范性案例就能够形成新的社会治理方式，并且按照国家权力的分工来看，对于社会的管理职能主要存在于行政机关手中，因此，法院在以司法逻辑参与社会管理创新的过程中，应当重视司法建议的表达，而弱化司法对于社会治理的实际效果，司法的主要职责在于案件的审理、纠纷的解决，对于社会管理职能是司法审判职能的衍生性职能，不能因为参与社会管理的政治职能而影响法院作为纠纷解决机关的司法职能的正常履行。

3. 保持适当的司法克制

司法克制原则是法院在社会管理创新中必须坚持的一项原则。在社会管理中行政机关掌握着主动权和主要职责，对于很多事件的处理具有专业性，而司法机关由于自身的被动性特点以及自身具有司法职能的双重特性，使得司法机关应当在社会治理领域坚持司法克制原则，控制好参与社会管理的深度和尺度。同时，从社会治理的角度来看，特别是在没有形成诉讼的前端，

---

〔1〕 参见张梦诗：《审级职能定位改革下案件下放标准的反思与重构》，载《山东法官培训学院学报》2022 年第 6 期。

〔2〕 参见郑智航：《当代中国法院的功能研究：理论与实践》，北京大学出版社 2020 年版，第 134~135 页。

法院的司法审判扩展应该是有限的、起辅助作用的，参与社会管理的进程中，法院应该在保持司法克制和司法审判的独立性的基础上，避免过度地提供司法服务而导致不当越位，从而引发伦理风险和法治风险。[1]

（四）科学利用本土资源发展现代法治

在法学领域重视本土化司法资源的观点的产生基于以下社会背景：在对外开放的大背景下，对发达国家司法文明理论、制度、成果的学习借鉴是必要的，但不同程度地存在简单移植的现象，对域外司法制度文化的创造性转化缺乏针对性，一些"舶来品"水土不服。[2]西方移植主义逐渐衰落，伴随而生的是主张从实践出发，重视我国司法实践的实际情况而对法律文化予以研究，特别是我国具有几千年的法家文化的社会治理历史，中华法系，以中华法理为根、以中华法典为干、以中华案例为叶，蕴含着深刻的法理思想、优秀的法律制度、丰富的法治实践。[3]因此，以中国传统司法理念为基础的"中华性"法律文化产生，构建具有中国特色的社会主义法治国家的理念也逐渐得以树立。其实，我们应该看到中华文明作为中华民族智慧的结晶，其中蕴含着时代所需的积极合理的因素，只要对其中的司法文化的精华予以合理转化和吸收，一定能够创造出属于中华民族独特的现代法治文明。[4]科学利用本土资源发展现代法治，需要注重以下两个方面：

1. 研究中国问题

利用中国本土化的社会资源就要研究中国问题，这个中国问题不只是对社会实践的尊重，更是对我国社会群体的深入研究，研究我国社会群体的习惯以及赖以存在的整个社会环境，在此基础上构建的法律制度才能容易获得民众的认可，在我国的适应度也更高。

2. 注重司法实践

法律文化只有应用在社会实践中才能检验其真理性，只有在社会运行中才能产生其价值，我们应当充分研究司法实践的特点，重视运用民间习惯、惯例等处理争议，合理运用民间司法实践中产生的成熟经验。

---

〔1〕　参见吴明军、王梦瑶：《诉源治理机制下法院的功能定位》，载《行政与法》2020 年第 7 期。

〔2〕　参见徐汉明：《习近平司法改革理论的核心要义及时代价值》，载《法商研究》2019 年第 6 期。

〔3〕　参见张文显：《中华法系的独特性及其三维构造》，载《东方法学》2023 年第 6 期。

〔4〕　参见吴恒波：《挖掘本土资源 建设法治文化》，载《吉林省经济管理干部学院学报》2015 年第 6 期。

因此，基层人民法院科学利用本土资源要注重研究中国问题、重视司法实践，以使中华优秀传统文化得以传承，使中国的司法资源实现价值利用的最大化，构建具有中国特色社会主义的法治文化道路。

三、基层人民法院民事审级职能定位改革的内容

基层人民法院作为"金字塔"审级结构的塔基法院，在民事审级职能定位中发挥着第一层级的基础审级的作用，对于案件事实进行清晰的审理是其重要职能内容，但面对大量案件的下沉，基层人民法院如何协调案件审理质量与案件审理效率的关系也是需要予以解决的一项重要内容。因此，基层人民法院民事审级职能分层应当以提高审判质效为目标，综合各种审判资源构建高效的纠纷解决机制，切实发挥好基层人民法院作为初审法院的事实审的审级职能定位内容。

（一）强化基层人民法院事实审的职能

对于基层人民法院作为初审法院的职能性质定位，除了要突出法院在化解纠纷方面的职能外，还要强化基层人民法院"事实审"的作用，力争通过第一审程序将案件事实进行"法律固定"，从而减少甚至消除上诉审对于事实的纠葛。[1]基层人民法院扩大初审管辖权的案件范围需要重点关注审判质量的问题，不能因案件数量的增多而损害审判质量的稳定性，强化一审裁判认定事实的正确性和稳定性，是审判职责的必然要求，也是破解基层人民法院审理问题的关键。基层人民法院事实审应当从以下三个方面予以强化：

1. 认定事实应以充分抗辩为基础

基层人民法院在民事审级职能优化后，应以事实审作为审判工作的重心，而对于案件事实的审理必须允许双方当事人的诉讼抗辩，采取充分的言词主义的法庭审理规则是基层人民法院应当予以考量的合理审判方式。通过言词主义与职权探知主义的并用对于基层人民法院全面审理案件事实、快速化解纠纷、实现案件的实质性解决具有重要作用，不管是简易案件还是复杂案件的审理，都要以言词主义和职权进行主义来保障当事人辩论权的充分行使。当事人的辩论权在案件审理过程中的功能主要体现在提出判决所依据的基础

---

〔1〕 参见蒋惠岭：《司法改革的知与行》，法律出版社 2018 年版，第 188 页。

性事实、案件的争议事实以及认定案件事实所需要的证据三个方面。[1]通过当事人辩论权的行使，有助于法院把握事实、过滤证据，确定审理方向，符合基层人民法院"简案快审、繁案精审"的审理要求。此外，也只有经过法庭上的充分的举证、质证和抗辩，才能使法官形成对诉争事实的相对客观的、完整的认知和判断，才能使一审法院认定的法律事实与客观事实接近一致，法官正是基于双方陈述及证明的抗辩过程，从而形成自己的内心确信而作出居中裁判，这是法官对双方当事人事实纷争进行清晰认定，作出合理裁判的必要基础。[2]

2. 加强基层人民法院对于证据的收集和运用能力的训练

由于基层人民法院侧重对于案件事实的审理与认定，而法院所确认的案件事实并不是最原始的发生于双方当事人之间的客观事实，而是经过法庭辩论、举证、质证而被法官所认可的法律事实。因此，为了充分地掌握案件事实，不仅要求法官提高证据收集和事实认定的能力，也应当积极鼓励双方当事人在诉讼前尽最大可能收集证据资料，以保证法官能充分地还原客观真实的案件情况，充分掌握案件事实的全貌。此外，双方当事人在审前就案件相关证据若能够达成共识，一方面可以通过法院引导当事人对诉讼的利益做出权衡，赋予当事人是否将纠纷通过诉讼程序予以解决的选择权；另一方面，即便通过诉讼程序予以解决，在审前就事实和证据等事项达成共识，也有利于法院在审理本案时减少争点，节省了法院和双方当事人的劳力和时间，实现了诉讼经济，这不仅减轻了法院的工作负担，同时更体现了对于当事人程序利益的保护，体现了程序利益保障原则。[3]

而根据证据认定法律事实是法院据以裁判的基础，是法院发现客观真实、做出最后的事实认定的必由之路。具体来说，法律事实是以客观事实为依据的，它是对客观事实的反应和再现，客观事实通过法庭的辩论和质证实现与法官主观认识的统一，从而产生最终裁判予以认定的法律事实。为了法院能够无限接近客观事实，需要增强法官对于证据的运用能力，做出与客观事实无限接近的法律事实的认定。法官追求法律事实与客观事实的无限接近和统

---

〔1〕 参见肖建国：《现代型民事诉讼的结构和功能》，载《政法论坛》2008年第1期。

〔2〕 参见黄祥青：《审判管理与司法改革探究》，人民法院出版社2022年版，第206~207页。

〔3〕 参见邱联恭：《程序利益保护论》，三民书局2005年版，第17页。

一对于基层人民法院民事审判工作具有重要意义：一是可以使人们对法院及其裁判树立信心。法律事实与客观事实的高度一致性是人们对于诉讼制度产生信赖利益的前提，也是人们愿意将纠纷引入司法程序予以解决的前提。相反，"如果没有与真实相一致的事实认定，久而久之，公民就会对裁决程序的公平性、法庭的可信赖性、政策手段的有效性和争端解决渠道的可靠性，丧失信心，不论民事程序还是刑事程序均是如此"。[1]二是使当事人能够服判息诉的重要保障。只有法院认定的事实即法律事实与当事人所经历的客观真实相一致，才能够真正解决民事纠纷的问题，才能够使双方当事人对裁判结果予以承认和信服。三是检验认定法律事实的制度是否科学合理的尺度。科学合理的法律制度应当能够最大限度地还原案件真实，以使法官能够实现以事实为根据做出司法裁判，衡量认定法律事实的制度设计是否完善也以其是否能够最佳地发现客观真实为标杆。[2]

3. 认定事实应强调法官公开心证的内容

客观事实经过双方当事人的陈述、举证、质证和辩论等诉讼机制转化为法律事实，而法律事实是否能够呈现在司法裁判中对双方当事人发生法律效力，需要经过法官的内心确认。法官的内心确认是否合理合法，是否符合客观事实真相，对于案件的裁判结果具有重要影响。而法官又是独立的个体，加上案件下沉，审理的案件数量增多，难以避免会存在自身局限性，作出的裁决可能难以使当事人信服。为了避免法官的内心确信过程对于裁判结果的影响，可以将法官的心证内容更多地在裁判结果的说理部分予以体现，重视裁判结果的理由阐释和说理部分的撰写内容和质量，是对事实认定正确性和合理性的最后检验步骤。

（二）强化基层人民法院行使释明权

基层人民法院以司法逻辑参与社会管理创新的基本思路要求在司法审判的过程中要重视对于基层社会治理的职责。由于基层人民法院作为初审法院，其审判工作的重心在于对于案件事实的认定以及对于社会矛盾的解决。

释明权是我国民事诉讼活动中法官所具有的法定职权。释明是指法院为

---

〔1〕 See Robert S. Summers, *Formal Legal Truth and Substantive Truth in Judicial Fact-Finding*, Essays in Legal Theory, Kluwer Academic Publishers, p. 285.

〔2〕 参见孔祥俊：《司法理念与裁判方法》，法律出版社 2005 年版，第 241~254 页。

了明确案件的事实关系与法律关系，就事实上以及法律上的有关事项向当事人发问，促使当事人及时、完整地陈述事实和提供证据的活动。[1]释明制度设立的初衷是为了平衡当事人辩论能力的差异和补充当事人在事实资料收集中的不足，由此在大陆法系各国释明制度被视为维护当事人权利的"大宪章"。法官在民事诉讼中释明的范围逐步扩大，包括对诉讼请求、事实主张、举证责任分配、证据提供、适用法律等都承担释明的义务。在民事诉讼过程中，法官的释明权有助于促进法官与当事人的有效沟通，保障案件审理的实质正义；有助于防止突袭性裁判，为当事人就作为判决基础的事实问题和法律问题充分发表意见提供机会，在使程序更加充实和透明等方面发挥了重要的价值与功能。

基层人民法院在对社会矛盾纠纷予以解决的过程中应当注重能动司法对基层社会治理的教化和引导作用，合理行使法院的释明权，在案件的审理过程中传播法律文化，传递法律思想。"能动司法"的含义及使用可以概括为三个方面：一是在法律方法或法律解释上；二是在审判方式上；三是在法院职能上。[2]基层人民法院在基层司法实践中充分行使释明权，体现了司法权在审判方式和法院的职能发挥方面的重要作用，其对于基层司法和社会法治建设的价值主要体现在以下方面：

1. 释明为当事人诉权的行使提供了充分的程序保障

根据辩论主义，在法庭审理过程中需要当事人根据自己的利益诉求提供证据，如果当事人不能正确合理地提出证据，而法院也不加以释明而直接认定事实，做出裁判，当事人会认为裁判结果不公正而难以认可裁判结果，自然也就难以达到基层人民法院准确认定事实，解决社会纠纷的目的。这既是对当事人诉权的侵害，也与法院在司法程序中发挥社会治理职责、解决社会矛盾纠纷的原则相违背。

2. 释明使处分权主义充分化

当事人的处分权是法律赋予当事人在庭审的过程中对自己的利益予以考

---

〔1〕　熊跃敏：《民事诉讼中法院释明的实证分析——以释明范围为中心的考察》，载《中国法学》2010年第5期。

〔2〕　参见吴杰：《能动司法视角下民事审判权运作机制定位与反思》，载《现代法学》2011年第3期。

量和处理的权限，当当事人的处分权未得到充分行使时，法院可以通过发挥司法能动性，对当事人的真实意愿予以探求，通过释明使当事人的处分权请求予以明确，使裁判在当事人真实意愿的基础上做出，有利于促进纠纷的一次性解决。[1]

3. 释明使一审程序审理更加充实

通过法院对案件事实以及相关诉讼内容的释明，可以使当事人对案件争议理解得更加透彻，从而使案件所有的争议焦点都可以在一审程序中予以审理，当事人可以在一审程序中就事实和争议点进行充分的论证。当事人在法院释明清晰的基础上充分地表达自己的诉求，既可以促进和解调解的达成，也可以提升败诉一方对裁判结果的认可度，从而减少案件上诉的可能性，促进纠纷的一次性解决，既节约了司法资源，也减轻了当事人的诉累。[2]

但司法审判权作为判断权的被动属性，导致法院在发挥司法能动性，通过释明工作参与基层社会治理的同时，也应当注意释明权的行使界限，坚守司法权被动性的基本权力属性。基层人民法院行使释明权应遵循以下要求：

第一，释明应当以尊重当事人处分权为前提。虽然法院释明的责任是以辅助当事人更好地行使处分权限为目的而产生的，但法院履行释明职责后，当事人如何处分自己的诉讼权利和实体权利，法院不得干涉，也不得以释明的理由暗示当事人做出某种选择。

第二，对释明的事项与范围不应作太多的限制。释明可以针对诉讼请求、事实以及证据等一切可能影响案件事实认定、当事人权利的事件，对前述内容法院都有进行释明的责任。释明的全面性是法院彻底查明案件事实，做出准确的事实认定的重要保障。

第三，释明应当及时。案件下沉的目的在于尽可能地使简单案件在第一审法院实现清晰的事实认定，做出合理的司法裁判，从而实现息诉服判、解决纠纷的目的。因此，一审的审理过程和审理结果应当尽可能提升当事人的接受度，减少当事人上诉的可能性，这就要求在一审案件审判时法官要充分

---

〔1〕 参见王杏飞：《能动司法的表达与实践》，厦门大学出版社2014年版，第90页。
〔2〕 参见王杏飞：《能动司法的表达与实践》，厦门大学出版社2014年版，第91页。

及时地运用释明权限，对存在疑惑的案件事实进行充分的审理，以消除当事人的矛盾纠纷，尽可能实现纠纷一次性解决。[1]

（三）强化基层人民法院的诉调联动机制

如上所述，基层人民法院具有参与社会治理的政治职责，作为司法机关的法院自身不仅要处理个别性纠纷，也担负着对周围群众的教育责任，在这一点上与基层组织的调解是相通的。[2]因此，基层人民法院在处理一审案件，特别是处理涉及基层人民群众纠纷时，可以充分探索与基层调解组织的合作机制，拓展基层人民法院的纠纷解决方式。基层社会组织对于基层人民法院纠纷解决过程的辅助可以产生重要作用。正如美国的"法庭之友制度"的发展历程一样，法庭之友作为一个社会性组织凭借其对于纠纷解决的力量和能力，在离婚诉讼案件中从开始的辅助法庭进行社会报告和证据调查到后来的有关审判案件和法令的调查，法庭之友作为协助法庭审理离婚案件的有效组织，逐渐在司法过程中获得了更多的职权，并逐渐从社会组织演变为了行政机构，在协助法院司法审判的过程中具有了正当性的身份和更多的职能内容。[3]

基层人民法院受理案件，是参与基层社会管理的一种途径，但在基层社会治理体系中通过司法程序予以解决和治理并非唯一途径，有时也并非最佳途径。司法资源的有限性决定了司法机关不能仅仅依靠机关内部，而需要把眼光向外看，关注其他社会治理资源。借其他社会治理资源以弥补人民法院存在的短板。[4]在基层社会治理中还存在着民间自治的调解机构、行政机关、行业组织、仲裁机制等众多纠纷解决机制。在环境污染、产品责任、交通事故、医疗纠纷、大规模侵权纠纷等新型纠纷处理中，多元化纠纷解决机制更显示出独特的作用。同时，多元化纠纷解决机制在预防纠纷发生、形成规则、

---

〔1〕　参见王杏飞：《能动司法的表达与实践》，厦门大学出版社 2014 年版，第 99 页。

〔2〕　参见［日］高见泽磨：《现代中国的纠纷与法》，何勤华、李秀清、曲阳译，法律出版社 2003 年版，第 67 页。

〔3〕　See Frank E. Cooper, A. B. , J. D. , John P. Dawson, *Office Of The Friend Of The Court: Its Function in Divorce Proceedings*, published in the Fifth Annual Report of the Michigan Judicial Council（August, 1935）. —Ed.

〔4〕　参见拜荣静、韩瑞：《司法治理能力现代化中人民法院的功能定位与创新》，载《应用法学评论》2021 年第 1 期。

维护公共道德、提高共同体凝聚力，在社会治理中的功能也日益得到重视。[1]基层人民法院应当积极探索多元化的基层社会治理方式，缓解基层人民法院的办案压力，形成基层社会治理主体合力，充分利用社会本土资源，构建以基层人民法院为核心，以民间社会纠纷解决主体为内容的多元化的纠纷化解机制，包含以下内容：

1. 规范民间性的纠纷解决机制

这里的民间性的纠纷解决机制主要是指存在于最基层的村民委员会、居民委员会中的调解机构等自治性组织，他们作为群众中自发形成的纠纷解决者，具有灵活性、便捷性、与群众充分熟悉、了解等优势，是化解基层社会矛盾的"第一道防线"。"枫桥经验"的大力推广证明了这一具有中国特色的纠纷解决机制能够发挥作用，分担诉讼程序的压力，这是一种除诉讼程序之外，运用最广泛、最成功，并深受广大人民群众和基层社会欢迎的一种纠纷解决方式。[2]

2. 建立司法审判对社会矛盾化解的引领机制

司法是社会矛盾纠纷化解的有效机制，但司法应当是社会矛盾化解的最后一道机制，原则上只有其他机制无法有效解决时才可以让司法"出场"。[3]司法作为国家的公权力救济，具有权威性、强制性和终局性的特点，司法具有指引社会公正行为，增加社会活动的预见性的功能。现在社会中出现的许多新型的民商事纠纷，棚濑孝雄针对这类纠纷概括了如下特点：一是这类纠纷的解决需求不是单纯赔偿过去发生的损害而是着重于预防或者回避将来可能出现的侵害；二是强调对相互冲突对立的利害关系的调整；三是由于侵害的严重性或者相反由于纠纷数额的微小而要求特别简易迅速地处理等。[4]

针对如上的新型纠纷或者民事法律关系的出现，我国社会也出现了很多对应的民间组织机构，例如商事仲裁协会或者某些领域的行业协会等，这些组织对比法院针对本领域、本行业具有更加专业的、科学的纠纷解决机制，对比诉讼程序更具纠纷处理的优势，对比进入诉讼，在审前就纠纷进行调解

---

〔1〕 范愉：《当代世界多元化纠纷解决机制的发展与启示》，载《中国应用法学》2017年第3期。

〔2〕 参见江伟、廖永安：《简论人民调解协议的性质与效力》，载《法学杂志》2003年第2期。

〔3〕 参见江必新等：《民事诉讼的制度逻辑与理性构建》，中国法制出版社2012年版，第75页。

〔4〕 参见［日］棚濑孝雄：《纠纷的解决与审判制度》，王亚新译，中国政法大学出版社2004年版，第75页。

和解也有利于提高纠纷解决的效率，但这种纠纷解决的效率应当是在充分保证公平价值的前提下实现的，如果程序不公平，诉讼当事人就有理由提起诉讼或不接受和解条款或处理结果。[1]诉前对于纠纷解决方式的正当程序是实现公正和效率双重价值的必要因素，基层人民法院应当充分保障诉前纠纷解决机制的程序正当性，在追求效率的同时确保公正的实现。因此，司法应当尽可能作为纠纷解决方式的兜底机制，同时也意味着司法机关作出的裁判即便是对个案的裁判也应当具有社会效应，是对其他社会公众具有指引和预示作用的裁判。

3. 对各种纠纷解决机制进行整合和规范化

在对社会矛盾纠纷解决机制进行整体设计时，必须对其进行整合和规范化，这些社会纠纷解决机制由于统一于纠纷解决、化解社会矛盾这一目标，他们之间具有某种联动关系，而这种联动关系要求我们从整体着眼，促进各种机制之间的协调、衔接与整合。[2]我国的多元化解纷机制是在国家主导下形成与运行的，其因应国家治理的要求，并在国家治理的总体框架下存续；国家动员和组织各种社会力量解决社会纠纷，构成了多元化解纷机制的底层逻辑。[3]多元化纠纷解决机制融合了国家和社会治理的双重智慧，基层人民法院承担着对社会和民间多元化的纠纷解决机制的指导和统领职能，对各种纠纷解决机制的规范和整合、将各种解纷手段纳入法治化框架，构建最低限度的正当程序要求是基层社会治理机制实现长久发展、科学运行的基础，有利于形成规范、系统的基层社会治理格局。

四、新时代人民法庭的职能定位改革

人民法庭是基层人民法院的派出机构，是基层中的基层，因其直接面向群众，面向基层，在基层人民法院推进诉源治理、提高审判质量、深入基层社会治理、服务基层人民群众司法需求等方面发挥着重要作用。人民法庭设立的最初定位是为了方便当事人参与和法庭审理案件，但随着案件下沉成为

---

[1] See Robert M. Howard, Richard E. Chard, "Pre-Trial Bargaining and Litigation: The Search for Fairness and Efficiency", *Law & Society Review*, 2 (2000).

[2] 参见柯阳友、高玉珍：《诉讼内外纠纷解决机制的分流、协调与整合》，载《河北法学》2006年第8期。

[3] 顾培东：《国家治理视野下多元解纷机制的调整与重塑》，载《法学研究》2023年第3期。

审级制度改革的重要趋势，基层人民法院逐渐承担起了大部分案件的审理重任，而基层人民法院的人民法庭也不言而喻地增加了案件审理的重任。因此，基层人民法院人民法庭的职能定位便不能再局限于便于诉讼的目的，需要对人民法庭的职能做出改变，以符合基层人民法院职能定位改革后的实际需求与期待。

（一）新时代人民法庭的职能

新时代法院系统更加强调专业化和实效性的双重职能，要求基层人民法院在审理民事纠纷的同时也不能忽视对于司法规律和司法体制的基本遵循。在新时代经济社会发展的多重要求下，基层人民法院的人民法庭应当将司法职能主要定位于两个方面：一方面是审级职能。基层人民法院作为地方法院，最靠近基层，基层人民法院应当利用这一层级和地域优势，积极通过司法程序推进乡村振兴，除审理传统民事纠纷案件外，积极推进对于地方经济发展过程中产生的新问题、新矛盾通过司法手段予以解决，充分发挥司法能动性，推进地方经济社会发展。另一方面是社会治理职能。基层社会的治理是国家治理的重要环节和基础性的内容，基层社会治理的效果好坏直接关系着地方的发展和国家治理体系和治理能力现代化的实现程度。人民法庭作为基层政权的重要组成部分，是参与基层治理的重要力量，基层治理是人民法庭的重要职能，在司法实践中，人民法庭主要通过以下三种职能参与基层治理：

1. 指导调解职能

在基层社会治理过程中，调解在纠纷解决过程中发挥了巨大的作用，调解水平的高低、调解效果的好坏直接关系基层社会治理的水平。《人民调解法》第 5 条第 2 款规定，基层人民法院对于人民调解委员会调解民间纠纷有业务指导的义务。主持调解程序的人必须注意保证双方当事人在达成合意时知道相关内容，应特别注意任何一方都不能因缺乏法律知识而被引导做出有重大误解的决定，[1]这就意味着主持调解的主体和人员发挥着重要的说明指引作用。在社会基层治理过程中，人民法庭处于比基层人民法院更加深入群众、深入基层的位置，与人民调解委员会相互协调，交流指导，既可以充分发挥人民法庭的调解职能，又可以联合人民调解委员会的社会作用，实现

---

〔1〕 参见［日］小岛武司：《诉讼制度改革的法理与实证》，陈刚等译，法律出版社 2001 年版，第 186 页。

良好的调解效果，有利于实现基层社会治理的良好目标。

2. 普法宣传职能

人民法庭对比基层人民法院具有接近群众、接近基层、接近矛盾纠纷滋生环境的独特优势，往往更具主动性。人民法庭积极宣传法治文化，增进人民群众对法院工作的了解，拉近了司法机关与人民群众的距离，有利于建立良好的司法群众基础，提升司法公信力和亲和力，是实现司法基层社会治理的重要途径。

3. 诉源治理职能

在社会纠纷的解决途径中，能够真正进入诉讼程序予以解决的纠纷只占社会纠纷的一部分。因为当事人在诉讼中进行纠纷解决往往会存在法院会对此种纠纷做出何种判决的不确定的忧虑心理，当事人是在"法律的阴影下"解决纠纷的。因此，大部分案件都是由诉讼以外的途径加以解决的。而诉源治理就是我国的一种预防性的纠纷解决措施，其以司法权为指导，在诉讼之前对纠纷从源头上进行解决，充分发挥司法机关的积极性和主动性，通过协调各种社会纠纷资源，联合各种纠纷调解主体的职能优势，预防潜在纠纷，解决已有纠纷，减少纠纷进入诉讼程序的数量。人民法庭对比基层人民法院在诉源治理方面的优势更为显著。首先，人民法庭对比基层人民法院人员更少，更加灵活，可以深入基层了解群众诉求，探寻纠纷发生的可能，将违法或者侵权的可能因素扼杀在萌生阶段，可以通过提高公民的司法素养来降低一部分的民事纷争。其次，人民法庭对比基层人民法院更具有专门性，人民法庭往往是针对一部分社区和村庄予以设立的，人民法庭管辖的人群数量可控，范围也更小，更加方便人民法庭发挥主动性，排查潜在的民事纠纷并予以解决。最后，人民法庭对比基层人民法院也更加亲民，基层人民法院往往给人一种需要主动提请程序解决纠纷，被动性、权威性更加明显，使人更有距离感和压迫感，而人民法庭是在群众中的司法机关，更加具有亲和力，对于深入群众内部了解纠纷产生的原因或者可能产生纠纷的原因更加方便和顺畅。总之，诉源治理是人民法庭深化司法改革、实现司法为民、公正司法的重要举措，人民法庭在诉源治理过程中发挥了显著的优势。

（二）人民法庭在基层人民法院民事审判中的作用

重视基层事务，强化基层治理，是我国社会司法治理的一大特色。在我国经济社会发展和国家建设的过程中，影响社会和谐的主要问题和矛盾存在于基层，暴露在基层，促进和保障社会和谐稳定发展，维护社会秩序的核心任务在基层，难点也在基层。作为基层人民法院的派出机构，人民法庭是"基层的基层"，它是扎根于民众之中，是与民众生活息息相关的司法机关，要将基层人民法院的人民法庭的这个特色和优势发挥出来，加强其在基层治理中的主导作用，将人民法庭挺在基层审判工作的前沿阵地，通过及时处理人民群众的纠纷，及时实现司法疏导，平息矛盾纠纷，缓解社会症结，构建和谐的社会氛围与和谐的法治环境，为经济社会发展和社会秩序稳定充分发挥司法力量。具体来说，人民法庭在基层司法治理和司法审判过程中对于基层人民法院具有如下促进作用：

1. 灵活运用各类简便审理方式，践行公正与效率的工作主旨，彰显了基层司法的司法为民宗旨

人民法庭设立于人民群众之中，处于人民生活环境之内，是最贴近纠纷源头的司法机构，通过充分发挥人民法庭自身的机构设置灵活、收集信息便捷、情况了解全面等基层司法优势，可以及时高效地处理人民群众内部发生的矛盾纠纷，充分发挥基层人民法院作为处理矛盾纠纷的前沿的作用。人民法庭在审理案件的过程中，除遵循司法审判的一般规律外，往往比较灵活，综合运用各种方式，以实际解决纠纷、化解矛盾、恢复社会秩序为主要目标，体现了高效、便民、经济、快速的纠纷处理理念。具体来说：

（1）在程序选择上，人民法庭一般首选简易程序予以审理，这也与基层民事纠纷大多法律关系简单，纠纷内容单一相契合，大多数基层民事纠纷当事人对比严谨的法律程序，往往更加关注审理的实际结果和自己的利益诉求的实现，符合基层司法的实际需求。

（2）在审判形式上，坚持"坐堂问审"与"巡回审判"相结合的方式。人民法庭对比基层人民法院的审判庭，最大的区别就是深入群众办理案件，由于人民法庭本身就设立在基层，其与群众的距离相对更近，司法亲和力更加明显，不再严格遵循司法的被动性和权威性的特点，实现"法庭下乡"，深入老百姓的生活领域办理案件，切实解决民众所困，真正体现了人民法庭倡导的"两便原则"，有利于实现"审理一件，教育一片"的良好司法效果。

（3）在办案方式上，人民法庭主要以调解为主。在基层人民法院诉源治理机制不断推进的新时代，人民法庭为基层人民法院在诉源治理工作上发挥了重要作用。由于人民法庭的职能定位融合了纠纷处理与社会治理，因此，

人民法庭在审理案件的过程中更加注重调解的适用，对比依据法律直接作出裁判，通过调解的方式，对双方当事人予以教育和指导，使其明确自己的法律误区和权益范围，可以更有利于社会治理效果的实现，比直接作出民事审判更具有长远的社会效果。

2. 节省了基层人民法院的司法审判资源，提高了审判效率，方便了群众诉讼

人民法庭以"方便人民群众参与诉讼，方便人民法院依法独立、公正、高效地行使审判权，方便司法面向群众、面向基层、面向乡村"的三个标准作为设立和工作的原则。加强人民法庭建设工作，是司法领域坚持群众路线，落实司法为民宗旨的重要渠道。[1]在距离基层人民法院较远的地区设立人民法庭，在之前交通不发达的时候可以实现方便当事人及时进行诉讼，解决纠纷的目的，在新时代还可以通过人民法庭的审判工作为基层人民法院化解一定的案件审理压力，不仅节约了司法审判资源，还提高了基层人民法院参与社会治理、解决矛盾纠纷的效率。

3. 人民法庭是基层人民法院实现综合治理的重要保障

人民法庭的法官不仅是运用法律对民事纠纷予以裁判的纠纷解决者，更是通过案件审理，宣传法治思想和法治文化的社会治理员，是能够有效缓解民事纠纷、稳定社会秩序的调解员。通过对基层人民调解组织进行引导和培训，可以将更多的社会资源聚集起来，为基层社会治理增加有生力量，提升社会治理的水平。同时在司法审判的过程中还进行着法治宣传教育工作，通过传播法律知识，宣传法律文化，弘扬法治精神，增强了基层人民群众的法治意识，有利于形成全民守法学法用法护法的法治氛围，为建设社会主义法治中国贡献力量。

（三）人民法庭在基层民事审判中的职能状况

对基层人民法院的人民法庭赋予新的职能定位，首先要明确之前的职能内容存在什么问题，为何不适应新时代司法审判的要求。基层人民法院的人民法庭的基本设置和人员配置等内容基本符合新时代司法审判的要求，但在一些办案习惯和思维上还存在以下问题：

---

〔1〕 参见最高人民法院研究室编：《审判前沿问题研究：最高人民法院重点调研课题报告集》（下册），人民法院出版社 2007 年版，第 868 页。

1. 除审判外社会治理意识仍需加强

虽然对案件事实的审理、对纠纷的解决是基层人民法院和人民法庭的主要职能，但在新时代社会发展过程中这不是唯一的职能，指导调解、宣传法治等社会治理职能也应当引起人民法庭和基层人民法院的司法人员的重视，特别是人民法庭更加贴近基层，与社会矛盾纠纷的源头距离更短、参与纠纷解决更加方便。因此，司法审判人员应当具有以司法方式承担社会治理职能的思维和意识。

2. 应更积极主动地参与基层社会治理

实践中，基层人民法院和人民法庭审理案件最多，案多人少的矛盾最突出，这就导致法官办理案件占据大部分时间，参与基层社会治理的时间不足。但人民法庭具有参与社会治理的优势，应当充分利用这一特点，在办理案件的过程中学会综合运用各种方式和途径，积极主动地承担参与社会治理的职能。

3. 对基层社会治理的内涵和职能定位应逐步明晰

人民法庭的司法工作人员如果只注重对案件的实质性解决，对于法院的其他职能并不是很清楚，不能理解法院参与社会治理的具体内容，就会导致在工作中难以充分发挥人民法院参与社会治理的职能。

4. 与其他基层组织协调的能力应加强

基层社会司法工作的一个很大优势便是能够联合其他社会治理力量，集合力量，对社会纠纷予以解决，实现良好的社会效果，恢复社会秩序。但在人民法庭的工作实践中，这种通力合作，与基层政府机关、司法所等基层职能部门的联合沟通，尚需加强，最终形成以司法为核心的社会机构综合共治的良好社会氛围。

（四）新时代人民法庭职能定位改革的内容

通过对基层人民法院人民法庭实际状况的考察与分析，发现人民法庭在基层社会治理方面具有独特优势，对于基层人民法院人民法庭的职能应当构建以民事审判职能为依托，以参与社会基层治理为目标的多维职能框架，积极与基层各社会治理主体相互配合，完善多元化的纠纷解决机制，加强"诉源治理"，实现"诉前化解"，缓解基层人民法院审判工作的压力。

1. 以审判职能为依托，充分发挥社会治理效能

人民法庭在新时代基层社会治理过程中具有很多新的发展，如将人民法

庭搬到纠纷地点为老百姓解决纠纷、设置法院工作站、构建多方面多机制化解矛盾纠纷、精准有效传播法律、协同构建高效送达方式等合作机制。人民法庭从源头为化解矛盾纠纷构建优化方案，进一步推动基层社会治理和社区共建共治，真正实现了司法为民。人民法庭深入基层为民众解决纠纷，以审判案件为依托，通过深入群众矛盾纠纷发生地解决纠纷、协调各社会治理主体共同解决纠纷的方式，使司法宣传工作更加深入群众内心，司法公信力更高，社会治理效果更好，是值得基层群众信赖的司法纠纷解决方式。

2. 发挥联合治理优势，开展指导调解业务

相较于诉讼制度，社会中其他的纠纷解决机制也具有多项优势，特别是对于基层社会矛盾纠纷的处理，具有发挥形成迅速、经济性纷争处理、助长追求程序利益等多样机能。[1]基层人民法院在基层社会治理格局中虽然发挥着关键性的作用，但基层司法机关并不是基层社会治理和纠纷解决的唯一机构，社会治理也不是靠一个机关、一种解决机制就能够实现的，需要联合其他社会治理主体，共同发挥各自优势，形成社会治理合力，才能达到良好的社会治理效果。这是社会治理的系统性规则，基层社会治理要在构建党建引领、政府驱动、社会协同、公众参与的模式下予以实现，形成城乡统筹、各方联动、动态管理的新形势。[2]发挥联合治理优势，可以由人民法庭带头，组织各社会治理主体对人民调解员予以指导培训，传播法律知识，规范基层社会矛盾纠纷调解的方式和方法，构建新型基层社会调解群体。

3. 深耕诉源治理，创建无讼村居

诉源治理是在审判前端解决矛盾纠纷，将司法手段前置的方式，人民法庭对于诉源治理职能的发挥具有自身的独特优势。首先，人民法庭是基层人民法院的一个分支，它代表着基层司法机关，拥有着司法的权威。其次，人民法庭通过"三个便于"原则，主要设立在农村或者乡镇等基层社会中，更加贴近群众，对纠纷发生的原因和源头矛盾更易于了解。最后，人民法庭是通过司法的方式进行矛盾纠纷的化解，对于纠纷的解决结果更具有权威性，可以有效地避免大量的案件经过调解后仍旧进入诉讼程序。因此，通过人民

---

〔1〕　参见邱联恭：《程序利益保护论》，三民书局 2005 年版，第 16 页。

〔2〕　参见李凌云、陈杰：《人民法庭参与社会治理 70 年：回顾与展望》，载《现代法治研究》2020年第 1 期。

法庭联合其他社会治理主体进行诉源治理，有利于形成良好的社会效果和法律效果。无讼村居就是诉源治理在司法实践中的具体化，是以非讼的方式解决纠纷，将矛盾纠纷化解在萌芽阶段的最好范例，人民法庭要联合地方社会治理主体，深入推进诉源治理，创建和谐的乡村生活，构建无讼村居，实现社会治理的良好风貌。

4. 人民法庭的规范化改造

基层人民法院的派出法庭在基层社会治理中发挥了重要作用，在解决基层群众民事纠纷、化解社会矛盾方面为基层人民法院分担了大部分的办案压力，是基层人民法院缓解人案矛盾的一个可行出路。基层人民法院树立科学利用本土资源的意识，不仅要注重与其他社会主体的合作，更不能忽视对于内部人民法庭的合理化改造，以使人民法庭充分发挥基层司法治理的优势，使人民法庭的司法资源得到充分利用。

我国人民法庭主要具有三个方面的职能：一是审理简单的民事案件和刑事自诉案件；二是对基层人民调解员进行司法指导；三是通过对案件的审判，开展基层法治宣传教育，参与社会综合治理。可见，我国人民法庭作为基层人民法院的派出机构，在基层司法工作中承担着与基层人民法院近乎一致的职能，不仅具有司法审判的职能，更发挥着其他社会职能。但随着法院民事审级职能改革的不断深入和发展，基层人民法院的发展困境在于案件的审理压力，即案件下沉后如何能够在面对众多案件的审理压力时，还能够清晰地认定案件事实，达到一次性解决纠纷的司法愿景。人民法庭作为在基层社会治理中基层人民法院的派出机构，具有与基层人民法院类似的职能内容，若将人民法庭进行一定的结构性改造，使其具有独立的地位，以便于更好地发挥其在基层案件审理中的优势，有利于从体制上实现案件的繁简分流、缓解基层人民法院的办案压力，有利于各级法院之间的职能分工。

而以实现案件繁简分流，体现不同审级的法院职能的区别，合理配置司法资源为目的对人民法庭进行重新定位和改造，最好的方案是将人民法庭进行规范化改造，在基层人民法院第一审之前使人民法庭率先承担一个案件过滤器的作用，将简单案件在人民法庭进行处理，普通案件再起诉至基层人民法院，这样既可以实现繁简分流、缓解基层人民法院的办案压力，又实现了便于群众诉讼、便于司法审判的两便原则。[1]人民法庭的规范化改造具体包含以下内容：

（1）调整人民法庭的布局。其一，人民法庭的布局应当在现有的人民法庭的基础上进一步集中，管辖范围要进一步扩大，改变当前法庭布局分散、点多面广的局面。具体原则是要保证改造后有事可干，有案可办，充分发挥人民法庭对基层人民法院案件压力的分担功能。其二，人民法庭并不一定要在每一个基层人民法院下面都设置。人民法庭的主要职能便是对基层人民法院案件压力的分担，起到分流案件的作用。但由于我国幅员辽阔，基层人民法院数量众多，案件审理压力也存在区别，对于某些偏远地区，基层行政区划内本就人口较少，民事纠纷也就不多，不存在案多人少的司法审判压力，对于这样的地区就没有设置具有独立地位的人民法庭的必要。而对于经济比较发达地区的基层人民法院，经济纠纷、民事纠纷繁多，就需要增置人民法庭以缓解基层案件审理压力。

（2）强化人民法庭的审判职能、充实人民法庭的审判力量。在确定人民法庭布局的基础上，应当充分考虑案件下沉的需求，突出人民法庭的审判职能，缓解基层人民法院的审理压力。首先，强化人民法庭的审判职能，善于运用人民法庭审理简单案件的独特优势，尽量将简单民事案件都集中于人民法庭审理。其次，适当增设人民法庭的审判人员，使其符合民事审判的基本组织结构，形成完整的审判组织，弱化人民法庭对基层人民法院的依附作用，强调人民法庭在审理民事案件、处理基层纠纷方面独立的社会地位。

（3）以信息技术为支撑，形成院、庭全面联动，审判资源一体化的格局。强调人民法庭的独立，并非说要将人民法庭的审判工作体系从基层人民法院脱离出来，而是更多地赋予人民法庭独立审理案件、解决纠纷的能力和空间，由基层人民法院对人民法庭的审判工作承担引导、支持的作用。通过运用信息技术，可以使基层人民法院将众多人民法庭联系在一起，构成审判资源系统网，形成以基层人民法院为核心，以人民法庭为保障的基层司法审级格局。具体来说，通过网上办案和网上审判管理平台，基层人民法院可以对人民法庭办案过程和办案结果进行了解和监督，并进行反馈和指导。同时，人民法

---

[1]　参见最高人民法院研究室编：《审判前沿问题研究：最高人民法院重点调研课题报告集》（下册），人民法院出版社2007年版，第788~801页。

庭也可以就审判过程中的某些问题与基层人民法院的庭长或者其他审判人员主动沟通交流。其次，人民法庭之间也可以通过内部工作网络平台及时进行沟通和交流，以实现案件的互联互通。最后，基层人民法院的机关庭以及研究室等机构，也可以为人民法庭提供各种资料、信息以及相关建议等工作内容的传递。[1]

（4）全面简化诉讼程序，便利当事人诉讼，提高审判实效。人民法庭对比基层人民法院在审理方式上的简化性和灵活性是其最明显的审判特点。充分发挥人民法庭对案件审理压力的分担职能优势，提高审判效率。人民法庭可以进行如下改造内容：一是人民法庭审理案件基本适用简易程序或者速裁程序，不用或者少用普通程序。二是在人民法庭运用司法程序予以审理之前，充分发挥社会本土资源的纠纷解决机制，能通过其他方式予以调解的，先行调解，没有调解可能的再由人民法庭运用司法程序予以审理。三是立案后尝试在诉讼中先行调解，避免后续诉讼程序的进行，实现司法资源利用的最大化。四是对常规性案件的裁判文书进行格式化处理，缩减审判工作量，提高审判效率。[2]

以民事审判为核心，分担基层人民法院的审理压力、便利人民群众参与诉讼为工作目标，只要能够满足这两个目标，便符合人民法庭诉讼化改造的定位，也是基层人民法院充分利用本土资源的重要体现。

---

〔1〕 参见顾培东：《当代中国司法研究》，商务印书馆 2022 年版，第 283~284 页。
〔2〕 参见顾培东：《当代中国司法研究》，商务印书馆 2022 年版，第 284~285 页。

第三章

中级人民法院的民事审级职能定位改革

　　中级人民法院在改革试点中发挥着枢纽法院的作用，在纵向上起着上下级法院之间的连接法院的作用，指导下级、接收上级的改革政策；在横向上，中级人民法院作为市域一级的法院体现了不同省份的法院发展的特点，是不同地区法院之间开展制度变迁学习的交会点和扩散点；就中级人民法院自身参与改革的经验来说也是开展试点改革的重要经验基础。[1] 因此，中级人民法院作为一个承上启下的法院，在自上而下的系统性改革过程中发挥着双重作用，对改革成果起着至关重要的作用。

一、职能分层视角下中级人民法院的双重身份和地位

　　我国实行两审终审制，中级人民法院在审级职能定位中拥有双重身份，其既是来自基层人民法院的上诉案件的终审法院即二审法院，又是一部分由自己审理的案件的初审法院，具有双重身份定位。

　　（一）中级人民法院的双重身份定位

　　1. 上诉审法院

　　第二审程序的目的包括纠正一审错误裁判、保证当事人正当权益和统一法律适用三方面的内容，其构造按照性质划分为复审制、事后审制和续审制。其中，复审制是对于案件事实的完全重新审理，不符合诉讼经济原则，已经不再具有存在的正当性基础。事后审制是指二审法院以第一审法院判决内容以及诉讼程序的正确与否为诉讼内容和目标，第二审法院只能基于第一审所

---

　　〔1〕　参见顾培东、吴红艳：《中级人民法院在司法改革试点中的地位与作用——基于司法改革典型案例的分析》，载《四川大学学报（哲学社会科学版）》2022 年第 3 期。

使用的诉讼资料及当事人主张进行审查，不允许在第二审提出新的诉讼资料，这一审级构造程序虽符合诉讼经济原则，但对于二审纠正错误的裁判职能的限制过多。而续审制则将第二审程序视为第一审程序的续行，法院不仅可以利用一审的诉讼资料，当事人在二审中还能够提出新的诉讼资料，是对于二审程序的运行构造的主要模式。〔1〕但随着科学的审级结构的发展，续审制也存在可能导致一审裁判过程空转，加大二审审判压力等问题。

因此，通过民事审级职能定位改革，提升一审审判质量，可以将二审当事人提出新的诉讼资料的范围予以适当的限制，以保障实现二审的诉讼目的。上诉审的主要内容包括法律的正确和统一适用、法律的演变与阐释、纠正事实错误、巩固司法体系的合法性并加强人们对其的信任以及司法体系中各部分的分工协作。〔2〕

可见，上诉审程序的目的融合了私益和公益双重内容，从私益目的来看，上诉审程序是当事人通过法定程序对下级法院尚未确定的错误或者违法裁判的变更之诉，是对当事人实体权益的补充保护，应当积极保障当事人的上诉利益；从维护公益来看，上诉审对错误裁判的纠正是为了维护裁判的合法性，统一法律适用，形成公共政策。很多时候，上诉审程序的私益目的与公益目的是相容的，为了实现这双重目的，很多国家设置了第三审程序，第二审侧重对个人利益的维护，第三审侧重对公共利益的维护。〔3〕而由于我国实行两审终审制，并不存在第三审，中级人民法院作为普通案件的唯一二审法院应当在上诉审程序中兼顾对个人利益和公共利益的双重目的的维护。具体来说，中级人民法院作为大部分民事案件的上诉审法院在司法审判工作中应当遵循以下工作原则：

（1）以办理二审案件为要务。在案件大量下沉到基层人民法院后，由基层人民法院负责一审的案件二审将进入中级人民法院，而由于我国对于当事人上诉并没有采取实质性的法律限制，因此，可以预见中级人民法院的二审案件数量将会大幅度上升。对于二审案件的审理也将成为中级人民法院民事

〔1〕 参见姜世明：《民事诉讼法基础论》，元照出版公司 2016 年版，第 318~319 页。

〔2〕 参见宋冰编：《程序、正义与现代化：外国法学家在华演讲录》，中国政法大学出版社 1998 年版，158 页。

〔3〕 参见邵明：《现代民事之诉与争讼程序法理："诉·审·判"关系原理》，中国人民大学出版社 2018 年版，第 349~350 页。

审判的主要工作内容。

（2）在审理要件上侧重于法律审。在科学的审级结构中，上下级法院之间在审级职能上存在明确的分工，基层人民法院作为第一审法院应当对案件事实的准确性和真实性承担确认责任，确保一审判决终结后的案件是事实认定清楚的案件，同时作为二审法院的中级人民法院也应当受基层人民法院一审对案件事实认定的约束，以一审法院认定的案件事实为基础，对案件的法律适用争议予以审理。因此，上诉审法院的职能是复审下级法院的裁决，而不是对事实进行最初的认定。[1]

（3）侧重二审裁判的终局性。由于我国实行两审终审制，二审法院也就是终审法院，二审法院做出的裁判即为生效裁判，具有终局性。因此，二审法院在审理案件的过程中应当重视对案件争议焦点以及法律适用问题的终局性解决，做到案结事了，使二审的生效裁判成为能够使双方当事人服判息诉的一个终局性的裁决。这既是二审作为终审判决的基本要求，也是为了保持诉讼程序的稳定性，减少再审程序提起的必要前提。

2. 一审法院

在审级制度结构中，中级人民法院处于承上启下的塔腰位置，不仅在法院的职能方面具有承接上级法院司法政策和指导下级法院司法活动的双重职责，在审级职能方面，也具有双重性质定位，其既是审理来自基层人民法院的上诉案件的二审法院，同时也需要审理自己管辖权范围内的一审案件，即中级人民法院既是初审法院又是上诉审法院。根据《人民法院组织法》（2018年修订）第 23 条的规定，中级人民法院的一审案件范围主要分为两部分构成：

（1）来自下级法院的一审案件。中级人民法院作为基层人民法院的上级法院，具有接受基层人民法院难以审理的一审案件的职责，这些案件[2]大部分是基层人民法院在一审时发现的具有法律适用意义或者案件类型、案件内

---

〔1〕　See Designer Guild Ltd. v. Russell Williams（Textiles）Ltd.　〔2000〕1 WLR 3416. 转引自齐树洁：《民事上诉制度研究》，法律出版社 2006 年版，第 44 页。

〔2〕　根据最高人民法院《关于规范上下级人民法院审判业务关系的若干意见》第 3、4、5 条的规定，基层、中级人民法院对于已经受理的下列第一审案件，必要时可以根据相关法律，书面报请上一级人民法院审理：①重大、疑难、复杂案件；②新类型案件；③具有普遍法律适用意义的案件；④有管辖权的人民法院不宜行使审判权的案件。

容等超出基层人民法院审理范围的新型案件，可以报请中级人民法院进行初审，中级人民法院对于案件是否审理具有决定权，认为案件有必要由自己审理的，可以通过提级管辖的方式审理。

（2）本院的一审案件。除大部分民事案件在基层人民法院进行初审外，还有一部分民事案件属于中级人民法院的管辖范围，由中级人民法院履行初审管辖权。中级人民法院审理第一审案件与基层人民法院审理第一审案件，既存在一定的相似之处，又存在着不同。相同点在于，不管是基层人民法院还是中级人民法院在第一审程序中都应当侧重事实审，保证在第一审程序中达到对案件事实的清晰认定。第一审是最接近发生诉争事实的审理程序，第一审最有可能收集到正确且能迅速、经济的形成证据的第一手资料，最有利于客观事实的发现。[1]

（二）中级人民法院在审级职能定位改革中的地位

中级人民法院的双重性质定位和身份，使其在民事审级职能定位改革中居于突出地位。中级人民法院在改革中处于关键地位的表现有如下几点：

1. 中级人民法院审理的案件类型全面、审判样态丰富

基于中级人民法院既是初审法院又是上诉审法院的特点，中级人民法院既可以接触到来自基层人民法院大量的二审案件，又可以直接对自己管辖权范围内的案件予以审理，接触到的案件类型更加多样化，既存在一审程序，又存在二审程序，审判程序的样态也较为丰富。

2. 层级位置特殊，区域影响力强

中级人民法院处于市域治理范围内，对比基层人民法院审理案件的类型更丰富、社会治理视角更具综合性，而对比高级人民法院和最高人民法院，则更加突出社会治理的微观视角，处于宏观司法指导和微观社会治理之间的中层地带，在社会治理上兼具宏观性和微观性。此外，中级人民法院审理的案件大多数是一个市内具有社会影响的案件，对比基层人民法院审理的案件社会影响力更大，辐射范围更广。但对比高层级法院，辐射的范围又更具象化，更加适合中级人民法院所管辖的市域的社会发展，案件所产生的示范效果更强更直接。

---

〔1〕 参见邱联恭：《民事诉讼审理方式之检讨从审理集中化方案论如何加强事实审职能》，载民事诉讼法研究基金会：《民事诉讼法之研讨（一）》，三民书局1986年版，第342页。

3. 资源更为充分，组织动员能力较强

对比县级治理，市域一级的社会治理具有更加完备的治理体系和治理方式，中级人民法院在市域范围内也能更好地调动司法资源，实现社会治理。虽然司法资源的充分度不如高级人民法院和最高人民法院，但由于高层级法院距离基层社会较远，很多资源的调配和社会治理方案的实施都需要通过市域一级的中级人民法院来贯彻执行，使中级人民法院的社会治理职能得以进一步彰显。[1]

二、中级人民法院民事审级职能定位的问题检视

中级人民法院的双重性质定位，决定了其审判工作具有双重目标追求，但目前中级人民法院的状况并不利于其充分发挥二审职能和对初审案件的实质性审理，主要存在以下三个问题：

（一）上诉请求审查与全面审查混同

我国第一审法院的审判重点应当聚焦于对案件事实的审理，确保上诉到二审法院的案件是以案件事实清楚为基本前提，第二审法院在一审法院对案件事实已经做出正确认定的基础上，对当事人的上诉请求和案件的法律适用问题予以审查。我国《民事诉讼法》（2023 年修正）第 175 条明确规定："第二审人民法院应当对上诉请求的有关事实和适用法律进行审查。"可见，我国《民事诉讼法》也将二审的审查范围限定在当事人的诉讼请求范围内。但在实践中，由于追求实质正义的结果，二审法院往往会对案件实行全面审理，这不仅加重了二审法院的工作负担，而且使一审法院的工作内容失去了存在的意义，既不符合科学的审级制度结构中二审法院应当在事实认定方面受一审法院事实审理内容约束的原理，也不利于二审及时作出裁判，实现定分止争的诉讼目标，严重浪费了司法资源。正如美国学者米尔伊安·R. 达玛什卡对于科层型的上诉审所描述的那样："如果将上诉视为上级法院的一项职责，而对事实与法律都进行全面审理的话，可能会导致初审裁判被视为判决书的草稿，即便一审作出了判决也难以得到生效执行，加重了初审判决的不稳定性

---

〔1〕　参见顾培东、吴红艳：《中级人民法院在司法改革试点中的地位与作用——基于司法改革典型案例的分析》，载《四川大学学报（哲学社会科学版）》2022 年第 3 期。

且损害了初审的审理工作的存在价值。"〔1〕

（二）定分止争与追求客观真实混同

二审法院是我国的终审法院之一，在保证案件获得公正处理的同时也要考量是否能够及时有效地定分止争。在司法审判中，我们总是通过法律程序和法律手段，无限地追求案件的客观真实，努力缩短法律真实与客观真实之间的距离。客观真实和法律真实的关系体现了真理的绝对性与相对性。法律真实是法官依据法律程序和法律手段，运用内心确信的主观能动性对客观真实的反映。事实是客观的内容，法律真实在内容上具有客观性，但由于产生法律真实的过程是法官的主观反映，是一个自由心证的过程。法律真实产生的方式是主观的，这一方面又体现了法律真实的相对性。法律真实和客观真实是同一个真理的两个方面，体现着真理的辩证的智慧。〔2〕我们在司法实践中由于认识客观真实的方式和过程的主观性，不可能使法律真实与客观真实完全保持一致，但这并不影响所做判决的公正性。同时，就法院的审理价值来说，除了追求公正、客观的裁判结果外，诉讼的时间成本也是评判一个审级程序是否公正的重要因素。因此，在二审审判过程中不能将定分止争与追求实质正义相混淆，通过正当程序所认定的法律事实也可以做出公正的裁判，况且与客观公正完全一致的法律公正也并不存在。

（三）实质性审理与不开庭混同

按照审级制度的建构原理，层级越高的法院越应该体现集体决策的重要性。〔3〕中级人民法院作为二审法院，同时又是终审法院，案件中的事实、法律和程序争议更为集中，中级人民法院应增强判决书的说理力度，通过实质性地参与案件的审理而做出公正的裁决，确保案件的终局性，推动上诉审定纷止争功能的实现。中级人民法院在进行二审案件的审理时，以法律审为重点，确保案件经过充分的实质化审理而获得令当事人信服的终局判决。这就要求二审程序应当开庭审理，经过当事人的充分辩论和法官的直接审理而获得裁判结果。二审开庭审理就开庭审理方式本身而言，能保障公开原则和直接原

---

〔1〕 参见［美］米尔伊安·R. 达玛什卡：《司法和国家权力的多种面孔》，郑戈译，中国政法大学出版社 2004 年版，第 73～74 页。

〔2〕 参见孔祥俊：《司法理念与裁判方法》，法律出版社 2005 年版，第 241～248 页。

〔3〕 参见许海燕、徐冬冬：《论与审级相匹配的人民法院内部构造——侧重于基层实践的考察》，载《铁道警察学院学报》2020 年第 3 期。

则的实现，可以在最大程度上发现案件真实；对当事人而言，开庭审理能够直观地体现言词原则与辩论原则，增强当事人对裁判结果的接受度和满意度；就审级关系而言，我国上诉审是续审，即第二审程序是第一审程序的继续，是一体化审判程序的一个阶段。[1]但在二审过程中，《民事诉讼法》（2023年修正）第176条将二审是否开庭审理的裁量权赋予了第二审法院，二审法院具有决定开庭审理与不开庭审理的权限，可能使得一些案件并没有经过实质性的审理，便作出了终审判决，容易出现同案不同判或者类案不同判的情形，难以达到二审法院定分止争的目标。

三、中级人民法院民事审级职能定位改革的基本思路

明确了中级人民法院的双重性质定位，在对中级人民法院民事审级职能定位改革的构建中就要兼顾其双重性质，既要保证中级人民法院充分发挥二审职能，实现案件终审、定分止争的诉讼目标；又要重视中级人民法院在审理一审案件时对事实审的充分遵循，保证中级人民法院一审案件能够达到事实清楚、证据充分，尽力促进纠纷的一次性解决。

（一）落实两审终审职能和裁判终局性

中级人民法院在法院体系中的地位主要与其审理的案件特点和我国的两审终审制的审级制度安排相关。一方面，大部分案件在基层得以审理，为了保障当事人的上诉权，我国上诉程序也没有相应的限制，因此，中级人民法院承担了大部分案件的二审职能。另一方面，我国实行两审终审的审级制度，导致中级人民法院不仅是二审法院还是终审法院，中级人民法院在审理上诉案件时，不仅要做到案结事了，注重对法律争议的解释和判定，更要注重定分止争，确保二审裁判的终局性。

（二）贯彻和落实上级法院的监督和指导

在地方三级法院的法院层级中，中级人民法院发挥着承上启下的关键作用，既要发挥好对基层人民法院审判工作的监督指导职能，又要接受来自高级人民法院的政策指导，使高级人民法院的监督指导作用得以体现，并切实地落实到实际工作中。在司法实践中，由于法院的工作机制和工作方式还没有形成系统完备的闭环，致使部分案件出现了反复经历多层审级的情况，浪

---

〔1〕　段文波：《民事二审不开庭审理的反思与修正》，载《中国法学》2021年第6期。

费了司法资源，也加重了当事人的讼累，此时，通过上级法院在程序上和法律适用方面的监督指导，可以使下级法院的审判工作规则明确，有利于下级法院提高审理案件的质量和效率。[1]

（三）注重裁判文书说理

中级人民法院作为终审法院承担着大部分案件的生效裁判制定权限。中级人民法院作出的生效判决对于案件事实类似的案件具有一定的示范作用，因此，中级人民法院法官在作出终局性判决时应当注重对裁判文书的说理。裁判文书的说理凝聚了法官的智慧，包含了法官对于案件事实的认定、法律的适用和推理过程，体现的是国家法治的基本立场和社会主义核心价值观，是司法审判工作追求法律效果和社会效果相统一的体现。中级人民法院对终局性裁判进行充分的说理，既可以使当事人充分理解案件的审理结果，从而有利于促进当事人服判息诉，促进定分止争，又展现了司法公开的原则，将法官的心证过程公之于众，规范了法官的自由裁量权，加强了司法监督，有利于树立公正、权威的司法形象，增强司法公信力。

（四）理顺上下级法院之间的审级关系

在民事审级关系中，中级人民法院作为二审法院与基层人民法院作为一审法院的关系错综复杂。就自上而下来看，中级人民法院对于基层人民法院是上级法院与下级法院的关系，在审判业务上具有监督与指导的职责；在诉讼程序中，中级人民法院对于经基层人民法院一审上诉到本院的案件，符合法律规定的情形的，[2]有权决定发回重审。从基层人民法院的视角来看，中级人民法院作为其上级法院对其审判工作具有监督权限，在诉讼程序中是上诉审法院，法律赋予了基层人民法院对其上级法院即中级人民法院独立的审判地位，但从我国上下级法院关系运行的实际来看，这种审判的独立性并没有得到完全贯彻，中级人民法院由于掌握着基层人民法院的发改率、绩效评估等多方面的权限，使得基层人民法院与中级人民法院的审判关系异化为"行政管理关系"，基层人民法院通过案件请示、内审程序等多种渠道和方式

---

〔1〕　参见李彦凯主编：《人民法院司法功能定位及相关问题研究》，法律出版社 2016 年版，第 64 页。

〔2〕　根据《民事诉讼法》第 177 条第 1 款的第 3 项、第 4 项，一审判决事实认定存在基本事实不清或者严重遗漏当事人、违法缺席判决等严重违反法定程序的，二审法院可以撤销原判决，发回原审人民法院重审。

对自己审理的一审案件向上级法院请示意见，这样的一审判决体现着二审法官的意志，损害了我国的审级制度，使二审审级失去意义，也损害了当事人的上诉权。因此，构建科学的民事审级职能分层机制，首先应当理顺上下级法院之间的关系，明确中级人民法院作为二审法院的职能范围，不能超越职权，侵犯基层人民法院的民事审级的独立性。

四、中级人民法院民事审级职能定位改革的内容

从宏观角度来看，权力职能分层表现在以下几个方面：一是司法权在国家政治权力架构中要能够分开，司法权要有其固有的分工属性，我国法院是独立的司法机关，依法独立审判案件，与立法权和行政权等机关具有明显的区别。二是审判权与管理权要剥离。司法行政事务与司法审判相分离的一体化外部管理体制是法院整体独立的必要条件，这一改革目标在我国虽未完全实现，但已经加入了改革内容的重要行列，在理论界和实务界都引起了广泛的关注。[1]三是不同层级的司法机关之间要有审级职能上的分层和权力边界，各级法院之间要保持一定的差异性，但这种差异性也不能过大。[2]中级人民法院处在负责事实审的基层人民法院的上一级法院的位置，承担着上诉案件的二审程序，同时对于本辖区的一部分重要疑难案件还承担着一审程序的审理，中级人民法院的民事审级职能具有综合性和复杂性。中级人民法院的民事审级职能的定位内容，影响着上下级法院的职能内容。

（一）确立以职能分层为基础的上下级法院之间的双向制约

从国家治理的技术上来看，审级制度是通过法院的组织结构，实现国家法律的职能，通过审级结构和技术规范予以科学配置，其核心是初审、上诉审程序以及这两项程序与司法组织之间的结合方式，反映的是不同层级的法院之间对于同一个案件的基于审判等级的不同而反映的不同态度和方式。[3]

---

〔1〕　例如万国营的著作《审判权力运行机制改革研究：以完善审判权力结构为思路的理论分析与制度构建》（人民法院出版社 2018 年版）对法院的审判权的运行现状、存在问题以及问题的根源进行了深入分析，并从理论之道、制度之维和实践之彰三个角度对审判权运行机制进行制度构建与分析。实践中，也对司法责任制改革、院长、庭长管理监督职权改革以及审判管理模式改革等多方面进行探索。

〔2〕　参见杜豫苏：《上下级法院审判业务关系研究》，北京大学出版社 2015 年版，第 172 页。

〔3〕　参见许尚豪：《上诉审纠错功能的法律思考——以法院层级关系为分析视角》，载《河北法学》2008 年第 4 期。

具体来说，审级制度对于民事诉讼活动具有以下四个方面的意义：

（1）审级制度的科学运行可以促进审判活动的公正性。公正和效率是司法追求的两个价值。通过对不同层级的法院设置不同的审级职能分层，使同一案件经过不同审级的法院的审理，可以在整体上增强案件的公正性和科学性。审级制度在保障司法正确性方面的原理在于通过上下级法院之间权力分层或"分权"的技术设置使上级法院在制约下级法院的同时，自身的权力也处于制约之下，形成双向制约机制。这一制约机制运作良好的基础和前提则是司法机构与其他国家机构之间基于权力各自独立而形成的相互制约和当事人诉权对审判权力构成有效控制。[1]

（2）审级制度为当事人寻求司法救济提供了制度基础。审级制度为当事人利用诉讼程序获得审级利益，维护自身的诉权提供了制度基础。受到不利裁判的当事人可以通过行使上诉权，要求上级法院对于下级法院做出的于己不利的裁判予以重新审理并改判，以达到维护自身合法权益的目的。审级制度是实现程序公正的制度基础，因审级制度的科学设立为当事人在诉讼程序中寻求权利救济提供了正当渠道。[2]

（3）审级制度的确立有利于保障统一法律适用的实现。若没有审级制度对法院职能进行分层，每一级法院都具有审理第一审案件的职能，同类型的案件由不同的法院审理，由于法院中的法官的知识水平和考量、认知等各方面因素的影响，可能导致类似或者同类型的案件产生不同的裁判结果，这是影响国家统一法律适用的因素。而由于审级制度的存在，通过对各级法院的职能分层，将案件的初审权集中在基层人民法院，终审法院保持较小的规模和较少的案件审理数量，最高人民法院排除对案件事实问题的审理，集中关注统一法律适用的实施效果。以职能分层为核心的审级制度是统一法律适用、保证司法的权威性和统一性的制度基础。[3]

（4）审级制度使法院的职责、职能更加明晰。[4]一般而言，初审法院只

---

〔1〕　傅郁林：《审级制度的建构原理——从民事程序视角的比较分析》，载《中国社会科学》2002年第4期。

〔2〕　参见齐树洁：《民事上诉制度研究》，法律出版社2006年版，第38页。

〔3〕　参见傅郁林：《审级制度的建构原理——从民事程序视角的比较分析》，载《中国社会科学》2002年第4期。

〔4〕　参见齐树洁：《民事上诉制度研究》，法律出版社2006年版，第38页。

审理案件的事实争议，正确适用法律，对当事人之间的利益纠纷作出合法的裁判；而二审法院则以下级法院所认定的事实和适用的法律作为审理对象，判断事实审的正确与否，并相应的进行法律争议的审理，〔1〕第三级法院则完全剥离事实审，对于案件的法律争议事项进行审理，从而形成了具有职能分层特征的审级职能结构，保证案件的公正审理。这便是世界各国普遍实行的三审制的审级职能分层结构的主要内容，在实行判例法的国家，只有针对法律问题的判决才会对后续的案件产生拘束力的法律效果。〔2〕

　　因此，从审级结构方面对法院进行职能分层具有重要价值，其是民事诉讼程序正常运行的制度基础，而在科学的审级结构中，中级人民法院既是上诉审法院又是部分案件的初审法院，其下是具有具体案件事实审理经验的基层人民法院，上级又是对全省司法审判工作具有监督指导和引领职能的高级人民法院，中级人民法院在其中起着承上启下的中间纽带作用，理顺上下级法院在审级结构中的职能分层，首先要以中级人民法院为核心进行分析和构建。

　　审级制度以平衡上诉程序在服务当事人的私人目的与服务于社会公共目的为标准合理地分配上诉程序的职能。设计的一般原理是越靠近塔顶的程序和法院在制定政策和服务于公共目的方面的职能越强，越靠近塔基的程序和法院在直接解决纠纷和服务于当事人私人目的方面的职能越强。〔3〕在科学的审级结构，上下级法院之间不管是在职能定位还是政策分工上都是存在差别的，这种差别使得上下级法院之间可以通过审级内部的职能分层实现审判事项上的相互制约，虽然我国上下级法院之间的关系以相互独立和职能分工为内容，但上级法院对下级法院的审判业务的监督更多的是一种单向的监督和制约，下级法院对上级法院并没有实质的约束空间，上下级法院未形成基于审级职能分工和权力分层的双向制约。〔4〕

---

〔1〕　参见常怡主编：《比较民事诉讼法》，中国政法大学出版社 2002 年版，第 334 页。

〔2〕　See James A. Holland &Julian S. Webb, *Learning Legal Rules*, Blackstone Press Limited, 1996, p. 89.

〔3〕　参见傅郁林：《审级制度的建构原理——从民事程序视角的比较分析》，载《中国社会科学》2002 年第 4 期。

〔4〕　参见傅郁林：《审级制度的建构原理——从民事程序视角的比较分析》，载《中国社会科学》2002 年第 4 期。

上诉是联系上下级法院之间的通道，当事人通过上诉制度可以将案件一直向上申请审理，法院之间也可以通过上诉程序加强案件审理方面的沟通和交流。上诉包含两方面的职能：一是为不满一审判决的当事人提供一个独立的重新获得审查的机会，从而增进司法决策的审慎和公正；二是通过上级法院法官对下级法院法官在诉讼中说理和解释内容的审查，可以最大限度地保障其所辖范围内法律适用的统一性。[1]而要实现这些职能就要对各级法院进行职能分层，特别是在一审法院和上诉审法院之间，需要实现司法制度的公共目的与私人目的的分工，从而形成职能分层的司法等级制度以维护法律秩序。[2]

上诉程序和结构对于实现公私两方面职能分配影响的大致规律是：当上诉审法院以"重新审理"的方式对案件进行全面审查时，这一程序唯一考虑的制度价值就是对个案当事人实现公正，而没有为承担指导法律发展的责任做任何的努力。而当上诉审的审查范围仅限于审查法律问题时，则侧重考虑的是有秩序的和连续一致的发展法律。[3]中级人民法院在我国两审终审制的审级结构中不能仅兼顾一种社会职能的保护，既应当审查当事人提出上诉的具有争议的事实部分，又应当将案件的法律适用争议予以完全解决，才能彻底达到定分止争的职能定位目标。具体来说，以实现职能分层为目的实现上下级法院之间的监督和制约机制，需要中级人民法院作出如下改革举措：

（1）中级人民法院在审理来自基层人民法院的上诉案件时，应当充分尊重一审法院事实审的工作内容。基层人民法院负责对案件事实部分进行审理，中级人民法院主要负责对案件的法律适用进行审理，这是审级制度中对于法院职能的分层内容，需要本着保护当事人实体权利的实质正义原则，允许二审法院以全面审查机制对上诉案件进行事实审与法律审的双重内容的审查，但基于科学的审级制度以及法院职能分层，提高诉讼效率与诉讼案件的审理效果等因素的考虑，二审法院在审理上诉审案件时应当充分尊重一审法院对于案件事实的认定结果，受一审法院事实审部分的制约，禁止对案件予以"重新审理"，除非当事人对一审认定的案件事实提出异议或者有新证据足以

　　〔1〕　参见杜豫苏：《上下级法院审判业务关系研究》，北京大学出版社 2015 年版，第 194 页。

　　〔2〕　参见杜豫苏：《上下级法院审判业务关系研究》，北京大学出版社 2015 年版，第 194 页。

　　〔3〕　参见傅郁林：《论民事上诉程序的功能与结构——比较法视野下的二审上诉模式》，载《法律评论》2005 年第 4 期。

改变案件主体结构或者一审判决结果的，二审法院应当只侧重对上诉的申请事由以及案件的法律适用问题进行审理。上诉审法院的二审程序是在一审事实审理的内容上进行的，需要依托一审的事实审才能展开二审程序，不仅二审具有对一审裁判结果的决定权，一审的审理内容也对二审审理范围的事实认定会产生制度性约束，这是一种事实基础的限定，是对二审法院法官审理案件的基础性限制，有利于加强一审对二审的监督和制约，实现上下级法院之间双向制约的良性机制循环。

（2）构建下级法院对上级法院审判监督的异议反馈机制。上下级法院之间对于审判监督程序的异议和反馈机制缺乏，导致上级法院在考虑一审意见方面缺乏必要的监督和制约。例如对提出异议的主体、研究异议的机构和程序的监督、在审判绩效评估和法官绩效考核制度下，对于非一审法院审判错误或者瑕疵而造成的发回重审如何从一审法院法官的业绩考核和评估比率中予以剔除机制的建立等。针对上述问题，应构建一种异议反馈机制，以保证下级法院对于上级法院对二审案件的审理结果保持一定的知情权和拥有发表意见的机会。建立上下级法院互动监督的异议反馈机制，是指以上级法院行使法定审判监督权为"主体"，以下级法院行使异议权和上级法院对异议充分考量并有效反馈为两翼而形成的双向互动制约机制。[1]这种制约机制在二审程序中按照程序流程可以分为事中异议和事后异议。事中异议是指在二审程序过程中，上诉法院通过听取一审案件承办法官对于拟发改案件的意见，对上诉案件是否发回重审以及对于一审认定的案件事实如何遵循等事项的考量机制。事后异议是指二审法院在已经做出二审生效裁判后，赋予一审法院对于二审予以改判部分的事后审查的权利，对于二审法院不当改判的应当通过法定程序予以纠正并在一审法院错误审判或者是案件改判率等工作审判绩效考核中予以修正。

（二）构建二审容错机制

二审法院具有兼顾社会公共利益和私人诉讼利益的职能，但由于一审法院对案件事实的审慎处理，已全面、彻底地对当事人的私人利益通过司法审判程序提供了救济机会和保护程序。因此，二审法院在保护社会公共利益和维护当事人私人利益之间往往会更加侧重对于社会公共利益的保护。通过构

---

〔1〕　参见杜豫苏：《上下级法院审判业务关系研究》，北京大学出版社 2015 年版，第 224 页。

建二审法院对于一审判决的容错机制，最大限度地维持一审的事实审内容，以维持司法效率和法律适用的稳定性。[1]所谓二审的"容错"是指对一审法院已经经过充分的法庭辩论和审理的案件所认定的事实，除非具有重大事实认定错误和程序瑕疵，可能影响案件公正审判以外，应当尊重一审程序的审理，受一审事实审内容的约束，在一审判决对案件事实的基本认定的基础上进行法律适用争议的审查。

这种容错性机制也得到了法律的支持，我国最高人民法院《关于适用〈中华人民共和国民事诉讼法〉的解释》（2022年修正）第332条规定："原判决、裁定认定事实或者适用法律虽有瑕疵，但裁判结果正确的，第二审人民法院可以在判决、裁定中纠正瑕疵后，依照民事诉讼法第一百七十七条第一款第一项规定予以维持。"即二审法院经过修正后认定一审判决认定事实清楚、适用法律正确，裁定驳回上诉，维持原判。[2]这说明事后发现的初审法官的错误，只要它没有影响到最终结果，在司法的天平上也不能达到需要寻求第二审的必要。对初审法院的判决必须有清醒的认识和适当的尊重。[3]二审的容错机制既是减轻二审法院案件压力，促进审判质量日渐优化的举措，也是充分尊重一审法院事实审理工作，优化司法资源的合理利用，维持司法稳定和权威的重要措施，是在上下级法院之间实现良好沟通协调和相互监督的有力保障。

（三）构建发回重审审慎机制

二审法院对一审法院的一审判决发回重审，目的是查清事实或者是补正程序上的瑕疵，是上级法院对下级法院进行审判监督和指导的重要程序性设置，有利于救济当事人的诉讼权利和纠正一审判决中的错误，从而帮助下级法院提升业务水平，指导基层人民法院的审判业务。我国的发回重审制度虽经过了发回数量限制和发回标准的再次明晰化改革，但仍旧存在缺乏程序透明度和当事人的参与性等问题。根据科学的审级结构我国二审发回重审制度

---

〔1〕 参见许海燕、徐冬冬：《论与审级相匹配的人民法院内部构造——侧重于基层实践的考察》，载《铁道警察学院学报》2020年第3期。

〔2〕 参见许海燕、徐冬冬：《论与审级相匹配的人民法院内部构造——侧重于基层实践的考察》，载《铁道警察学院学报》2020年第3期。

〔3〕 参见宋冰编：《读本：美国与德国的司法制度及司法程序》，中国政法大学出版社1999年版，第416页。

还需要做出以下改变：

（1）增强发回重审的透明度和当事人的参与度。在二审法院决定是否发回重审以及何时发回重审等问题上，是由二审法院一个层级的法官决定的，在这个涉及二审法院、一审法院和当事人三方法律关系主体的程序中，其程序的启动和过程把控都由二审法院掌握，一审法院和当事人均无任何参与的可能与权限，甚至当事人对于发回重审的知悉权都难以得到及时的保障。缺少当事人参与的发回重审程序是封闭的单向的程序倒流，在发回重审制度的设计中过分强调法院的权力本位，忽视当事人的诉讼主体地位，缺乏其他主体参与和监督的发回重审制度，极易导致二审法官的自由裁量权的泛滥，产生司法腐败与滥用职权问题。[1]因此，完善发回重审制度应当增强制度运行的透明度和公开性，尊重当事人的程序选择权，增强外部力量对发回重审制度的参与与监督。在二审法院对一审判决和审判程序进行法律审查时，对于事实认定不清或者存在法律程序瑕疵等问题，应当保障当事人自由发表意见和建议的权利，将发回重审的决定权交给当事人，让当事人对是否发回重审发表意见，充分尊重当事人在发回重审决定程序中的参与权、表达权和监督权，使发回重审和二审程序充分反映当事人的意志和愿望。[2]

（2）加强发回重审审查阶段的沟通机制，充分尊重一审案件承办法官的意见。创设二审法院在发回重审之前与一审案件承办法官就发改案件的意见交换制度，这既保障了发回重审程序中各方主体的参与度，也体现了下级法院对于上级法院在发回重审程序中对于发改案件程序与权限的必要制约，是上下级法院变法院单向制约机制为双向制约机制的一个重要表现。对于拟发回重审的二审案件的承办法官要及时与一审案件的承办法官沟通，听取一审案件承办法官在审理案件、做出一审判决时的具体情况和心证过程，并记录在案，归入卷宗。但要注意，这种沟通协调机制应当是通过一审案件承办法官参与二审案件审理或者审查的过程等合法的程序和途径，不能通过内部案件汇报的形式，应当充分保障程序的透明度和开放性，这种沟通机制也不能影响二审法院对案件独立作出判断，对于一审案件承办法官意见的听取并不

―――――――――――――――

〔1〕　参见胡夏冰、陈春梅：《我国民事发回重审制度：反思与重构》，载《法律适用》2012年第8期。

〔2〕　参见杜豫苏：《上下级法院审判业务关系研究》，北京大学出版社2015年版，第213页。

影响二审法院通过审级结构发挥对于一审案件审理情况的合法监督和制约。

（四）　实现二审庭审的实质化

实现二审庭审的实质化、增强二审的实效性，要求二审法官加强对二审裁判结果的阐明和说理，将法官自由裁量权的心证过程予以释明，避免对法官的心证过程秘而不宣，使当事人了解法官的法律推理过程，满足当事人对于裁判结果的心理预期。庭审实质化类似于一个"杠杆"，在审级上可有效地减少二审、再审程序的"权利穷尽"式启动，同时有利于保障二审、再审中书面审理的准确性，此外的附带价值则是将判后释疑环节前移至庭审，有利于提升当庭宣判率。[1]

首先，保障当事人的诉讼权利，保障判决结果的正当性。坚持当事人在审判过程中的参与度，确保当事人的辩论权、质证权、知情权等权利得到实质保障，让当事人的权利在二审程序中得到充分的保障和发挥。其次，保障二审程序的公开性。设立二审程序开庭审理原则，仅允许在特殊情况下的不开庭审理。通过开庭审理，在庭审的过程中法官通过实质性的审理，可以更加全面公正地了解当事人的诉求，也有利于增强法官做出裁判的事实依据的透明度。开庭审理是当事人对法官依法裁决的重要监督途径，可以有效防止法官的肆意裁判、损害公正。现代诉讼机制下，公开审判被视为一种当然的在各类诉讼中普遍适用的基本审判制度。[2]最后，保障二审审理程序的法律性。与一审程序不同，二审程序主要是在一审所认定案件事实的基础上，针对当事人仍旧存在争议或者一方当事人对于一审法院所认定的事实不认同的部分进行的审理，以及对案件所适用的法律产生的争议进行的审理。

因此，不管是从审理法律适用争议的角度来看，还是从针对当事人存在争议的事实认定问题的解决的角度来看，二审法院法官在审理的过程中对比一审法院的案件承办法官应当更显其专业性和法律性，更加强调二审程序、二审审级的司法性特征。司法权是判断权和裁量权，这是司法的法律性特点和司法权的独特优势，二审法官应当将司法权的优势充分展现和运用，通过充分的法律说理，为当事人阐明存在争议的事实和法律适用问题，以使当事

---

〔1〕　参见梁平：《我国四级法院审级职能定位改革的规范与技术进路》，载《政法论丛》2021年第6期。

〔2〕　参见江伟主编：《民事诉讼法学》，复旦大学出版社2010年版，第108页。

人充分理解法律的适用过程，明确案件的处理结果，从而消减当事人提起再审的意愿，真正地实现定分止争。

（五）确保统一法律适用

中级人民法院需要审理来自一审法院的上诉审案件以及由自己一审的案件，可以说中级人民法院承办案件的压力并不小于基层人民法院，但是对比基层人民法院，中级人民法院在案件审理过程中还发挥着统一法律适用的重要职能，这主要是由于我国独特的两审终审的审级制度所致。由于中级人民法院是我国大部分案件的终审法院，所以中级人民法院作出的生效判决对于社会会产生重大的影响力和行为指引作用，中级人民法院在作出终审判决时需要严格注重统一法律适用的问题。统一法律适用虽然是高级人民法院的核心职能内容，但受理大量疑难复杂案件的中级人民法院更需要统一本辖区内的裁判尺度。[1]中级人民法院在统一法律适用方面的地位基于以下几个方面：

第一，基于科学的审级结构。中级人民法院作为第二审法院应当侧重事实审和法律审，对基层人民法院审理的一审案件产生的错误裁判予以纠正，以保障当事人获得公正的终审判决，实现定分止争的司法目标。同时，中级人民法院在审判业务过程中应当发挥好对基层人民法院司法审判工作的专业指导职能，这种审判业务上的指导是建立在上下级法院彼此独立的基础上的监督与指导，是二审法院在承认和尊重一审法院对于事实认定基础上的相互监督与制约，是符合审级结构要求的新型上下级法院关系。

第二，中级人民法院应当遵循最高人民法院的司法解释、指导性案例，参照高级人民法院关于统一法律适用的指导意见。根据审级职能定位的科学分工，最高人民法院的主要职能在于政策的制定和司法解释的出台，以及对于全国法院审判工作的指导，而高级人民法院的主要职责在于依法开展再审程序，统一法律适用。中级人民法院承担着大部分案件的终审审判职能，在作出终审判决之前为了保证统一法律适用，应当充分学习和遵循上级人民法院对于法律的解释和法律统一适用的相关规定，以使终审判决更加规范化，减少因中级人民法院层级过低、法院数量过多而导致的终审判决出现类案不同判的现象。

第三，中级人民法院在确保统一法律适用时，应确保法律解释的正确性。

---

〔1〕　参见杜豫苏：《上下级法院审判业务关系研究》，北京大学出版社 2015 年版，第 187 页。

对比基层人民法院，中级人民法院更加注重解决法律适用的争议，更加重视当事人对于裁判结果的内心信服，从而实现定分止争。因此，中级人民法院基于其职能目标在二审程序中应当注重对于法律的正确适用。这种对于统一法律适用的职能主要表现在中级人民法院法官在二审的过程中对于案件所适用的法律的正确的理解与适用。只有在语言的使用者之间达成共识，语言才有意义。[1]我国法律是通过语言来呈现的，固定的法律规范背后的内容需要法官在适用法律的过程中通过主观理解以实现法律条文的规范价值，中级人民法院的法官也正是在对法律语言的理解与适用的过程中，通过裁判文书的释法说理实现了法律的统一适用。因此，对比高级人民法院，中级人民法院的统一法律适用职能是在二审程序对案件的审理过程中的延伸职能，中级人民法院通过审理案件来发挥统一法律适用的职能，应确保裁判中使用科学合理的法律方法对法律进行解释论证，切实发挥中级人民法院解纷的职能。[2]

中级人民法院的统一法律适用职能是在二审案件的审理过程中所实现的，其对于案件的终审判决的一致性和法律适用的社会效果，具有重要价值。中级人民法院在二审程序中统一法律适用的机制需要从以下几个方面予以完善：

1. 完善统一法律适用的审判权运行机制

法院的审判委员会一直都在重大、疑难案件的审理方面发挥了重要作用，但是，随着我国法院司法责任制改革的推进，"让审理者裁判，让裁判者负责"的理念对审判委员会的定位产生了冲击，在今后司法责任制的大环境下，它又该如何发挥作用呢？我们认为，在司法责任制背景下，中级人民法院的审判委员会不应当再对案件事实的审理和认定予以讨论，而是应当将讨论的重点放在疑难、复杂案件的法律适用上，尤其是类案的认定和法律适用问题。

2. 完善统一法律适用的司法权配置

上下级法院的案件请示制度在疑难复杂案件的法律适用问题上可以发挥其应有的价值。可以对案件请示制度进行诉讼化改造，在二审法院对一审提请的疑难复杂案件做出答复之前，可以通过一定程序对双方当事人公开答复结论。[3]

---

[1] See Frank H. Easterbrook, "Legal Interpretation and the Power of the Judiciary", *Harvard Journal of Law and Public Policy*.

[2] 参见北京市第一中级人民法院课题组等：《司法改革背景下加强人民法院法律统一适用机制建设的调查研究——以中级法院审判职能作用发挥为视角》，载《人民司法》2018年第13期。

[3] 参见黄勤武：《中级法院民事二审审判职能冲突之协调》，载《法律适用》2007年第9期。

3. 完善统一法律适用的监督制约机制

统一法律适用的监督机制主要包括内部监督和外部监督。内部监督主要是指将法官统一法律适用的情况加入法官的考评机制之中，对于类案类判是否充分遵循法律论证和说理、统一法律适用的过程中是否遵循法定程序等予以考评和追责。外部监督主要是指将统一法律适用的裁决过程予以释明和公开的制度，主要包括审判委员会对于统一法律适用事项的集体决策内容应当公开透明，自主接受监督。审判委员会探讨疑难重大复杂案件与合议庭意见具有明显分歧时，应当将裁判理由予以公开，要针对法律适用问题阐述多数意见和少数意见，将合议理由公开接受社会公众监督，杜绝重大争议问题的暗箱操作，[1]限制审判委员会的权力界限超越案件承办法官而损害司法的独立性。

（六）构建上诉利益衡量机制

我国对于上诉几乎是不设实质性限制条件，当事人可以无理由、无利益地提起上诉。但随着我国审判重心的下沉，大量民事案件的第一审程序由基层人民法院审理，若再不对当事人的上诉权限加以程序上的限制，可能会导致大量的上诉案件堆积在二审法院，加重中级人民法院的负担，影响中级人民法院应有的职能内容的实现。毫无限制的上诉机制会产生的不利影响有三个方面：一是可能导致当事人滥用诉权，通过多一层救济程序以达到内心的安全感或者是拖延诉讼的执行，导致法院和当事人在人财物以及时间上的极大浪费。[2]二是我国实行两审终审制，二审程序便是终审程序，通过二审程序作出的终审判决具有终局效力，若二审案件大幅度增加可能导致所做出的终审裁判相互矛盾，法律解释和法律适用混乱等现象，损害司法的权威性和法律适用的统一。三是二审案件毫无限制地增加、毫无门槛地受理，不仅不会有效地解决纠纷、定分止争，往往可能会由于审判压力而影响审判实效，从而损害当事人对于二审终局裁判的信赖利益，对于二审的审理结果依旧难以满意，从而提起再审程序，这样不仅会加重高级人民法院再审案件的负担，

---

〔1〕 参见北京市第一中级人民法院课题组等：《司法改革背景下加强人民法院法律统一适用机制建设的调查研究——以中级法院审判职能作用发挥为视角》，载《人民司法》2018 年第 13 期。

〔2〕 参见张亮、黄茂醌：《我国民事审判重心全面下沉的体系性应对》，载《河北法学》2022 年第 7 期。

还会损害司法的终局性和权威性，使两审终审的审级制度形同虚设，审级职能定位改革的努力成果付诸东流。

因此，为了避免以上不利后果的产生，对于改革后的中级人民法院的二审职能应当充分予以保障，通过明确上诉利益的具体内涵而对上诉案件的范围予以必要的限制。所谓上诉利益，是指上诉人对于第一审判决可以申明不服，仅限于该判决对其造成了不利的场合。不服申请不具有不利益场合，上诉将以不具有合法性被驳回。[1]通过上诉利益的定义可知，当事人能够提起上诉必须是一审判决对其产生了不利益的情况。一审判决最后的审理结果没有对当事人产生不利益的情况，但是一审裁判文书中的说理和法律适用存在错误或者瑕疵，当事人是否可以提起上诉？通过以上的分析可知，若允许当事人就没有损害自己利益的裁判文书而上诉，可能与无限制的上诉机制的差别不大，二审法院可能依旧会陷入大量的二审案件的审理工作之中。从诉讼经济和确保审级职能改革目的顺利实现的立场来看，宜将有限的司法资源投入直接关系当事人诉讼目的实现的判决主文上来，[2]仅对当事人会产生不利影响的部分存在错误时才允许当事人提起上诉。因此，构建上诉利益衡量机制，应当坚持形式不服说[3]的观点，即与当事人在原审时的请求相比较，原审裁判所给予当事人的利益在质的或量的方面较少时，当事人才会具有对第一审裁判有不服之利益。[4]

〔1〕 参见唐力：《论民事上诉利益》，载《华东政法大学学报》2019 年第 6 期。

〔2〕 参见余晓汉：《民事上诉利益作为法律分析工具的基本问题》，载《中国应用法学》2021 年第 4 期。

〔3〕 在上诉利益识别标准的确定上，主要存在旧实体不服说、形式不服说和新实体不服说三种观点，目前形式不服说为大陆法系各国以及一些地区所采纳，且为我国通说。旧实体法说是指上诉人于上级审，在实体法上如有求得较原判决更有利之判决的可能性，即对原判决有实体的不服或原判决对于上诉人有实体的不利益，则上诉人就此判决有上诉利益；新实体不服说是指当事人如果遭受到了确定判决所具有的既判力等其他效力所导致的任何致命的不利益场合，具有不服之上诉利益。

〔4〕 参见胡晓霞：《论中国民事审级制度面临的挑战及其完善》，载《政治与法律》2020 年第 4 期。

第四章
高级人民法院的民事审级职能定位改革

高级人民法院作为最高人民法院的下一级人民法院，除了承担着控制案件进入最高人民法院审理的数量和质量的重任，还承担着对于全省范围内的中基层人民法院的审判工作的指导职能，具有统一法律适用的职责，同时由于其下一级的中级人民法院是终审法院，当事人不认可中院审理终结的案件，将向高级人民法院再次申请审理。高级人民法院的职能是复杂且多样的，不仅作为高层级法院发挥着审判指导的职能，作为再审法院也要对个案进行审理。

我国高级人民法院的司法工作重点仍旧是司法案件的审判工作，但审级职能定位改革后，依据审级结构的合理配置，高级人民法院成了主要的再审法院，除了对于再审案件的审理外，应当将主要的司法资源和精力放在对全省审判工作的指导以及本省辖区内的统一法律适用上来。高级人民法院的民事审级职能主要包括以下几个方面：对中级人民法院一审的重大疑难复杂案件的二审；对中级人民法院生效裁判提起再审的案件的审理；通过审理案件、发布指导性案例、召开审判业务交流会议等方式实现对本省中基层人民法院司法审判业务的指导；统一管理辖区法院的执行工作，规范本省司法治理环境。

一、高级人民法院的角色、作用和考虑因素

《审级职能定位改革实施办法》将高级人民法院的职能定位于"再审依法纠错、统一裁判尺度"，明确限定了高级人民法院的职能重点。高级人民法院的职能定位内容需要在明确角色定位的前提下理性构建其实现路径，对高级

人民法院的角色定位是构建高级人民法院再审依法纠错和统一裁判尺度的逻辑前提。

（一）高级人民法院的角色定位

根据我国法律的规定，高级人民法院在地方权力的架构中，接受省级党委的领导，接受省级人大的监督。同时，在四级法院差序格局中，高级人民法院具有承上启下的作用，是辖区内审级最高的司法单位。高级人民法院具有多重角色，不仅要践行好审判功能，还要履行管理职能。既要对地方行政机关的行政行为进行司法审查，依法监督与指导下级法院的审判，又要当好法院系统的利益代言人，维护政府与下级法院的利益。[1]高级人民法院基于民事审判活动，在法院等级结构中存在两种角色定位。

1. 高级人民法院是审判法院

依据《人民法院组织法》（2018年修订）第21条的规定，高级人民法院审判法律规定由它管辖的第一审案件、下级人民法院报请审理的第一审案件、最高人民法院指定管辖的第一审案件、对中级人民法院判决和裁定的上诉、抗诉案件、按照审判监督程序提起的再审案件和中级人民法院报请复核的死刑案件。高级人民法院作为审判法院具有一审、二审和再审法院的三种审判职能范围。

（1）对一审案件审判职能。对于在全省范围内具有重大影响的案件，应当由高级人民法院审理，这里的重大影响除了具有重大法律适用意义外，还包括在全省范围内具有重大社会反响和重大政治影响等下级法院审理可能会受到一定因素干扰的案件，需要由高级人民法院予以第一审。根据最高人民法院《关于调整高级人民法院和中级人民法院管辖第一审民事案件标准的通知》，高级人民法院只受理标的额超过50亿元人民币的民商事案件，考虑到实践中民商事案件标的能达到50亿元的数量极其有限，因此高级人民法院所能够审理的一审民商事案件极为有限。除级别管辖明确的职能分工外，经由案件请示等渠道或以提级管辖等方式，其他种类、标的额的案件以及复杂敏感案件，也有可能由高级人民法院进行一审判决，但这些案件的数量也是有限的。因此，可以看出高级人民法院作为审判法院，一审案件并不是其职能内

---

〔1〕 邓志伟、徐远太、陆银清：《高级人民法院职能的调整与优化——基于司法行政管理的功能定位》，载《中国应用法学》2017年第6期。

容的重点。

（2）对二审案件的审判职能。对于中级人民法院一审案件的第二审程序，是高级人民法院重要审级职能内容。在我国两审终审制的审级结构里，上诉权作为当事人的重要权利事项，经中级人民法院一审的案件，通过上诉制度进入高级人民法院进行二审程序的审理。曾经二审案件是高级人民法院的审判重点，但随着对中级人民法院和高级人民法院民商事一审案件管辖标准的提高，大部分案件逐渐下沉到基层人民法院一审，相应地，大部分案件的二审法院也就成为对应辖区内的中级人民法院。在审级职能定位改革的进程中，中级人民法院逐渐承担起了案件的二审职能，高级人民法院从二审职能中脱离出来，审判重点发生了改变。

（3）对再审案件的审判职能。再审程序是对于已经生效的判决进行审理的程序，既可以由法院或检察院依职权提起也可以由当事人依申请而启动，这是我国特有的制度设计，目的在于纠正错误判决，保障当事人的权益。根据我国普通民商事案件两审终审的审级构造和再审上提一级审理的一般规定，我国的高级人民法院、最高人民法院承担着案件的审判监督职能，是我国的再审法院。但是根据《审级职能定位改革实施办法》第 11 条对再审程序的改革内容和对最高人民法院"监督指导全国法院审判工作和确保法律正确统一适用"的职能定位内容来看，最高人民法院不应当承担过多具体案件的审判工作。再审案件的审理职能主要集中于高级人民法院。因此，高级人民法院作为审判法院的角色定位的核心内容是对再审案件的审理。

将高级人民法院确定为再审案件的主要审理法院，原因在于以下三点：其一，再审程序是对已经生效的判决进行审理，而根据我国二审终审制度已经发生效力的案件常常已经由中级人民法院审理，因此，再审时应当交由中级人民法院以上层级的法院负责，而最高人民法院单就出具指导全国法院判案的司法解释这一工作来说已经任务繁重；其二，再审案件常常较为复杂，高级人民法院审理此类案件有利于发挥其指导本辖区司法审判活动的职能；其三，再审案件是下级法院曾经审理过的案件，对于此类案件的重新审理实质上是在对下级法院的审理工作进行监督，有利于高级人民法院承担好监督职能。

2. 高级人民法院是管理法院

审判管理对于高质量推进执法办案、保障严格公正司法、提升司法公信力发挥着举足轻重的作用。高级人民法院不仅对本院内部的审判工作具有审判管理权，对于本辖区内的中级人民法院和基层人民法院的基础建设、经费保障、人事任免、案件执行、司法改革、调研统计、信息沟通等司法行政性工作，高级人民法院同样有一定限度和范围内的管理权。这符合省级以下地方法院人财物统一管理的要求。同时，由于再审案件的发生率和数量远低于二审、一审案件，所以，审判管理不会对高级人民法院与下级法院之间的审级关系造成不良影响，并且有利于扭转司法地方化倾向。此外，审判管理集中于高级人民法院有利于在中级和基层人民法院之间建立一种纯粹的审级关系，防止审判管理侵蚀审判独立。[1]

党的二十大报告擘画了中国式现代化的宏伟蓝图，强调在法治轨道上全面建设社会主义现代化国家。法院工作现代化既是中国式现代化的重要内容，也是中国式现代化的有力支撑和保障。审判管理是法院工作的中枢，法院工作现代化离不开审判管理现代化。审判管理现代化应树立现代化的管理理念，实现管理的系统化、科学化。高级人民法院在发挥审判管理法院的角色内容的过程中，一方面，应树立系统管理理念。坚持"案件审理与社会治理并重"的理念，促进审判工作主动融入国家治理、社会治理，与党委政府决策部署、经济社会发展需求、人民群众司法期盼结合起来，以高质量管理助力高效能治理，通过现代化的司法追求社会生活的内在秩序。注重内外部评价相结合，将"努力让人民群众在每一个司法案件中感受到公平正义"的根本要求贯彻到审判工作的各阶段各环节，最大程度缩小法院自身和人民群众外部感受之间的偏差。另一方面，应树立科学管理理念。审判管理的科学性要求审判管理尊重司法规律，在规范、引导审判执行工作正常运行的基础上，立足中国特色社会主义司法制度实践，构建符合审判权力运行规律的审判监督管理机制，确保审判管理到位不越位、放权不放任。[2]

由此可见，高级人民法院作为本辖区内级别最高的法院，除依法审判由其负责的第一审案件，依法审判不服下级人民法院判决和裁定的上诉和抗诉案件以及人民检察院按照审判监督程序提出的抗诉案件以外，还要承担监督、

---

〔1〕 王庆延：《四级人民法院的角色定位及功能配置》，载《中州学刊》2015 年第 5 期。

〔2〕 江苏省高级人民法院课题组：《中国式现代化视野下审判管理的路径构建》，载《法律适用》2024 年第 7 期。

指导下级人民法院审判工作、统一本辖区内司法适用等重要职能。[1]

（二）高级人民法院在民事审级职能定位改革中的作用

审级结构要求四级法院形成一个协同高效的统一体，我国法院的民事审级质量如何不是看基层人民法院的审级质量也不是单看高级人民法院的审级质量，而是自上而下考量每一层级法院的审级质效。高级人民法院是一个省司法辖区内的最高司法审判机关，其所具有的双重角色定位决定了其在本省司法辖区内的重要地位。具体来说，高级人民法院对本辖区内下级法院的作用主要体现在以下五个方面：

1. 引领作用

高级人民法院是全省法院的指导机关、龙头法院，要为全省的司法审判工作树立好榜样的引领作用。高级人民法院的审判质量、工作作风、队伍形象是本省视域内中基层人民法院的标杆和学习的方向。在我国地域范围较为广袤的地理特征的影响下，各省之间的发展和社会状况具有较大差异，导致审理方式和执行方式存在差异也属于正常现象。作为一个省域内的司法机关，高级人民法院承担着对于本省法院系统审判工作的监督和指导的职责。同时，也应当自觉引领整个省的法院系统的健康发展，保持高标准、严要求的工作作风，为本省的下级法院做好引领示范作用。

2. 指引作用

高级人民法院是司法审判机关，审判质量和审判方式的指引作用是通过个案的审理来展现。高级人民法院除了审理再审案件外，还审理来自中级人民法院的重大疑难的二审案件。高级人民法院也是案件审理法院，中级人民法院、基层人民法院在审理案件的过程中遇到的法律适用等具体审理问题，高级人民法院可能也会遇到，而且高级人民法院在司法过程中需要处理的难题可能比中基层人民法院更加复杂。因此，高级人民法院的法官应当充分发挥自身的职业素养，善于运用法律原则和精神进行案件审理，对于疑难复杂案件的审理结果，必须进行充分的说理，必要时还可以组织整理典型案例，对案件的自由裁量和法律适用的审判过程予以公示，通过具体案件的审理为中基层人民法院提供问题处理的范本，引领全省法院的审判方向，实现统一法律适用的职能目标。

---

〔1〕 宋朝武：《我国四级法院审级职能定位改革的发展方向》，载《政法论丛》2021年第6期。

3. 解纷作用

高级人民法院既是二审法院又是终审法院、再审法院，应当充分发挥终审裁判的作用。只有案结事了的终局裁判，司法权威才能得以树立。在再审程序中，终局性裁判既包括维持原判决的终局裁判，又有改变原判决，实现对原审判决依法纠错、维护公平正义的终局性裁判，这都是高级人民法院发挥终局性裁判作用的结果。只有终局性案结事了的审判结果，才能成为发展和维护社会关系的坚实基础，通过公平正义的法律标杆，维护全省法院系统的司法形象，这是高级人民法院最重要的职能体现。[1]高级人民法院必须切实肩负起这一重大使命，有问题要坚决纠错，没有问题的要坚决维护，实现对全省法院司法审判质量的把控。

4. 指导作用

高级人民法院处于承上启下的地位，应发挥好对本辖区内中基层人民法院的审判业务进行指导监督的作用。首先，高级人民法院不仅要办理好本级法院应当审理的具体案件，而且要为本辖区内的中基层人民法院的司法审判工作制定指导性方案、政策，要注重全省司法审判工作的整体发展，从大局出发，整体谋划、协同推进，要以宏观的视野和科学的方法，分析、研判本省的司法审判现状，运用法治思维研究新问题、解决新矛盾，为全省的经济发展大局做好司法辅助工作。其次，高级人民法院应当充分认识到我国各省经济发展、司法状况的差距，在充分贯彻国家司法政策的同时，根据本省的实际司法需求和中基层人民法院的司法审判实践状况，制定适合本省经济社会发展、司法审判需求的地方性政策。最后，高级人民法院法官既要有办案能力，又要有综合调研能力。要为全省的司法审判工作做好谋划和安排，为中基层人民法院的司法审判能力的提升做好示范和指导。综合调研能力是一种更高层次的审判能力，往往起着事半功倍的重要作用。[2]

5. 监督作用

高级人民法院在司法监察、执行工作、政务人事等方面，应行使好对中基层人民法院的监管职责。高级人民法院应当充分发挥法院廉政建设的先锋军作用，主动抓好全省法院系统的廉政建设，构建预防和惩治腐败长效机制。

---

〔1〕 参见张坚：《高级人民法院职能定位的思考》，载《人民司法》2013年第19期。
〔2〕 参见张坚：《高级人民法院职能定位的思考》，载《人民司法》2013年第19期。

特别是实现法院系统省一级人财物统一管理后，省级法院更应当主动与省级财政管理机关沟通，合理规划本省法院系统的人员配置、经费保障等内容，善于立足实际、科学分析、合理调配，激发队伍潜力，加强基础建设，为中基层人民法院发展提供有力的组织保障、装备保障和经费保障，努力推动全省法院工作的整体发展。[1]

（三）高级人民法院民事审级职能定位的考虑因素

高级人民法院的角色定位决定了法院的审级职能内容，但清晰的角色定位并不是实现审级职能内容的唯一因素。民事审判权的运行机制、司法资源的有效配置等因素都会对职能定位内容的实现产生影响。从人案资源优化配置的角度来看，高级人民法院的民事审级职能定位应当考虑以下三个因素：

首先，人案资源的优化配置应当以人案资源的适配为要点。我国从上到下四级法院的人员知识能力和审判水平以及法院各方面的审判配套措施是存在客观差距的，法院审理案件的难易程度应当与这一差距呈正相关分布，但目前我国没有均衡分配司法审判资源。在法院内部将各有所长的审判人员，按照其擅长的领域分门别类地安排到其适合的岗位，实现法院审判人员的资源利用最大化，实现最优的审判效果。在四级法院中，高级人民法院在人员和审判资源方面占据着相当优势，应当承担起审理重大疑难案件的责任。

其次，人案资源优化配置应当以调整案件为主，调动人员为辅。随着职能分层后，大量一审案件的下沉，基层人民法院的案件审理压力进一步加大，而法院中人员的额度与员额法官的数量不是短时间就能够增加的，高层级人民法院的审判人员到中级人民法院或者基层人民法院审理案件也是难以实现的。对比将目标聚焦于如何增加中基层人民法院的审级人员数量，不如将重大疑难案件的范围予以准确界定，统一收归中级人民法院和高级人民法院审理，才是实现人案资源动态平衡的可选方案。[2]

最后，人案资源优化配置应以为基层人民法院减负为取向。增加基层人民法院的审级人员数量是一项长期的过程，需要各方面的改革举措的配合，但基层人民法院承担着绝大多数的案件所带来的审理压力已经是客观存在的事实，因此，鉴于难以从人员下沉的方面为基层人民法院减轻案件审理压力，

---

[1]　参见张坚：《高级人民法院职能定位的思考》，载《人民司法》2013年第19期。

[2]　参见黄祥青：《审判管理与司法改革探究》，人民法院出版社2022年版，第205页。

就应当从案件提上来的部分减轻基层人民法院的案件审理压力，保证大部分普通案件在基层人民法院实现实质化的审理，确保矛盾纠纷的及时解决。

二、高级人民法院民事审级职能定位改革的基本思路

高级人民法院的民事审级职能分层原则应当是在科学的审级结构内部进行的符合审判规律和实践需求的职能分层。根据《审级职能定位改革实施办法》对高级人民法院职能的定位可知，高级人民法院应当转变为再审纠错法院以及统一法律适用的指导型法院。高级人民法院民事审级职能分层的思路应当沿着弱化高级人民法院的审判职能，逐渐转变为审判监督和统一法律适用职能定位的方向发展。

（一）科学确立再审法院的职能定位

审级职能定位改革将高级人民法院定位于通过再审程序对已生效的判决、裁定予以纠正，进而实现维护实质正义目的的法院。但再审程序的规定难以支撑高级人民法院通过再审程序实现维护法治统一的司法目标。

1. 再审程序存在的主要问题

我国的再审程序即审判监督程序，强调对一审程序、二审程序的法律监督，审理的对象是生效的法律文书、审理的前提是生效法律文书确有错误、引起审判监督程序发生的主体是具有审判监督权的国家机关、不存在专门的审判监督程序。这些是以我国审判监督程序的视角对再审程序特点的评价。从我国再审程序的特点来看，将再审程序定义为审判监督程序更多的是从法院和检察院等国家机关的视角来看待再审程序，将具有启动再审程序的主体定位于国家机关，并没有将当事人作为再审程序的启动主体，当事人需先向检察院或者法院提起再审的申请，是否再审由法院决定。但从比较法的角度来看，再审的本质是对已经生效的案件的再次审判，其目的是为当事人提供最后的诉讼救济机会。[1]因此，从以当事人作为再审程序主体的视角来看，再审具有如下特征：第一，再审程序应由当事人启动，再审的诉讼请求也应由当事人提出，法院必须在当事人所提出的再审请求的范围内再审。第二，在诉讼标的方面，大陆法系国家采取"本案诉讼说"，认为再审之诉的诉讼标

---

[1] 参见邵明：《现代民事之诉与争讼程序法理："诉·审·判"关系原理》，中国人民大学出版社2018年版，第265页。

的是原案的诉讼标的。第三，就再审案件的处理方式来看，再审法院如认为原判决合法，即使存在再审理由也会判决驳回再审原告的诉讼请求，反之，则在再审诉讼请求范围内作出变更判决。[1]我国再审程序主要存在以下问题：

（1）再审程序坚持对客观真实的绝对追求的审判理念。实事求是、有错必纠是我国再审程序得以建立的理念前提。有错必纠意味着对于法院来说只要存在错误就应当通过再审程序予以纠正。对于当事人也是一样，不管什么理由、什么时间，也不管当事人是否已经申请过再审、申请了几次，只要当事人有证据证明已生效判决存在错误，便可以申请启动再审程序。由此会导致再审的无限次提起，浪费了司法资源，也会损害了民事生效裁判的稳定性和权威性。还导致民事诉讼程序体系陷入混乱，不利于民事诉讼定分止争的职能实现。[2]另外，再审程序即便本着实事求是、有错必纠的理念也很难完全实现对客观事实的绝对追求，这是一个形而上学的伪命题。因为事物是不断发展变化的，客观事实只发生在事实产生的当时阶段，此后，在事实已经发生后的任何阶段对于事实的认识都是努力地靠近客观真实，不会达到完全的客观事实。

因此，再审程序不管如何纠错和矫正对客观事实的认定，其所能达到的都只是法律真实，是经过诉讼程序和诉讼证据加工的事实，而不可能完全还原客观真实。在再审程序中刻意追求客观真实，是将哲学上实事求是的理性原则机械地套用于民事诉讼程序的形而上学唯物主义反映论的错误表现，民事诉讼程序反映了事物的独特性，注重对当下矛盾纠纷的解决，如果一味地追求事情原本的客观情形，那就与民事诉讼本质规则背道而驰了，会割裂民事诉讼程序中追求正义与效率的相对性和绝对性的辩证关系，损害司法程序的效率价值和整体的资源利用率。

（2）再审程序的提起损害了终审判决和裁定的严肃性和权威性。再审判决能够对原审的生效判决予以纠正，即再审程序能够推翻终审判决，使其失去终审的终局性效力。所以，一旦案件被提起再审，终审案件也就会处于不

---

〔1〕　参见邵明：《现代民事之诉与争讼程序法理："诉·审·判"关系原理》，中国人民大学出版社 2018 年版，第 365~366 页。

〔2〕　参见杨元新：《转变民事诉讼理念与改革民事再审程序》，载江伟主编：《中国民事审判改革研究》，中国政法大学出版社 2003 年版，第 431 页。

稳定、不确定的状态，不管是执行案件的法官还是当事人都会认为案件具有不稳定因素而暂停执行，这不仅会对执行人的权益造成一定程度的拖延，还会损害法院执行程序的顺利开展。若经过再审程序导致原审判决被改判，则已经进行或者已经制定好的执行方案作会作出相应的改变或调整，这样也会浪费原审在执行阶段所花费的司法资源，并可能增加二审执行的难度。

另外，有些当事人还可能为了规避二审上诉所缴纳的上诉费用而故意假装认可一审判决结果，不提起上诉程序，而等一审判决结果生效后，以各种理由提起再审程序，使得一个两审的程序都没有走完的案件在判决刚刚生效时就被提起再审，严重损害了生效裁判的稳定性和法律的严肃性。[1]

（3）再审程序带有较强的职权主义色彩。我国的再审程序的提起主要是以法院和检察院为主体的，从司法实践的视角来看，法定机关依职权启动再审也并没有发挥立法的预期效果。[2]法院再审程序主要以法院自身纠错的角度被提起，但再审程序的过程和结果都对会对当事人的权利义务产生较大的影响。检察院提起再审抗诉程序虽然大部分来源于当事人的申诉，能够在一定程度上代表当事人的利益诉求，有些当事人向法院申请再审遭到拒绝后，再向检察院申诉申请再审，若检察院提起了抗诉要求法院进行再审，法院的再审程序的启动与之前的拒绝再审决定产生矛盾冲突，不仅损害了法院在当事人心中的权威性，对于法院与检察院两机构之间的关系也可能产生不利影响。

（4）再审程序依附原审程序会反向削弱职能改革的效果。职能定位改革将高级人民法院的审级职能定位于再审依法纠错，统一裁判尺度。这一职能内容反映了高级人民法院以再审案件的审理为主要职能内容，应当逐渐下沉和削弱对于一审案件和二审案件的审理，实现职能转型；另一方面，也反映出依法纠正错误裁判、实现审判监督是高级人民法院的重要职能内容。[3]而反观我国目前的再审程序的安排严重依附于原审程序，即原审终审程序是一

---

〔1〕 参见肖琳：《试论我国民事审判制度与再审制度的平衡比较法视角下的分析》，载江伟主编：《中国民事审判改革研究》，中国政法大学出版社 2003 年版，第 470 页。

〔2〕 参见徐扬：《我国民事审判监督程序若干问题的思考》，载江伟：《中国民事审判改革研究》，中国政法大学出版社 2003 年版，第 419 页。

〔3〕 参见唐云阳：《两级高层法院审级职能改革的突出问题及承载程序检讨》，载《上海法学研究》集刊 2022 年第 16 卷。

审程序的，再审按照一审程序审理，审理终结后的裁判依旧可以上诉。原审的终审程序是二审程序的，再审程序按照二审程序审理，上级人民法院按照审判监督程序提审的，按照二审程序审理。[1]

再审的程序依附特性可能导致两种结果：其一，依据程序类型与程序性质相适应的基本原理，运用一审或二审程序对再审案件进行审理，不仅容易造成其与一审、二审等通常程序间的角色错位和紊乱，也不符合再审在穷尽其他通常救济路径时的"紧急出口"特性。[2]其二，再审的程序依附性可能造成再审审级过低、范围过大，解释和适用法律容易发生冲突，案件的复审率和反复率可能仍因当事人不服再审判决并继续寻求申诉、上访而居高不下，再审需求重复汇聚"司法塔尖"，[3]间接性地削弱和扭曲了再审程序乃至审级制度的救济职能。

（5）具有政策特性的再审裁判规则难以对普通案件发挥指导作用。在我国，再审程序发挥着特殊的治理职能，部分再审案件是政策性案件，是由法院主动启动的，以实现社会治理效果为目标。因此，这种本身就带有司法政策效应的再审程序的审理过程和审理的政策方法及裁判标准就与普通的一审、二审程序产生了本质的差异。一方面，政策性的再审程序的任务导向、审判偏向与普通一审、二审程序存在差异，所遵循的裁判规则自然也会有差距，若运用特殊的政策性再审案件的审理结果作为一审、二审等普通程序中案件审理的裁判尺度，难以发挥统一法律适用的职能效果，不符合实际需求。另一方面，再审程序因其具有特殊的救济程序特性，再审程序中的裁判标准、审判经验以及相关的考虑因素等都与一般的民事审判程序存在区别，政策性再审案件的审理规则可能难以直接适用于普通案件的审判。因此，高层法院审理再审案件所形成的裁判准则，可能发挥司法政策的指导作用，但不一定能作为普通案件的裁判尺度和法律适用标准，也不一定能对以普通案件为主的中基层人民法院的裁判形成有效的示范效应，高级人民法院依托再审案件

---

〔1〕　参见邓磊：《民事执行案外人异议之诉制度探析》，载《东南大学学报（哲学社会科学版）》2012年第S1期。

〔2〕　参见韩静茹：《错位与回归：民事再审制度之反思以民事程序体系的新发展为背景》，载《现代法学》2013年第2期；潘剑锋：《程序系统视角下对民事再审制度的思考》，载《清华法学》2013年第4期。

〔3〕　参见傅郁林：《我国民事审级制度的历史考察与反思》，载《私法》2013年第1期。

及其程序实现统一普通案件的裁判尺度和法律适用的定位可能落空。[1]

我国的再审程序依旧存在较多的问题需要调整和优化，高级人民法院主要通过再审程序审理案件进而实现依法纠错和统一裁判尺度的职能内容还需要进一步优化调整再审程序才能实现。但这并不能否定再审程序作为高级人民法院发挥审级职能的内容重点，再审程序在民事审级职能定位改革的进程中依旧具有重要价值，值得我们予以重视。首先，我国实行两审终审的审级制度，没有第三审对于案件质量的把控，终审法院的级别较低，再审程序可以在一定程度上弥补这一缺陷，用以救济生效裁判的错误，进一步保证案件的公正性。[2]其次，随着案件的逐渐下沉，基层人民法院案多人少的矛盾只增无减，基层人民法院和中级人民法院在案件审理上的压力可想而知，面对巨大的案件数量，法院的法官数量一时还难以增加，难以避免基层人民法院在部分案件的审理上出现疏漏。通过再审程序的兜底性存在，可以对中基层人民法院审理的案件实现最终的质量把控，以保障当事人对于公正的裁判结果的要求得以实现，保证案件质量的稳定性。最后，再审程序是为了纠正生效裁判的错误而设立的特殊程序，体现了法官审理民事案件的负责精神，也是对合法民事权益的更完善的保护。[3]因此，在当前审级结构改革、民事审级职能定位还未完善的阶段，应当重视再审程序的职能，使其发挥依法纠错、保证审判质量稳定的优势，为两审终审制做好辅助工作。

2. 完善再审程序应坚持的理念

再审程序毕竟不是案件审理的通常程序，但在高级人民法院的审级职能内容上发挥了重要的作用，为科学构筑和优化再审程序，以使其能够更好地承担高级人民法院实现依法纠错、统一裁判尺度的审级职能内容，维护法院裁判以及民事权利义务关系的稳定性，对高级人民法院再审程序进行系统优化和完善是必要举措。完善高级人民法院的再审程序应当坚持如下司法理念：

（1）正确贯彻实事求是、有错必纠理念。我国的再审程序是在实事求是、

〔1〕 参见唐云阳：《两级高层法院审级职能改革的突出问题及承载程序检讨》，载《上海法学研究》集刊2022年第16卷。

〔2〕 参见齐树洁主编：《民事程序法》，厦门大学出版社2006年版，第242~243页。

〔3〕 参见齐树洁：《民事上诉制度研究》，法律出版社2006年版，第252页。

有错必纠的理念的指导下构筑起来的，但如果直接将这一哲学性思想毫无选择地适用于民事诉讼领域可能会陷入形而上学的唯物主义反映论的泥沼。对于在再审程序中如何正确贯彻实事求是、有错必纠理念，平衡再审程序纠正错误裁判与民事审级稳定性的关系，需要注意以下几个方面：

第一，民事纠纷解决的时限性。民事诉讼程序是对于已经发生并确定的事件通过各种证据进行证明并做出判断的过程，严格依照法定程序对案件事实的真实情况予以完全的还原是最理想的司法审查状态，但事物是不断发展变化的，案件事实从已经发生的那一刻开始就已经不能完全实现对客观情况的恢复，加之证据的收集程度、时间、空间、主体的认识能力与证明、辩论技巧等各种因素的影响，在民事诉讼程序中很难实现对案件真实情况的完全恢复，况且若法院对每一个具体案件都追求客观真实，不仅会严重消耗法院的司法资源和法官的精力，还会使民事法律关系长期处于一种不稳定的状态，不利于社会生活的稳定和发展。

第二，法院的民事审判是以在一定的时间内、一定的场合下所形成的诉讼资料为基础所做出的判断，这种终局性的判决是以经过合法程序所认定的证据材料为基础作出的，应当具有程序的约束力，除非有重大瑕疵否则不能随意更改。[1]

第三，出于对诉讼成本的考虑，如果严格遵循实事求是、有错必纠的原则，可能会导致一审二审的审理过程中消耗的司法资源失去意义，造成浪费，这不仅是对国家资源的无效消耗，也是对当事人的各种成本的浪费。因此，对于再审程序中关于实事求是、有错必纠的思想理念，在当下的民事审级程序中应当是作为再审程序的前提性理念予以坚持的，但不能毫无变通地机械使用，需要有一定的限制，适度追求案件的实质正义。

（2）维护裁判的稳定性和法的安定性理念。完善再审程序，不能只注重法的正义性价值而忽视法的安定性价值，也不能只关注法的安定性价值而忽视了法的正义性价值，必须在两者之间建立一种适度的关系平衡机制。法律应当具有安定性，不仅是指其作为成文法规范本身的稳定与连续性适用，同时还包含诉讼程序上的稳定和安定。[2]司法裁判的稳定性也是法的安定性的

---

〔1〕　参见齐树洁主编：《民事司法改革研究》，厦门大学出版社 2006 年版，第 369~370 页。

〔2〕　参见齐树洁主编：《民事司法改革研究》，厦门大学出版社 2006 年版，第 371 页。

一部分。法治国家要坚持维护法的安定性的基本原则，这是法治国家稳定发展的必要基础，而裁判的稳定性是法的安定性的一个重要因素。日本三月章教授指出："正义的要求和法的安定性的要求，往往反映出法律对立的一面。程序法则毫无疑问将维护和贯彻判决的结果，顺应法的安定性要求作为一大特点。"〔1〕强调裁判的稳定性不仅是为了维护法院的权威，最重要的是维护法的安定性。而法的安定性对于人们生产和生活秩序的稳定性和安定性具有重要意义。〔2〕

因此，在民事审判过程中，虽然通过再审程序对存在错误的判决予以纠正是对公民实体正义利益的保护，但尽早获得稳定的终局性裁判，进而对民事法律关系的归属有一个稳定的预期和执行的期待可能性是当事人所追求的重要诉讼利益。再审程序需要对错误裁判坚持有错必纠的原则，但裁判的错误也需要予以识别，并不是所有的错误裁判都一定要经过再审程序，对仅存在部分瑕疵，但对当事人的实体权利义务关系并不会产生实质性影响的裁判不应当轻易启动再审程序，破坏裁判的稳定性和法的安定性利益。

（3）遵循法院裁判终局性理念。生效裁判的终局性效力包括以下几个内容：

第一，裁判的拘束力。法院基于已形成的诉讼资料对案件作出权威性裁判后，法院原则上不得任意撤销或者变更该判决，作为判决首先产生的效力，拘束力的意义就在于维持判决的稳定性、权威性和安定性。〔3〕

第二，判决的确定力即既判力。既判力的作用主要表现在两个方面，从消极的方面来说，既判力对当事人针对同一个案件的诉权行使次数会产生限制，即当事人对于已经作出生效判决的案件不得再次起诉，即一事不二诉原则。从法院的角度来说，即使当事人针对已经做出生效裁判的案件再次提起诉讼，法院也要主动受生效判决既判力的约束，运用一事不再理原则拒绝审理。从积极的方面来说，生效判决的既判力可以限制法院在处理后诉案件时要遵循前诉确定判决的拘束，其在制度上体现为法院应当以前诉确定判决对前

---

〔1〕　［日］三月章：《日本民事诉讼法》，汪一凡译，五南图书出版有限公司1997年版，第29页。

〔2〕　参见江必新等：《民事诉讼的制度逻辑与理性构建》，中国法制出版社2012年版，第61页。

〔3〕　邵明：《现代民事之诉与争讼程序法理："诉·审·判"关系原理》，中国人民大学出版社2018年版，第281页。

诉诉讼标的的判断为基础来处理后诉。[1]

第三，执行力。即生效判决具有可以依法院的司法强制手段实现诉讼内容的效力。这是诉讼判决具有权威性和公信力的重要保障。再审程序追求案件的实质正义的结果，但提起再审也会对生效裁判的终局性产生影响，使生效裁判的拘束力、既判力和执行力都大打折扣，这既不符合法的安定性的要求，也不符合当事人对于诉讼程序保障权益的稳定性的期待。因此，再审程序应考量其对判决终局性的影响。

（4）维护司法权威理念。司法的权威性是诉讼作为公力救济方式得以存在和发展的前提，司法具有权威性才能够增强诉讼制度这一国家公权力解纷方式在人们心目中的地位和信任感，增加社会对法院解决纠纷的信任，才会使司法成为纠纷解决最权威、最具有拘束力的方式。一般认为，构成司法权威性的主要因素包括：一是公正的程序规则；二是司法的独立审判；三是公正的裁判及其实现三个因素。[2]从再审的价值机理来看，再审对于公正的司法裁判的追求与司法的权威性是相协调的，但如果一项程序只追求司法公正而忽视其他价值的存在意义，则也会损害司法的权威性。例如，如果为了对司法公正的追求而任意提起再审程序，而使案件长期处于不稳定的状态，就不会获得最终的确定性生效裁判，没有合法的生效裁判案件就不会进入执行程序，不论对当事人的保护是否完全与客观真实相符合，当事人都不会得到应有的利益保障，这是对司法权威性的严重损害。因此，再审程序应维护司法权威性，除了要通过再审程序的审理对生效裁判予以纠正，维护当事人的合法利益外，还要注重裁判的及时性和稳定性，果断地对案件做出最后的终局性判决，进而予以执行，才是切实保护当事人合法权益，维护司法的权威性的重要途径。

（5）尊重当事人处分权理念。处分权原则是民事诉讼程序中的重要原则之一，其内涵是当事人有权在法律规定的范围内对自己的程序权利和实体权利作出选择和放弃，这是当事人主义诉讼观对当事人权益予以充分尊重的体

---

[1]　邵明：《现代民事之诉与争讼程序法理："诉·审·判"关系原理》，中国人民大学出版社2018年版，第282页。

[2]　齐树洁主编：《民事司法改革研究》，厦门大学出版社2006年版，第373页。

现。[1]虽然诉讼程序是国家公力救济，但民事诉讼中的矛盾纠纷大多是私人纠纷，只要当事人的处分权行使不会损害国家利益、社会公共利益和他人的合法权益就应当充分尊重当事人的处分权。在诉讼制度的设计上，许多国家充分考虑这一要求，在程序的利用、审理对象的确定及证据方面，当事人应当有相当大的选择余地。[2]但在我国的诉讼程序中，当事人仅对一审和二审程序的适用具有选择权，而对再审程序的启动和适用并不能发挥决定性作用，反倒是检察机关和法院对再审程序的启动与否具有决定性作用。[3]

从再审程序的审理内容来看，虽然是对法院作出的生效判决的纠错程序，但归根结底是对当事人实体权利的再次处分和分配，再审的结果影响最大的仍旧是双方当事人，当事人处分权的行使也可以构成对法院再审审判程序的实质性约束。因此，既然民事诉讼法尊重当事人对于一审程序和二审程序的选择权，那么也就应当尊重当事人对再审程序的选择权。这样才能在诉讼中建立起公权力与当事人处分权之间松紧有度的制约机制，才能使诉讼在更多地符合当事人愿望的情况下进行。[4]

（二）保障统一法律适用的实现

实现统一法律适用是我国司法责任制改革、实现对人民的合法权益充分保护、建设法治社会、构建法治中国的重要措施。法律适用包含以下几项内容：一是法律适用是理解和应用法律的过程。在具体案件的审判中，法律适用就是法官通过自己对法律的理解，运用法律规则对案件做出裁判的过程，其中包含了法官的自由心证过程，体现了法官裁判案件的自由裁量权，对法官理解法律、运用法律的专业素养具有重要依赖利益。[5]二是法律适用是一系列的法律思维和法律程序运行的过程。法官除了通过将法律予以具体化的解释从而与案件事实相结合并最终做出判断外，还需要运用法律思维进行推理，将极具个性化的具体的案件事实推理成可以与法律规定相匹配、相适应的具有法律内涵的事实。三是法律适用是对法官庭审活动的评价机制。法官

---

〔1〕 齐树洁主编：《民事司法改革研究》，厦门大学出版社 2006 年版，第 373 页。

〔2〕 参见张卫平：《诉讼构架与程式：民事诉讼的法理分析》，清华大学出版社 2000 年版，第153~200 页。

〔3〕 齐树洁主编：《民事司法改革研究》，厦门大学出版社 2006 年版，第 374 页。

〔4〕 参见齐树洁主编：《民事司法改革研究》，厦门大学出版社 2006 年版，第 374~375 页。

〔5〕 许国祥、李劲：《司法审判中统一法律适用路径探析》，载《行政与法》2020 年第 6 期。

在适用法律的过程中因个体差异对法律产生不同理解，进而对法律的具体适用做出不一样的选择，会产生不同的判决，但判决的正确性和法律适用的正确性是唯一的，法官若是法律适用错误，做出了错误的判决，法律适用的过程就是法官裁判错误的最好例证，可以为法官办案的正确与否提供判断标准。[1]

因此，正确适用法律，保证统一法律适用具有重要意义：一方面，统一法律适用是对于司法公正的需求的体现。随着经济、社会发展和改革等各项举措的推进，目前司法改革已到了深水区，在这一时期，各类民事矛盾频发，矛盾主体众多，原因复杂，法律关系也呈现出新的变化。面对如此复杂多变的民事纠纷如何运用法律对案件予以解决，寻求公正的处理结果，坚持法律规则和法律原则的统一适用是现实问题。另一方面，我国通过司法责任制改革，逐步实现了"由审理者裁判，由裁判者负责"的审理机制，实现了审判的独立，排除了行政化的审判干预现象，但由每个案件的承办法官做出最后的裁判也容易导致由于法官之间对于法律适用的认识差异而形成的类案不类判、同案不同判的现象。因此，在这样的背景下，追求法律适用的统一具有必要性。[2]

1. 统一法律适用的困境

法律适用不统一存在诸多不利影响，我国司法实践中统一法律适用的现状，仍存在较多难题，主要体现在以下四个方面：

（1）法律规范的抽象性与法官自由裁量的矛盾。由于成文法的制定和适用规则，使得我国的法律规范不能制定得过于细化，本着宜粗不宜细的法律制定原则，我国的法律规定大多是原则性的规定。成文法的局限性主要有不合目的性、模糊性、不周延性和滞后性四个特点。首先，法律的普遍性特征使法律只注意其适用对象的一般性而忽视了其特殊性，从而导致在法律适用于个别情况时导致结果的不公正的存在。其次，成文法是通过语言予以传递的规范内容，语言描述本身就具有不确定性和模糊性，需要解释规则的存在。再次，由于立法者认识能力的非至上性的限制，立法制定出来的法律难以避免可能会出现漏洞和盲区。最后，法律一经制定出来必须保持稳定性，但社

---

〔1〕　许国祥、李劲：《司法审判中统一法律适用路径探析》，载《行政与法》2020年第6期。

〔2〕　参见邓高峰：《对当前我国统一法律适用的完善思考》，载《宜春学院学报》2022年第1期。

会是在不断发展变化的，所以法律的内容相对于社会冲突，总是存在一定的滞后性。[1]法律在司法领域实际适用于具体案件时不仅需要司法解释和各种具体法律规定的细化规定的辅助，同时还会对法官关于法律规定的认知和解释、理解产生依赖性，法官的自由裁量权在适用法律的过程中逐渐扩大，而我国法院数量众多，每个法官的知识背景、生活经验都不同，对于法律的理解也可能会出现主体差异性。因此，在这种情况下，不同的法官基于自己的理解而做出的法律适用情况也会产生差异性，由此导致了法律适用难以实现统一化的现象。

（2）主审法官裁判自主性与裁判统一要求的矛盾。自司法责任制改革后，大多数案件的最终裁判结果不再经过院长、庭长等审判委员会成员的讨论和集体决策，而是由案件承办法官直接作出合理裁判，生效裁判的最终结果往往体现的是单个法官或者是少数法官合意的结果，而经过单个人或者少数人的讨论而形成的对法律的理解与适用对比一个组织群体通过民主集中制的方式表决出的结果相比肯定更具个人化色彩，而每个人所做出的裁判的差异性也会更大，这是司法责任制改革后不可避免的一个不利因素。因此，在具体案件承办法官个人对于法律的理解和适用的意志直接体现在生效裁判文书上的时候，就更应当强调统一法律适用的价值，制定明确的统一法律适用的标准，以求实现对于同类型的案件能够做出相同的判决，减少法院整体上在案件审理上的差异性，维护法治的统一和司法的权威。

（3）主审法官司法克制与司法能动理念的矛盾。司法克制主义，是指法院和法官对既定法律规则以及立法机关和行政机关应当保持尊重和谦抑姿态。[2]司法克制主义追求的是法的稳定和安定性，要求法官严格遵守法律的规定审判案件、适用法律，在司法审判的过程中尽量避免因个人的成长背景和社会因素对案件审判的影响。但随着对个案正义的关注，司法克制主义的影响力逐渐减弱，司法能动主义逐渐被更多地提起。司法能动主义是指法官不囿于先例或者成文法的约束，可以根据社会公共政策、实质正义等要求对

---

〔1〕 参见梁迎修：《法官自由裁量权》，中国法制出版社 2005 年版，第 48~49 页。

〔2〕 程汉大：《司法克制、能动与民主：美国司法审查理论与实践透析》，载《清华法学》2010 年第 6 期。

立法权或者行政权进行约束，从而为社会不公提供司法救济的法律方法。〔1〕司法能动主义注意到了具体案件审理的特殊性，强调法官运用多样化的审判机制对纠纷予以实质解决。司法克制主义的贯彻不应完全排斥司法能动主义，这二者不是非此即彼的关系，在法官具体审理案件的过程中，应当坚持以司法克制主义为基本原则，但要充分发挥能动司法的优势，学会与其他组织和机构就特定的具体案件积极主动地了解情况、调查事实，以更好地适用法律、解决纠纷。法官在案件审理过程中如何平衡好发挥司法能动主义和司法克制主义是统一法律适用需要予以关注的重要课题。

（4）主审法官考核机制与机械化简单评价的矛盾。法院系统对于法官的考核评价机制片面追求结案率和案件的审理完成度等指标，使得部分法官为了完成考核指标而不顾案件审理过程中的综合考察和联动沟通，只是基于追求一个案件的审理结果，导致每个法官的案件审理结果都存在差异，影响了法律的统一适用。同时，由于现在的案件审理机制只要求主审法官对自己承办的案件负责，同时每个法官的案件数量较多，致使法官可能陷入"沉浸式"案件审理模式，只关注自己审理的案件，而忽视信息共享和法律适用。案件审理方法的学习和交流的缺乏，导致同一个法官针对同类型的案件可能会做出不同的裁判结果，这也是影响统一法律适用的因素之一。

2. 法律适用不统一的成因分析

难以实现统一法律适用的因素不是短时间形成的，其中包含着我国的法律传统，也包含着多年司法实践堆积所形成的习惯性方式，其成因主要包括以下四个方面：

（1）法律规定的模糊不清和司法解释的冲突规定。首先，我国的法律体系是以宪法为核心，以其他部门法为主要内容的法律体系，呈现了从中央到地方纵向发展、横向交叉的多领域多部门的法律规范格局，在横向上不同主体在不同的地区针对相同问题制定的法律规范可能会产生一定的冲突，不同主体做出的司法解释对于同一个问题的规定也可能并不完全一致，从而影响法律规定的适用。其次，法律概念需要运用立法语言予以呈现和表达，但语言的表达是具有多种可能性的解释空间的，这就导致很多立法规范依据不同的解释方法可能会产生不同的理解和适用规则，进而导致法律适用的不统一。

---

〔1〕　参见宋远升：《司法能动主义与克制主义的边界与抉择》，载《东岳论丛》2017年第12期。

最后，法律规定的制定具有人为性。法律规范都是通过立法者即具体的人通过法定程序而将社会共识上升为法律规范。在制定法律的时候难免会受到个人认识能力和理解能力的影响而使法律规范具有一定的局限性。此外，人的认识能力是有限的，始终无法有效预测尚未发生的事件所应当适用的法律规范。因此，法律规范一般具有滞后性，很多具体社会事件的法律适用需要对条文予以解释，而解释主体的多样性和差异性，也就导致了法律适用不统一现象的出现。

（2）类案、案例指导的作用发挥不足。我国针对统一法律适用采取了类案参考裁判、指导性案例指引裁判等形式，意在发挥参照判例审判的优势。但从我国关于类案指导、指导性案例的筛选以及适用规则可以看出，我国指导性案例的筛选机制尚未成熟。对于指导性案例的筛选规则我国的《〈最高人民法院关于案例指导工作的规定〉实施细则》第 2 条规定，指导性案例是指裁判已经发生法律效力、认定事实清楚、适用法律正确、裁判说理充分，法律效果和社会效果良好，对审理类似案件具有普遍指导意义的案件。[1]可见，指导性案例的标准除了第一项的已经发生法律效力是具体确定的标准之外，其他的条件都具有较大裁量空间，没有确定可行的判断标准，导致指导性案例的筛选也并不统一和稳定。此外，对于指导性案例的适用规则，该实施细则也仅规定各级人民法院在审理类案时，对于具有参照意义的指导性案例，应当作为裁判理由引述，但不能作为裁判依据。这是与判例法国家的判例制度的显著区别，但这样的规定阻碍了案例指导制度在统一法律适用方面的作用发挥，使其发挥的作用具有局限性，只是希望指导性案例能够对法官裁判形成一种折中的事实约束力。[2]指导性案例若要发挥其独特功能，不仅需要回归其司法属性，在本身的制度构建上日臻完善，也需要审判制度、法官职业素养、裁判文书改革等一系列配套措施的合力作用。[3]

（3）专业法官联席会议和审判委员会的功效尚未充分发挥。我国法院系统在司法责任制改革的过程中针对统一法律适用等问题展开了积极的实践探索，专业法官联席会议便是改革实践探索的产物。通过法院内部或者是法院

---

〔1〕　参见许国祥、李劲：《司法审判中统一法律适用路径探析》，载《行政与法》2020 年第 6 期。

〔2〕　参见徐汉明、吕小武：《统一法律适用标准实现路径探究》，载《中国应用法学》2020 年第 5 期。

〔3〕　谢绍静：《最高人民法院指导性案例制度研究》，法律出版社 2022 年版，第 110 页。

与法院之间召开专业法官联席会议，除了针对案件发表自己的看法之外，还可以对审判过程中遇到的类案、疑难案件等进行经验总结和审判思路的梳理，通过法官之间的沟通交流，形成统一的司法裁判标准。在司法责任制改革后需要对审判委员会审理案件、讨论案件的机制进行诉讼化的改造，消除其对法官独立审判案件的不利影响，充分发挥其对于解决疑难复杂案件、法律适用分歧等问题的积极促进作用。但不管是专业法官联席会议还是审级委员会的有效改造，都没能在统一法律适用方面发挥应有的作用，其主要原因在于这两种组织形式的性质、权限、运行方式以及所产生的结果的效力如何认定等具体的实施方案尚未完善和成熟，以至于不能充分发挥在统一法律适用方面的功效。

（4）司法能力未能完全与时俱进。首先，审判最终是由单个的具体案件的承办法官进行人格化的裁决和判断的结果，因此，法官个人的人格素养对于案件的审理结果也具有重要的影响。其次，法官个体应当具有良好的政治素养和专业素养。案件承办法官不仅应当精通法律、科学审判案件，还应当具有引导庭审、适用法律和裁判说理、调解结案的能力，这是司法实践对于法官的综合要求。最后，法官还应当是一个能够表达的个体，在当事人对于法律适用存在疑问的时候，法官应当具有能够释法说理的能力，要掌握运用语言解释法律、阐释法理的能力，才能够使当事人对法律产生正确的认知，信服人民法院做出的裁判，最终实现定分止争的目的。由法官个体及其他司法辅助人员所组成的办案组织，无论是独任制、合议制的审判团队抑或是更专业化的审判委员会等，应当能够高效运行并提供公正、优质的法律裁判服务。虽然司法决策强调个体性，但司法审判的亲历性特点决定了司法决策应该实行个人负责制。[1]我国的法官队伍还需加强对于法律理解和适用的能力，注重提升司法审判和司法理论研究的双重能力，提升对法律原则和法治精神的理解能力，做能够为民众释法说理、排忧解难的"综合型好法官"。

三、高级人民法院民事审级职能定位改革的内容

（一）再审依法纠错职能

高级人民法院作为除最高人民法院外等级最高、管辖范围最广的人民法

---

[1]　参见谭世贵、饶晓红：《论司法改革的价值取向与基本架构》，载《刑事司法论坛》2001年第1期。

院，其应当承担再审案件的管辖权，且中级人民法院作为其下一级法院，高级人民法院也有权通过再审程序对中级人民法院终审的案件质量予以监督和制约。但是，大量审理再审案件也并不是一个妥当的方案，若是高级人民法院通过再审对已经生效的判决予以改判，说明前面的一审和二审程序存在问题，当事人可能会失去对于一审二审的信任，不论案件是否存在申请再审的理由都尝试申请再审，将希望寄托于再审程序，这将导致我国的两审终审制失去存在的意义，会严重损害第一审和第二审程序的司法权威和中层、基层人民法院的司法公信力。因此，虽然将高级人民法院定位于再审纠错法院，但针对哪些案件启动再审，如何进行再审审理需要通过具体程序予以严格把控。总体来说，减少案件再审程序提起的数量，重点不在于再审法院如何审判再审案件，而应当强化高级人民法院的释法指导职能，加强对中基层人民法院的司法培训和专业指导，使中基层人民法院的审判质量得以切实提高。

（二）统一法律适用职能

高级人民法院发挥统一法律适用的职能除了通过制定业务指导文件、发布典型案例、开展培训辅导等审判指导方式外，还可以通过对个案的审理实现对法律统一适用的示范展示效果。通过对中级人民法院一审的重大疑难复杂案件的二审程序来发挥对下级法院的个案指导工作，通过对中级人民法院终审判决提起再审程序，对错误裁判进行依法纠错，来发挥统一法律适用的职能。由于中级人民法院还承担着对于民事重大疑难复杂案件的一审职能，这类案件具有新颖、法律适用空白、专业性较强、审理难度较大的特点，可能很难都能够在中级人民法院一个审级内就实现定分止争的目的，上诉到高级人民法院是必然的结果，而这对于高级人民法院来说也并不会造成审理压力。相反，若高级人民法院长时间不审理案件才可能因缺乏案件审理而难以实现对法院审判工作的指导。因此，应当保证高级人民法院民事审判职能的合理使用，从而通过科学的审级程序，实现统一法律适用的职能目标。

四、高级人民法院民事审级职能定位改革的实现路径

（一）对再审程序进行诉讼化改造

虽然高级人民法院的主要职能被定位于再审法院，审理再审案件，但我国目前再审程序的启动却并不是在审级结构之内的诉讼程序，而是基于审判监督权，以国家法律监督机关为主体视角而启动的再审程序，这与通过高级人民法院主要审理再审案件从而发挥依法纠错、统一裁判尺度的审级职能定位并不相符。要想更好地实现高级人民法院再审案件审理的司法效果，需要对我国再审案件的提起进行改良，变审判监督程序为再审之诉，将再审案件的启动权交给当事人，以诉讼的方式，在审级制度之内对确有错误的案件予以纠正。

再审之诉是一个独立的诉讼程序，对于生效裁判的审理程序和制度是建立在诉的基础之上的，需要遵循诉的原理和制度运行规范。[1]再审之诉最显著的特点在于其是以当事人的再审诉权为前提提起的，当事人无再审诉权，则无再审之诉；当事人不行使再审诉权，则无再审之诉。再审之诉具有如下特点：首先，再审之诉是当事人向法院提起申请，法院被动受理的诉讼程序。在一个诉中，法院作为司法审级机关是中立裁判的角色，同时也是被动等待的地位，当事人不提起诉讼，法院不能主动进行诉讼程序。其次，诉讼能够被提起的前提之一是该诉具有诉的利益，在再审之诉中也是如此，再审的理由不应当模糊或者过于原则化，当事人必须具有再审利益、再审理由，必须明确且符合法律的规定才能够提起。最后，再审诉权作为要求法院行使司法裁判权的一种请求权，只能行使一次，不能反复行使。再审之诉是当事人对于自己利益的处分程序，当事人不提起诉讼，法院和检察院也不会主动审理当事人的利益诉求，而诉需要受到次数的限制，再审之诉也同一审程序、二审程序一样，经过一次审理的再审之诉，也会产生终局效力，当事人没有法律规定的正当理由不得多次反复提起。[2]

因此，变审判监督程序为再审之诉，不只是将审判监督程序的规定简单移植。再审之诉作为一个完整的诉讼程序，需要遵循诉讼的构成要件和运行程序。对于再审之诉的审理构造、诉讼标的和再审之诉的审理等内容都完全区别于审判监督程序的内容，需要对再审之诉进行重新构建。

1. 再审之诉的审理构造

我国的再审程序一直遵循着再审审查程序和再审审理程序相分离的二阶化构造，将再审程序进行诉讼化改造，应继续沿用二阶化的构造，具体理由如下：

（1）厘清再审裁判逻辑。法官对诉的评价呈现出逐步推进的位阶关系，即依次评价合法性、正当性和有理性。三个评价位阶层层递进，只有在前一

---

〔1〕　参见张卫平：《民事再审：基础置换与制度重建》，载《中国法学》2003年第1期。

〔2〕　参见张卫平：《民事再审：基础置换与制度重建》，载《中国法学》2003年第1期。

阶段的审查得出肯定性结论，方可进入下一阶段。对再审之诉的评价亦是如此，再审之诉合法的，法院才应审查其是否正当，即一般首先是由法院依职权审查再审之诉的合法性，包括审查是否具备作为普通诉讼合法性的诉讼要件和作为再审之诉合法性的特殊要件。其次是正当性审查，即审查再审之诉是否具备法定的再审事由，这也是可否进入本案再审的关键所在。最后是有理性审查，即在再审事由所涉及的范围内，法院围绕本案，也就是原来的法律纠纷重新进行审理。[1]将再审之诉的审查和审理阶段相分离，不仅符合诉的评价位阶的逻辑构造，还有利于厘清再审之诉的裁判逻辑，明确区分再审案件审查和审理内容的重点。

（2）规范再审审查，增强再审程序保障。再审审查阶段决定了一个案件是否能够启动再审，对再审制度的良性运转至关重要。再审事由的查明和裁判关系双方当事人的实体利益，涉及案件的事实认定和法律适用问题，且在审查时很可能会提前对本案进行实体性判断。在阶段化构造之下，将再审审查作为一个独立阶段，更具客观性和彻底性，能够更好地保障当事人的再审诉权，促进再审案件的审理公正高效。此外，在提供更多程序保障的同时，将审查阶段与审理阶段相分离，在观感上也更为客观公正、精细专业，可以给当事人更多安心感与信赖感，从而提升当事人对裁判的认同感。

（3）优化审判力量配置，强化权力制约监督。从当前的司法实务来看，我国法院再审审判权力运行机制差异较大。对于当事人提起的再审之诉，有的法院是先由申诉审查庭审查再审申请，裁定提审后再转审判监督庭审理；有的法院则是由立案庭直接转相关审判庭审查，裁定提审后由原合议庭继续审理。[2]我国再审之诉存在二阶化和一阶化两种构造，对比二阶化，一阶化的程序构造将再审的审查权和审理权均交给审判庭，其既承担了程序性审查职能，又承担了实体性审理职能，审判力量严重失衡。完善再审权力运行机制是四级法院审级职能定位改革的重要内容之一。就再审制度而言，在阶段化构造之下，再审启动审查和本案再审理的分离有助于监督制约再审权力的

---

〔1〕 参见［德］罗森贝克、施瓦布、戈特瓦尔德：《德国民事诉讼法》（下），李大雪译，中国法制出版社2007年版，第1223~1224页。

〔2〕 参见刘峥、何帆：《〈关于完善四级法院审级职能定位改革试点的实施办法〉的理解与适用》，载《人民司法》2021年第31期。

运行，立与审相对独立、相互制约更容易理顺立案庭、申诉审查庭、审判监督庭和各审判业务部门的职能和关系。由此，可以强化权力制约监督，减少司法资源浪费，增强司法公信力，更好地维护生效裁判的权威。[1]

（4）缓解诉讼迟延问题，促进诉讼高效有序审理。在审查和审理程序集中于一个部门的一阶化构造中，审判业务庭需要同时对再审事由的程序性要件和再审内容涉及的实体性要件进行审查和判断，不仅会耗费审判人员的时间和精力，还可能会导致审理的复杂和混乱。根据二阶化的构造，将再审审查和审理阶段相区分，通过阶段分工不同，将不同的事项在不同的阶段由不同的部门负责，实现了审查内容的有效分离，又可以促进再审程序的迅速高效审理。同时，先审查程序性事由，再进行实体内容的审理也符合法官对于再审之诉的评价逻辑。

由上可知，再审之诉的审查内容包括合法性、正当性和有理性，分别对应了是否存在合格的再审之诉的要件、是否具有法定的再审事由和是否存在合理的再次审理的实体性事由。并且三个位阶是层层递进的，只有前一项的内容成立才会进入后一项内容的审查阶段。在二阶化的诉讼构造下，这三个审查内容如何分配，决定了再审审查程序和再审审理程序的内容划分。正当性应该与合法性合并审理还是与有理性合并审理，取决于再审事由与两者的紧密程度。我国有学者认为，对于再审事由的审查采用职权探知主义，而对实体审理程序实行辩论原则。[2]根据我国《民事诉讼法》对再审事由的规定，[3]再审事由在属性上更接近诉的合法性而非本案的有理性，再审之诉的合法性可以视为一般的诉讼要件，而正当性则可以归入特殊的诉讼要件。法院应当依据职权审查再审之诉是否满足一般诉讼要件和特殊诉讼要件。[4]因此，在二阶化的构造中，再审事由应当与诉讼要件的合法性审查同时作为再审审查阶段的内容，而对于再审案件有理性的实质性审理在再审审判阶段

---

〔1〕　段文波：《民事再审之诉"二阶化构造"的程序重塑》，载《中国法学》2024 年第 2 期。

〔2〕　参见刘敏：《宪法理念的重新定位与民事申请再审程序的重构》，载《法商研究》2006 年第 4 期。

〔3〕　《民事诉讼法》第 211 条规定的人民法院应当再审的 13 个事由中，大部分属于程序性事由，与再审之诉的合法性要件属性类似。

〔4〕　参见［德］汉斯-约阿希姆·穆泽拉克：《德国民事诉讼法基础教程》，周翠译，中国政法大学出版社 2005 年版，第 335 页。

进行。

2. 再审之诉的诉讼标的

关于再审之诉的诉讼标的存在一元论和二元论两种学说。诉讼标的的一元论认为，再审事由并非原确定判决的撤销事由，再审的诉讼标的就仅仅是原诉讼的诉讼标的。诉讼标的的二元论认为，再审事由的机能是形成性地撤销原确定判决，即形成事由，那么作为诉讼上的形成诉讼，再审的诉讼标的就包括原诉讼的诉讼标的和再审事由。再审之诉是申请人请求撤销确定判决，并对原案件进行再审理的诉讼，其以撤销确定判决为目的，具有诉讼上形成之诉的性质，因此形成权的主张也是其诉讼标的，日本的通说认为再审之诉有两个诉讼标的，即确定判决的撤销要求与原案件的再审理要求。[1]我国台湾地区也有学者认为，再审之诉是形成之诉，形成权为诉讼标的，系基于再审事由产生。因此，原确定判决的法律关系与再审之诉的形成权构成两个诉讼标的。[2]德国学者也认为再审的目的是追溯性撤销此前已确定的终局判决并对本案法律争议进行重新裁判。因此，当事人的再审申请中包括撤销确定判决与再次审理原案件两个要求。[3]

支持一元论的学者认为考察再审之诉的诉讼标的一个基本点是要看再审之诉中当事人所要诉求的究竟是什么，当事人的基本诉求才能构成法院在整个诉讼审理的核心，否则就丧失了"标的"的基本含义。当事人的基本诉求并不是寻求撤销原判决而是通过撤销原判决最终实现自己权利的救济。因此要求法院对原诉讼中的权利义务进行审理裁判才是再审之诉的诉讼标的。[4]支持二元论的认为通常当事人申请再审有两个诉讼目的，一是请求撤销确定的终局判决，因此性质上是一种诉讼上的形成之诉；二是再次启动确定判决所终结的诉讼程序，此时性质上是附随诉讼或诉讼内诉讼。[5]由于当事人存在两个诉讼目的，且前后是两个独立的诉讼形式，只有单独认定两个诉讼标

〔1〕 参见兼子一：《新民事诉讼法体系》，转引自段文波：《民事再审之诉"二阶化构造"的程序重塑》，载《中国法学》2024 年第 2 期。

〔2〕 参见杨建华：《民事诉讼法要论》，三民书局 2022 年版，第 462 页。

〔3〕 Vgl. Rosenberg/Schwab/Gottwald, Zivilprozessrecht, 17. Aufl. 2010, S. 984 Rn. 6. 转引自段文波：《民事再审之诉"二阶化构造"的程序重塑》，载《中国法学》2024 年第 2 期。

〔4〕 张卫平：《民事再审：基础置换与制度重建》，载《中国法学》2003 年第 1 期。

〔5〕 段文波：《民事再审之诉"二阶化构造"的程序重塑》，载《中国法学》2024 年第 2 期。

的才能够充分实现再审之诉对当事人利益诉求的全面审查，扩大对当事人的利益保护范围。

我们认为，虽然再审之诉中当事人的诉讼目的由撤销原判决和启动新的诉讼程序两项内容组成，但由于再审之诉是对已经生效的终局裁判的重新审判，因此，撤销原判决也就意味着会重新对生效裁判进行审判，后一诉讼目的是前一诉讼目的的必然结果，前一诉讼目的是实现后一诉讼目的的必经程序。因此，再审之诉中当事人的终极诉讼目的依旧是对原案件的重新审判，其核心诉讼标的只有一个即原诉讼的诉讼标的。

3. 再审之诉的主体

再审之诉作为一个完整的诉讼就要符合诉的基本构造，即法院、原告、被告三方主体。关于再审之诉的被告，一般是原生效裁判所确定的胜诉一方。从诉的利益的角度来看，已经获得完全胜诉判决的当事人不存在提起再审之诉的理由和原动力。因此，再审之诉的被告一般较为确定，为原诉讼中胜诉的当事人及其一般继受人。关于再审之诉的原告，即能够提起再审程序的主体，我国目前依据审判监督程序对案件进行再审，对于提起再审程序的主体规定的范围较为广泛，主要包括人民法院、当事人、人民检察院。对再审程序进行诉讼化改造后，再审成为一个独立的诉讼程序，其主体需要满足适格性的标准。

（1）法院。法院作为审判的主体，在诉讼中作为居中裁判者的角色，主动启动再审程序具有很多不合时宜的地方。具体来说包括以下理由：

第一，法院自行发动再审违反了《民事诉讼法》"不告不理"的原则，侵犯了当事人的处分权。法院在诉讼中行使权力具有被动性，这是司法权的一个显著特征，也是保证裁判中立的重要前提，如果人民法院主动启动审判程序，虽然目的是对错误裁判的纠正，但对于可能遭受不利损害的另一方当事人来说，法院就有了替另一方当事人寻求利益保护的嫌疑，并且法院主动发现错误且自己审理，看似是一种自我纠错的高度自律行为，但法院在发现错误的前提下对案件进行再审，难以避免先入为主，可想而知最终的结果一定会对法院自认为遭受损害的一方有所偏袒，这极大地损害了法院作为司法裁判主体的中立性和消极被动性的特点。

第二，法院主动发动再审，违背了判决效力的基本原则：既判力原则。既判力原则要求判决一旦被宣告或者被送达后，就会产生对当事人和法院的拘束力。任何个人和机关不得任意将已经生效的判决自行撤销或者任意改判，这是保持民事诉讼程序效力权威，保证司法审判稳定性的重要前提。如果法院能够任意地否定自己所做的判决，不仅会使判决的安定性受损，还会使人们对法院的生效判决和司法裁判程序的权威性产生怀疑，有损司法威信和法院系统的权威。

第三，人民法院自行决定再审，不利于民事法律关系的稳定。[1]我国民事诉讼法的再审程序一直以来呈现出了一种无时间限制、无审级限制、无案件类型限制、无申诉理由限制的"四无限问题"，[2]这些问题导致法院做出的生效裁判随时有被推翻的可能，导致民事法律关系哪怕经过法院确认也难以得到稳定的保障，处于一种随时可能被改变的不稳定状态，对于当事人的权益保护和社会关系的维护产生了不利影响，使法院在社会公众心中的裁判权威和法的安定性以及社会治理职能也大打折扣。

（2）检察院。再审之诉中，检察机关也不具有再审诉权。检察院毕竟是法律监督机关，其应当通过一定的形式对法院审判案件的情况行使其监督的权力。对比法院，检察院并不直接参与案件的审判，对检察院中立性的要求没有法院那么高。因此，在再审程序的启动权限上，法院应当彻底放弃，而检察院可以通过适当的限制予以纠正。具体来说，对检察院的再审启动权限的限制体现在实体和程序两个方面：

第一，实体权限的限制。检察院出于对当事人处分权和再审诉权的充分尊重，应当避免行使对于私人利益诉讼案件提起再审的权力，但对于涉及社会公共利益的案件，检察院应当具有通过抗诉要求予以再审的权限。首先，在公益诉讼案件发展的过程中，可以看到检察院发挥了主力作用，可以说，随着检察公益诉讼的深入发展和日渐完善，检察院已经成为社会公共利益和国家利益在司法程序中的利益发言人。因此，通过检察机关对涉及社会公共利益的案件启动再审程序符合社会发展的实际需要，同时也符合检察院在检察公益诉讼的实践过程中所积累的实践经验。其次，检察机关在参与涉及公共利益案件的过程中，其主体地位合理，并不违反民事诉讼的法理，可以

---

〔1〕 参见廖中洪主编：《民事诉讼体制比较研究》，中国检察出版社2008年版，第506页。

〔2〕 参见肖琳：《试论我国民事审级制度与再审制度的平衡》，载江伟主编：《中国民事审判改革研究》，中国政法大学出版社2003年版，第473~474页。

代表国家公权力干预特定的民事诉讼案件，这也是其作为我国的法律监督机关应尽的职责，因此，检察机关对于涉及国家利益和社会公共利益的案件启动再审程序具有正当性基础，但是对于不涉及公共利益的一般民事案件，检察院不应当继续保留再审启动权限，否则会违背诉讼经济原则，同时也损害了当事人的处分权，打破了当事人双方平等对抗的局面。[1]

第二，程序上的限制。检察机关针对再审程序的抗诉权限应当受到法院的限制，形成双向制约的法律监督机制。即对于检察院提起的再审抗诉，法院不应当再被强制必须启动再审程序，而是通过赋予法院对于检察院再审抗诉的审查权限，法院认为检察院的再审抗诉合理的，则启动再审程序；法院认为再审抗诉不符合法律规定的，则有权力不启动再审程序。也就是说，在再审程序的启动权限上检察机关已经处于和当事人一样的诉讼地位，检察机关并不具有再审程序启动的优越性地位，不再具有针对再审案件抗诉权限的强制性效力。其理由在于：法院是案件审理的专门机关，具有独立审判，不受任何人和机关干涉的权力，而之前关于检察机关提起再审抗诉，法院就必须启动再审的规定，显然侵犯了法院的审判自主性和独立性，不符合审判独立原则。其次，检察机关启动再审抗诉是基于检察机关作为法律监督机关，对于法院的审判工作享有司法监督权，而依照之前的抗诉程序，检察机关的这一司法监督权只要其启动就会生效，法院就要启动再审程序，检察机关作为监督机关享有完全的主动地位，法院作为被监督机关完全处于被监督的被动位置，不能对监督自己的权力形成双向制约。因此，通过对法院的再审审查权的设置，可以对检察院的司法审查权予以均衡，形成权力与权力之间的双向制约，更好地保证法院审判工作的高效运行。[2]

（3）原审案件的当事人。再审之诉中当事人是唯一具有再审诉权的主体，其提起再审之诉具有正当性。这里的当事人还仅仅指原判决中获得败诉判决的当事人一方，若原判决中获得完全胜诉的当事人一方提起再审之诉，因其不符合诉的利益原则，以及对防止再审滥诉的考虑，应当不予准许。此外，再审之诉的原告行使再审诉权，也应当符合诉权的一般性规定。一是关于当

---

〔1〕　参见肖琳：《试论我国民事审级制度与再审制度的平衡》，载江伟主编：《中国民事审判改革研究》，中国政法大学出版社 2003 年版，第 474～475 页。

〔2〕　参见廖中洪主编：《民事诉讼体制比较研究》，中国检察出版社 2008 年版，第 507 页。

事人撤回再审申请以及可否再次申请的问题。一方面，是否可撤回再审申请的问题。基于再审诉权的性质，当事人在提出再审申请之后，又撤回再审申请应当是被允许的。另一方面，关于当事人申请撤回再审申请之后，能否再次提出再审申请的问题。再审申请的提出是再审诉权的行使，只要在再审出诉的期间内没有对该申请作出裁决，当事人就有权利在撤回再审申请后，再次提起再审申请，其理由在于法院没有作出裁决，且在出诉期间之内。对这两个问题的理解，核心在于再审诉权是诉权的一种，其与上诉权性质相同，当事人具有行使诉权的自由且只要没有经过实质审理，当事人具有再次提起再审的正当性。二是对再审裁判可否申请再审的问题。再审裁判包括两类：一类是再审法院驳回再审申请的裁定，属于程序性裁判。一类是对本案再审的裁判，既包括程序性裁判，也包括实体性裁判。笔者认为，当事人对于再审裁判不得再次申请再审。根据诉权消耗理论，再审诉权行使之后，即已消耗，故不得再次行使。因此，可以得出再审程序遵循一审终审原则，当事人提起再审之诉且经过实质性审理后，即获得终审判决，不得再次提起再审。[1]

4. 再审之诉的审理

再审之诉的审理是在对原审生效裁判撤销后，开始的新的审判程序。从四级法院的机构职能设置来看，再审主要由高级人民法院负责，因此可以认为我国目前的再审是三审和再审的混合体，具有部分三审的功能和外观。我们认为，对再审程序进行诉讼化改造，应当确立如下再审之诉的审理要件：

（1）一律适用二审程序审理。首先，再审并非独立审级，因此并无独立的审理程序。原来是一审案件的，按照一审程序审理；原来是二审案件的，按照二审程序审理。四级法院审级职能定位改革试点后，再审案件几乎都是提审，因此只要性质上不冲突，就应按照二审程序进行审理。其次，由上级法院管辖将一律采用二审程序审理，可以避免下级法院认定再审之诉存在再审事由并作出本案判决后，上级审法院又认定不存在再审事由而驳回再审请求，从而导致原审中本案再审理程序被无端浪费。最后，根据四级法院审级职能定位改革对各层级法院的民事审判职能的分工来看，案件下沉到基层后，基层人民法院和中级人民法院分别承担起了大部分案件的一审和二审程序，

---

〔1〕 参见张卫平：《再审诉权与再审监督权：性质、目的与行使逻辑》，载《法律科学（西北政法大学学报）》2022年第5期。

导致再审之诉中的上级人民法院主要是指高级人民法院和最高人民法院，适用二审程序审理更符合高层级法院的司法习惯。

（2）原则上开庭审理。最高人民法院《关于适用〈中华人民共和国民事诉讼法〉的解释》（2022 年修正）第 401 条第 1 款规定，人民法院审理再审案件应当组成合议庭开庭审理，但按照第二审程序审理，有特殊情况或者双方当事人已经通过其他方式充分表达意见，且书面同意不开庭审理的除外。这些规定进一步扩大了二审程序法官不开庭审理的范围，加剧了不开庭审理的问题。不开庭审理增加了再审书面审的风险，导致合议制形同虚设。此外，不开庭审理也不能充分发挥口头辩论原则、直接原则和公开原则的作用，容易侵害当事人的辩论权，甚至其接受裁判的请求权。因此，原则上本案再审理应开庭审理，以增强对于当事人的程序保障。[1]

（3）一审终审。再审之诉应当坚持一审终审原则。其一，根据诉权消耗理论，当事人使用过诉权后即消灭，不得再次行使。其二，审级职能定位改革后，高级人民法院成为主要的再审法院，一方面，高级人民法院具有能够对再审案件作出符合法律规定的公正裁决的司法能力，无须对其设置再多一审级的复审程序；另一方面，将再审法院设置为高级人民法院的目的之一便是减少最高人民法院对具体案件的审理数量，以便最高人民法院能够集中精力指导全国的司法审判活动。若允许高级人民法院审理的再审案件再次上诉，则必然会上诉到最高人民法院，这样不仅不符合最初的审级职能定位改革的目标，更是对高层级法院司法资源的重复使用和无端消耗。

（二）构建完备的统一法律适用机制

相似的案件能够获得相似的判决，是司法公平正义的要求，也是诉讼当事人对于司法裁判最基本的期待。但是我们应当对统一法律适用有一个理性的认识。

首先，统一法律适用并不完全等同于同案同判。"同案同判"并不是规范的法律术语，而是一种对于审判工作的要求和期待，其传达了社会公众对于通过祈求司法审判过程获得公正判决的朴素的愿望与价值观。但并不能完全实现实质意义上的同案同判，不论民商事法律关系有多么常见和简单，其所发生的时间、地点、涉及的利益关系和当事人的具体情况总归是不一样的，

---

〔1〕　段文波：《民事再审之诉"二阶化构造"的程序重塑》，载《中国法学》2024 年第 2 期。

所做出来的判决肯定也是存在一定差异的。司法审判不是机械、统一的工厂作业的结果，司法的复杂性、案件事实的差异性都使得具有不同知识背景的司法审判人员需要调动各方面的知识，在法律和事实之间寻找最佳的裁判点，从而做出公正的判决。[1]因此，依据不同的案件事实，所做出的裁判一定会存在必要的差异。

其次，司法领域追求的法律适用的统一是一种相对意义上的统一，而非绝对意义上的统一。类似案件没有产生类似判决的现象，在任何一个国家的司法过程中都难以完全避免，即便是排除法官司法不公的因素，只是因为法律制度的形式合理化的制约，也难以实现完全的类案类判。[2]因此，统一法律适用并不是要求法官严格、机械地按照法律条文去审判案件，完全扼杀法官的自由裁量权，而是要在正确认识和理解法律、把握法律精神和基本价值的基础上，保障类案能够实现裁判结果上的基本一致性。

最后，统一法律适用主要是对于法律条款的适用实现前后一致、左右平衡，禁止因当事人的不同而对法律的理解和适用存在偏差。具体而言，这种一致性主要体现在四个方面：一是对于相同的案件情形适用相同的法律条款；二是对同一法律条款在不同案件中要做出同样的解释；三是对于法律条款裁量幅度的选择和理解上，面对同样的情况应当作出同样的选择；四是要区分是指同样的审判过程还是指同样的审判结果，即区分"判"是动态性的过程还是静态的状态。[3]对统一法律适用的具体含义有了理性认识后，才能更好地实现对统一法律适用方式和机制的构建、探索。实现统一法律适用需要在明确价值基础的前提下，确定统一适用的标准，进而找到实现统一的方法。

1. 构建统一法律适用机制的价值基础

无论是社会公众、法官还是当事人都对统一法律适用有着很高的价值期待，而这种期待并不是凭空产生的，而是有其内在的价值基础。

（1）平等。平等是每一个人生活在社会中最基本的期待，法律面前人人

---

〔1〕 参见余双彪：《慎下同案不同判的评判》，载《检察日报》2011 年 5 月 10 日。

〔2〕 参见郑成良：《论法律形式合理性的十个问题》，载《法制与社会发展》2005 年第 6 期。

〔3〕 参见陈树森、陈志峰：《司法责任制改革背景下法律适用统一的再思考》，载《中国应用法学》2018 年第 5 期。

平等也是司法程序和法治社会对于社会公众最基本的利益保障。美国著名法官卡多佐曾有过一段经典的评述：如果有一组案件所涉及的要点相同，那么各方当事人就会期望有同样的决定。如果依据相互对立的原则交替决定这些案件，那么就是一种很大的不公。如果在昨天的一个案件中，判决是利于被告的，那么如果今天我是被告，我就会期待对本案的判决相同，如果不同，我的胸中就会升起一种愤怒和不公的感觉。[1]若大致相同或者相类似的案件，而在法官手中却做出不一样的裁判结果，是让当事人难以接受，也难以信服的，这不仅难以实现定分止争、维持社会秩序稳定的司法目的，还会使司法的权威性和公信力在公众心中丧失。因此，统一法律适用是法律面前人人平等的基本要求，也是司法机关在人民心中获得司法公信力和司法权威的重要方式。

（2）公正。公平正义是人类社会发展的永恒主题，是现代法治孜孜以求的核心目标。[2]当事人在司法审判过程中如果得不到公正的裁判，也就证明该司法制度和司法程序并不符合社会的发展，也会被人民所抛弃。而司法领域的公正不仅包括在具体案件内部获得公平的利益关系的分配、获得合法的程序审查和保护，还包括在自己的案件与其他类似案件诉诸法院予以审判时，当事人有理由获得相类似的裁判结果。法律不会对任何一个人施以偏颇的裁判，任何人在法律面前都会得到公正的裁判，这是社会公众信赖法律的前提，也是法律能够成为维护社会公平正义的最后一道防线的前提。

（3）秩序。法律的主要职能也许并不在于变革，而在于建立和保持一种可以大致确定的预期，以便利人民的相互交往和行为。[3]在一个现代化的法治国家中，统一法律适用的价值不仅在于法律制度的统一实施的规范性体现，还在于统一法律适用是法律作为一种社会治理规范而反映的一个国家和社会秩序的稳定发展。统一法律适用，可以使人民对自己的行为有一个稳定的合理预期，可以产生人们能够自觉遵循的行为准则标准，从而实现法律指引人们行为的社会规范职能，实现社会治理的法治化和社会秩序的稳定运行。相

---

〔1〕 ［美］本杰明·卡多佐：《司法过程的性质》，苏力译，商务印书馆1998年版，第94页。

〔2〕 陈树森、陈志峰：《司法责任制改革背景下法律适用统一的再思考》，载《中国应用法学》2018年第5期。

〔3〕 苏力：《法治及其本土资源》，中国政法大学出版社1996年版，第7页。

反，一旦法律适用不统一，人们就会失去对法律的信任，失去对社会规范的合理预期，也会失去规范自身行为的一个统一的标准，导致社会秩序陷入混乱的局面。

因此，统一法律适用是法治国家、法治社会的基本诉求，是社会行为得以正常运行、社会秩序得以维系的重要前提，追求法律适用的统一性、一致性是每一名司法工作者不懈追求的价值目标。[1]

2. 构建统一法律适用机制的标准

谈论统一法律适用，确定一个明确的统一标准是首要的问题。相对于同案同判的统一要求，将类案类判或者不同类案件协调裁判作为统一法律适用的标准似乎更加合理。因为，从案件识别的角度来看，世界上本就不存在完全相同的两个案件，所以某种程度上"同案同判"是一个难以实现的伪命题。从司法的目的性分析，要想得到公正的规范的裁判标准，只有聚焦案件类型进行分析总结，才能找到实现司法公正的道路。由于案件构成要件的差异性，裁判公正与否，并没有完全绝对的标准，因此，同类案件同等处理、不同案件区别对待是具有共识性的衡量标准。[2]实现同类案件同等处理其实是对于裁判过程的统一性的要求，审理案件的法官如果能够对司法裁判的过程或者是考虑因素保持一致，会获得一致的案件裁判结果。健全统一适用的标准主要包括以下三个方面：

（1）裁判的司法理念。"司法理念对司法主体的司法行为、司法活动起着取向和定位作用，直接影响着司法的方向和效果。"[3]司法理念是指引法官认识法律、审判案件的思想理念，是影响法官处理案件的观念指引。法官对于案件审判秉持的司法理念不同，对于案件的立场和认识的视角就会不同，会影响案件的裁判结果。例如我国司法审判领域先后出现了"为大局服务，为人民司法"的司法理念、"以人民为中心"的发展理念以及"调判结合、调解优先"的司法审判理念等，这些理念的更新与贯彻速度，以及法官对于新理念的理解和接受程度，都会影响案件的审判结果。实现司法理念的统一就

〔1〕 参见陈树森、陈志峰：《司法责任制改革背景下法律适用统一的再思考》，载《中国应用法学》2018 年第 5 期。

〔2〕 参见黄详青：《审判管理与司法改革研究》，人民法院出版社 2022 年版，第 27~28 页。

〔3〕 李方民：《司法理念与方法》，法律出版社 2010 年版，第 1 页。

要求最高人民法院加强对地方各级人民法院的审判工作的指导，高级人民法院加强对本省区域内中级、基层人民法院法官的司法理念的培训和学习指导，使各层级法院都能够跟紧司法理念更新的步伐，在司法实践中能够对司法理念的运用效果实现基本一致，减少因对司法理念的学习理解的偏差而影响案件审判效果的统一性。

（2）证据的认定标准。法官裁判案件要以事实为依据、以法律为准绳。而案件事实的认定取决于对当事人提供的证据的有效性的认定。因此，同样类型的案件当事人所提供的证据不同或者是法官对于证据规则的选择和分配的不同也会对案件最终的裁判结果产生影响。我国三大诉讼法对于证明标准均要求达到"案件事实清楚，证据确实充分"才能够予以定案，做出最终判决，其中，民事诉讼对于这一标准仅需达到"高度盖然性"的标准即可，对比刑事诉讼程序的证明标准要低很多。此外，同在民事诉讼领域，举证责任的分配方式或者是由于诉讼规则而衍生的证明责任的要求程度不同也会对裁判产生不同的影响。因此，证明标准的高低是一个盖然性的标准，具有自由裁量的空间，不同法官甚至是同一法官对于社会关注度不同的案件，所要求的证明标准也会不一样，民事诉讼的证明标准有可能会在不同的案件中被降低或者拔高。[1]各地各级人民法院对同类案件的法定证明标准需要准确把握，统一执行。如果特定案件类型的证明标准降格或拔高势在必行，则对于需要降格或拔高的特定案件类型以及具体证明标准也应该予以统一。[2]

（3）法律的选择适用。审判案件的法官对于案件适用法律的选择不同也会对统一法律适用产生影响。我国法律规定存在选择竞合的情形，毕竟社会生活是复杂多变的，实践中的法律关系并不是与法律规范一一对应的。因此，针对同一法律关系可能会出现可以同时适用多个法律规定的情形，此时，应当允许法官根据自己的理解对于案件应当适用哪一个法律规定做出最终的判断。但是法律的适用是有科学依据可以论证的，应当在裁判结果中予以充分的说明，并且超出合理范围的随意法律适用是不被允许的，对于法律的选择适用应当具有一定的法律依据和合理性理由。此外，当当事人的行为出现可

---

〔1〕　参见陈虎：《制度角色与制度能力：论刑事证明标准的降格适用》，载《中国法学》2018 年第 4 期。

〔2〕　参见李群星、罗昆：《论法律适用统一的判断标准》，载《中国应用法学》2020 年第 5 期。

以选择竞合的情况时，例如遭受产品损害的当事人可以选择提起违约责任之诉也可以选择提起侵权损害赔偿之诉，当事人对于诉讼类型和提起诉讼的法律依据的选择差异可能也会导致案件裁判结果的差异，这也是在统一法律适用的合理范围之内的。最后，法官对于当事人行为性质的认定不同也会导致裁判结果和案件性质的差异。例如在合同纠纷中，法官对于当事人合同的认定是有名合同还是无名合同，是有名合同中的何种合同类型的认定，也会影响法官选择适用不同的法律对案件进行审理，进而导致裁判结果的差异。以上列举的法律适用不统一的情形，除因法官对于案件事实中行为性质的认定的差异而导致的不统一外，其他的法律适用的差异性选择是在合理范围之内的，而关于法官对于行为性质的认定而导致的法律适用不统一，应提高法官的法学素养，增强对于法律的理解和适用、运用能力。

统一法律适用是一个系统的工程，需要各环节各因素的系统集成才能够实现，不是一蹴而就的。对于统一法律适用应当保持理性的态度，对于因程序选择或者竞合关系选择而导致的类案不类判的现象是在合理范围之内的，并不违反公平正义的司法理念，可以通过充分的说理和释明工作予以阐明。而对于因裁判者之间缺乏沟通交流、对于裁判方法的滞后适用等问题而导致的法律适用不统一问题，应当及时解决，统一法官之间对于自由裁量权的把控尺度。最后，针对因法官自身法律知识和法律素养的差异而导致在审判案件过程中对于法律的解释和理解存在差异，则是一个长期培养的过程，需要循序推进，不能急于求成。

3. 构建统一法律适用机制的策略方法

由于法律适用的不统一会带来不利影响，我国法院实践和理论研究都在积极探索统一法律适用的各种机制，在统一法律适用理论和标准的指引下，完善统一法律适用的机制包括以下四个方面：

（1）程序类方法。统一法律适用需要在诉讼程序中予以实现。程序类方法是保障统一法律适用的主要手段。具体来说，包括：第一，上诉制度。上诉制度是上级法院对下级法院予以审判监督的重要方式，也是上级法院对下级法院的错误裁判及时予以纠正，实现统一法律适用的重要方式，对于下级法院所做出的生效裁判，当事人认为法律适用错误的，可以通过上诉的方式向上级法院申请上诉审，上诉审法院在二审程序中对于裁判予以纠正的过程便是统一法律适用的过程。第二，审判监督制度。对于生效裁判的程序监督方式，审判监督程序可以说是现存唯一的有效监督渠道。而针对二审生效裁判所提出的再审申请，在再审的启动原因中应当加上法律适用不统一这一事由。第三，案件移送管辖制度。作为案件审理的第一道关口，管辖问题决定着案件审理和法律适用的后续问题。在管辖制度中，案件移送管辖解决了案件审理难度与法院审理层级不相适应以及统一法律适用的问题，即下级人民法院可以将属于本院管辖但存在前述两种情况的案件移送至上级人民法院管辖。这种制度在我国经常被用来抵制地方干扰、解决法律难题，现在它在统一法律适用方面的作用逐渐显现出来。[1]第四，特定类型案件集中管辖制度。针对某些具有高度专业性的特殊类型案件实施集中管辖，例如涉外案件、破产案件、知识产权案件等，这类案件的法律适用具有复杂性和专业性等特点，通过集中管辖审理特定类型的案件，有利于统一对这类案件的法律适用规则，是统一法律适用的重要组成部分。

（2）组织类方法。组织类方法是指法院的案件审理形式以及审判方式等制度对于统一法律适用的保障机制。具体包括：第一，审判委员会制度。我国的审判委员会制度是极具中国特色的疑难复杂案件的纠纷解决制度，虽然其通过非直接审理案件的法官讨论决定案件结果的过程受到很多诟病，在司法责任制改革的背景下废除的呼声很高，但不得不承认在我国的司法实践中审判委员会制度对于很多疑难复杂案件的公正高效地解决发挥了重要作用，因此，针对审判委员会制度的态度不应当是"一刀切"地直接废除，而是对其进行去行政化的司法改造，使审判委员会制度实现组织的科学化、程序的诉讼化，使其在总结审判经验、统一法律适用标准方面充分发挥其制度优势。第二，合议制度。合议制作为民事审判的基本组织形式，主要通过合议庭成员的讨论与决策，实行少数服从多数的机制，避免审判人员的一人独断，增加最终决策结果的民主性，而在统一法律适用方面，合议制也主要是通过少数服从多数的决策机制而使法律的适用在最基本的决策单元内实现初步的统一。第三，专业法官会议制度。随着司法审判的专业化、精细化的要求越来越高，很多法院相继推出了专业的审判机构针对具有鲜明特点的民事案件予以类型化处理，同时还会经常针对较为复杂的案件召开专业法官会议进行讨论和交流，这些举措和交流的过程是在为统一法律适用做好基础性工作。第

---

〔1〕 参见蒋惠岭：《司法改革的知与行》，法律出版社2018年版，第339~340页。

四，审判长联席会议。与专业法官会议同理，审判长联席会议也在一个法院内部就本院的民事案件的审理情况进行充分的讨论和交流，以求首先在法院内部保障法律适用的统一，这些都是司法实践对于统一法律适用的积极探索，对统一法律适用的发展进程具有重要积极推进作用。

（3）工具类方法。工具类方法是指法院对于法律的解释和认知过程的阐述，主要包括司法解释、法律问题答复、指导性案例、上下级法院对具体案件及特定法律适用问题的沟通与讨论以及其他法律适用方面的会议交流机制等方式。首先，发布司法解释是最高人民法院作为最权威的法律解释机关对于全国统一法律适用实行最核心的措施。司法解释从诞生之日起就在我国的司法实践中发挥着统一法律适用、弥补法律疏漏、抑制地方司法保护等作用，[1]司法实践表明，尽管法治原则的发展对于司法解释提出了一系列的形式创新、制定程序创新等新要求，但在统一法律适用方面，司法解释具有其他机制难以超越的优越性，只有最高人民法院司法解释的制定目的正当、制定方法合适，才能使最高人民法院司法解释的内容趋于合理；只有最高人民法院司法解释的内容合理，才能实现法律适用的统一性和公正性；只有法律适用趋于统一和公正，才能提升司法权威，实现社会公平与正义。[2]其次，法律问答回复及上级法院对下级法院法律适用的指导等机制。针对下级法院或者基层人民法院的司法工作和法律适用情况，最高人民法院以及全国法院系统的上级法院对下级法院常常会以检查指导或者是对于下级法院提出的法律问题的进行答复等方式对法律的具体适用进行解释和指导，其中，还包括上级法院对于下级法院的具体案件的法律适用问题的指导和意见回复，虽然这样的做法可能会混淆一审审理程序中下级法院与上级法院的意见内容，损害当事人的上诉利益而应当被逐渐淘汰，但不得不承认直接对法律问题予以答复和指导的方式是对法律统一适用较为高效的统一机制。再次，司法实践中，法院还经常通过召开法律适用方面的会议以及对法官进行集中的法律适用方面的司法培训，以提高法官对法律适用统一性的保障能力，提升法官对于法律的认知和解释适用的统一性。最后，最高人民法院发布的典型案例和

---

〔1〕　参见蒋惠岭：《司法改革的知与行》，法律出版社 2018 年版，第 343 页。

〔2〕　参见徐汉明、吕小武：《统一法律适用标准实现路径探究》，载《中国应用法学》2020 年第 5 期。

指导性案件对于基层人民法院统一法律适用具有重要价值。通过最高人民法院对于指导性案例的发布，可以为基层人民法院在具体案件的审理过程中提供参考，能够对基层人民法院的审判工作和审判思维提供指导，在统一法律适用、维护司法裁判的一致性方面居于重要保障地位。

（4）内外结合类方法。内外结合类方法是指除法院系统外，其他国家机关对于统一法律适用的监督和参与机制，主要包括检察院的抗诉、行政规章的送请解释制度、提交议案或者建议制度、司法解释建议以及立法或者立法解释与司法解释发生冲突时，应当报请最高人民法院予以裁决作出立法优先的决定等制约机制，这些外部力量通过其他国家权力对司法领域法律适用的监督和制约，可以为纠正法律适用的不统一的现象发挥事后补救和过程监督的作用。[1]

4. 高级人民法院实现统一法律适用职能的路径

统一法律适用是司法公正、司法公信力的体现，也是社会衡量司法公正度和公信度的标准和期望，因此，统一法律适用是法院审判工作中的一项基本要求，尽管法律适用的不统一是一种客观存在的现实，但作为一种追求，法院在审判工作中应当尽量做到法律适用的统一。

实际上，无论是从高级人民法院作为地方最高层级法院的角色定位来看，还是从地方法院对于统一法律适用的现实需求来看，都应当加强高级人民法院统一辖区内法律适用的职能。另外，考虑到高级人民法院具有丰富的审判经验并且拥有大批法律专家和优秀研究员，在平时工作中重视对于司法审判经验的总结，我们有理由相信高级人民法院有能力对法律适用提出自己的意见以宏观指导辖区内法律适用的统一。以上统一法律适用的策略方法适用于所有层级的法院，结合高级人民法院自身审级职能定位的内容和司法资源的特点来看，高级人民法院实现统一法律适用的职能主要应当从以下几个方面构建：

（1）上诉审程序。上诉审不仅具有纠错、监督的功能，同时也具有促进统一法律适用的作用。上诉审法院通过上诉审的审理裁判能够在一定程度上保障下级法院在法律适用方面与自己保持一致。上诉审法院不仅可以指出初审

---

〔1〕　参见蒋惠岭：《司法改革的知与行》，法律出版社 2018 年版，第 346~347 页。

法院的判决是否错误，而且还可以对法律作出正确的解释。[1]上诉审法院的级别越高，这种作用就越明显，因为级别越高，其涵盖的区域范围越大，其统一的影响也越大。自从四级法院审级职能定位改革后，基层人民法院承担了主要的一审案件的审理职能，中级人民法院作为其上一级法院自然也就具有了审理大部分上诉案件的职能。因此，我国在审级职能定位改革后，上诉审法院主要是指中级人民法院。中级人民法院在上诉审的审理过程中，通过对基层人民法院的裁判的改变，可以实现对法律的统一适用，但这一统一法律适用的范围仅限于中级人民法院司法辖区内的范围，适用范围较窄，统一法律适用效果不明显。但经过以上论述可知，虽然高级人民法院在审级职能定位改革中的主要职能是再审法院，但仍保留着一部分上诉审的审理职能。因此，高级人民法院可以通过对部分上诉审案件的审理，实现统一法律适用的司法效果。如果上诉审法院为高级人民法院，则对该省、自治区或直辖市的中级人民法院审判案件中的法律适用都会有直接影响，并通过中级人民法院间接影响基层人民法院。通过上诉审程序实现统一法律适用，间接影响主要是生效裁判对其他的法院待决案件的参照性；直接影响则来自法律审级上的影响，下级人民法院如果不能在法律适用上与上级法院保持一致将面临被改判的风险，因此下级人民法院在审判时，必须研究如何做到正确地适用法律，以便与上级人民法院在法律适用方面保持一致性。[2]

（2）再审程序。再审程序和上诉审程序对于实现统一法律适用的作用原理一致，都是通过对原审裁判的改变而实现的。对比上诉审程序，高级人民法院对于再审案件的审理数量较多，能够通过再审程序实现本省司法辖区范围内的统一法律适用，对于本省内的中级人民法院和基层人民法院的司法裁判的统一具有重要作用。再审程序和上诉审程序作为以审级制度为核心的程序类方法，通过对具体案件的审理实现统一法律适用，更具有针对性，也就更为精准和妥当，对于其他案件的指导作用也更为直接。但是，通过对具体案件的审理而实现统一法律适用可能会因对于案件事实的过度审判而忽视法律适用问题，因此，为了保障再审程序对统一法律适用目标的完全贯彻，应

---

〔1〕 ［美］约翰·亨利·梅利曼：《大陆法系》，顾培东、禄正平译，法律出版社2004年版，第41页。

〔2〕 张卫平：《法律适用统一的路径和方法分析》，载《云南社会科学》2024年第2期。

当将再审程序的审查内容限定为法律适用，即将再审之诉的审理内容限定为法律审，对法律适用问题进行集中审理，实现统一法律适用的目标。

（3）审判业务文件。高级人民法院审判业务文件，是指由省、自治区、直辖市的高级人民法院及其内设机构制定和发布，用于指导辖区内各级法院和专门法院审判业务工作的，关于案件审理、审判管理等问题的规范性文件。最高人民法院《关于规范上下级人民法院审判业务关系的若干意见》第9条第1款规定，高级人民法院可以通过制定审判业务文件，对本辖区内的下级人民法院和专门人民法院的审判业务进行指导，在业务指导的过程中也对相关区域的法律适用统一起到了一定的促进作用。因此，审判业务文件是高级人民法院除了上诉审和再审制度以外的，又一统一法律适用的合理路径。

首先，审判业务文件不同于最高人民法院制定的司法解释，二者的具体区别主要有：其一，效力来源不同。司法解释权来源于《人民法院组织法》的规定和全国人大的明确授权，其他各级法院均无权进行司法解释；审判业务文件的效力来源于高级人民法院对辖区内各级法院的监督指导权，《人民法院组织法》明确了上下级法院之间的监督关系，高级人民法院有责任对下级法院在审理同类案件中遇到的疑难问题进行指导，确保法律统一适用。其二，效力性质不同。司法解释具有法律效力。高级人民法院审判业务文件仅具有监督指导职能，不具有法律效力，通常被视为人民法院的内部文件。其三，效力范围不同。司法解释针对的是一般意义上的司法事务，其效力范围及于全国各级法院。审判业务文件从本质上说仅是地方法院的一种工作机制，因此，其对象应当仅限于地方性的司法事项，否则便不具有制定审判业务文件之必要，应当依照有关规定向最高人民法院提出制定司法解释的建议。

其次，审判业务文件作为高级人民法院统一法律适用的路径具有正当性基础。根据以上分析可知，审判业务文件是各省高级人民法院在本省司法辖区内对下级人民法院和各专门人民法院的司法审判工作的指导性文件，其在不抵触法律法规、司法解释的前提下，有利于在区域司法环境不平衡的局面下解决在本地区较为突出但在全国范围内尚不普遍的疑难问题或者司法实际需要。此外，由于我国各地区的经济发展不平衡，所以各省各地区的司法实践需求也存在一定的差异性，作为地方司法审判系统的最高指导性法院，各省的高级人民法院有义务根据本省的司法实践需求，对下级人民法院的司法审判工作作出有别于全国其他地区的独特性指导，以保证本地区司法活动的正常展开和实际司法需求的满足。

最后，各高级人民法院通过审判业务文件实现各地区统一法律适用应当保持规范性原则，科学合理构建审判业务文件的统一法律适用机制。一是要确保审判业务文件的合法性，保证审判业务文件在基本精神、具体规定等方面与法律法规、司法解释保持一致，不能与法律法规和司法解释相冲突。二是要注重对审判业务文件贯彻落实情况的跟踪研判，结合实际执行情况和新发现的问题及时进行修改完善，不断提高审判业务文件的实效性。三是要健全完善有关审判责任制的规范性意见。通过制定完善相关的规范性文件，对各院已经认真研讨、已有明确审理思路和裁判标准的，法官在无正当理由的情况下，仍然背离已有审理思路和裁判标准，造成法律适用不统一的，追究其审判责任，确保"由裁判者负责"落地见效。[1]

---

〔1〕 陈树森、陈志峰：《司法责任制改革背景下法律适用统一的再思考》，载《中国应用法学》2018年第5期。

第五章

最高人民法院的民事审级职能定位改革

一、最高人民法院的角色定位

最高人民法院的角色定位是最高人民法院在司法改革和司法实践中应当发挥的具体作用的正确定位和反映，是最高人民法院在审级职能定位改革和国家司法体系中的作用发挥方式的体现，根据不同的时期、不同的领域，最高人民法院具有不同的角色定位，角色定位的不同决定了其职能内容的变化。

（一）最高人民法院在司法审判系统中的角色

最高人民法院在民事审级职能定位中的职能是其作为最高司法机关发挥其应有作用的体现。最高人民法院在民事审级职能定位改革中作用的发挥，体现了国家司法权的作用边界，展示了司法权对于社会问题影响和保护的深度和广度，是现代国家通过司法权对公民基本权利予以保护的范围的具体展现。经过民事审级职能定位改革后，最高人民法院在司法审判系统中的角色定位从权利救济和纠错型法院逐渐转变为公共政策创制型和监督指导型法院。

1. 公共政策创制型法院

最高人民法院虽然是司法审判机关，但是其作为我国司法领域的最高机关对全国的司法审判工作和司法治理体系的发展都具有重要作用。在现代西方国家，法院之所以具有公共政策创制职能，主要由三个因素促成：一是现代社会国家职能分化的结果，二是维护裁判统一和法制统一的需要，三是与现代西方国家法院政治地位的提升密切相关。[1]由于这三个因素的影响，赋

---

[1] 参见丁以升、孙丽娟：《论我国法院公共政策创制功能的建构》，载《法学评论》2005年第5期。

予了法院公共政策创制职能，而最高人民法院的这一职能最为鲜明。最高人民法院的司法意见往往被认为对案件事实具有约束性，同时也具有立法效果，最高人民法院司法意见的表达对国家和社会相关事件天然地具有约束力和权威性。[1]最高人民法院所发布的民事诉讼政策对社会和国家发展都具有一定的导向作用，这种导向作用是指民事诉讼政策对党和国家在一定时期实现民事司法目标、实现社会发展目标以及对人们具体的民事诉讼活动方向所产生的导向性、引领性的职能和作用。[2]应当承认，司法机关与立法机关一样，在某些事项上具有创制新规则的作用，司法权与立法权一样都是界定权利的重要工具，但是应当对其界限予以划分，立法权是对抽象规则的规定，而司法权是对具体权利的配置，在规则制定上二者的创制角度和方式是不一样的。[3]例如对于《宪法》的具体适用的解释权限属于全国人大常委会，但是在司法审判过程中法官在具体案件中对于《宪法》适用的理解、鉴别和说明虽然也属于对于《宪法》的内容的解释，应当在合理的范围内被允许，只不过最高人民法院的这种解释需要坚持一定程度的自我克制和自我约束，与全国人大常委会做好合作，把握好法律解释的界限。但是，在规则创制的过程中最高人民法院也具有自己的政策制定空间，并不完全只是对已有的立法规范作出理解。

在司法实践适用法律的过程中，法律规定的权利适用边界并不是非常清晰，这是对于权利范围的包容性规定，有利于最大限度地对公民权利予以维护，但是在司法实践中具体哪些权利应当予以保护，权利保护的边界的具体内容如何认定，是法院系统的重要工作内容。在没有相关立法予以明确规定的情形下，法官对法律规定进行漏洞的补充和法外续造就具有很大的合理性，这些新规则的创制也都是法官在具体裁判过程中法律解释活动的正常延伸。[4]因此，最高人民法院在民事审级职能定位改革中需要强化公共政策创制职

---

[1] See Earl M. Maltz, "The Function of Supreme Court Opinions", *Houston Law Review*, (2000), 1395.

[2] 参见张嘉军等：《政策抑或法律：民事诉讼政策研究》，法律出版社 2015 年版，第 76 页。

[3] 参见候猛：《中国最高人民法院研究：以司法的影响力切入》，法律出版社 2007 年版，第 173 页。

[4] 参见候猛：《司法的运作过程：基于对最高人民法院的观察》，中国法制出版社 2021 年版，第 221~222 页。

能，侧重对于全国司法审判过程中信息的抓取和提高对新问题的提取能力，顺应民事审判过程中产生的新问题、新需求，提升对新问题、新规则的解释能力。

2. 监督指导型法院

此次四级法院审级职能定位改革在最高人民法院集中表现为司法权的优化，即将最高人民法院的司法权的行使逐渐从对具体案件的审判转移到对于全国司法审判工作的监督指导上来。这样就使得最高人民法院逐渐转变为了监督指导型法院。在四级法院审级职能定位改革的试点过程中，最高人民法院为了保证其监督指导型法院的角色定位，一方面，通过对案件诉讼标的额的调整，将大部分的一审案件下放到基层人民法院审理，这样，通过我国两审终审制的审级制度，中级人民法院自然成为二审法院，高级人民法院成为大部分案件的再审申请法院。最高人民法院得以逐渐从具体案件的审理中脱离出来。此外，中级人民法院还负责一部分案件的一审审判职权，相应地，这部分案件按照审级制度，将需要向最高人民法院申请再审，但最高人民法院作为监督指导型法院不宜进行大量具体案件的审理工作。因此，为保证最高人民法院集中司法资源、进行司法权的优化，审级职能定位改革调整了向最高人民法院申请再审的案件结构。对于高级人民法院作出的生效裁判，除原裁判适用法律确有错误，或原裁判经高级人民法院审判委员会讨论决定外，当事人原则上向原审高级人民法院申请再审。这样可以使最高人民法院主要致力于出台指导性案例与司法解释的修改与制定。[1]同时，进一步巩固了最高人民法院作为监督指导型法院的角色定位。

但是，可能担心司法监督带有司法行政等级制和下级服从上级的理念，下级法院仍会像下级行政机关对待上级行政机关一样向上级法院请示汇报。对下检查、听取汇报、信访接待等类行政化方式是最高人民法院与上级法院进行监督、指导的常用方案。虽然我国没有任何法律规定下级法院必须服从上级法院的指示、命令，但这种行政化的职能促使下级法院通常会请示，且按照上级法院的意见行事。由于上级法院享有案件的终审权，当下级法院遇到法律规定模糊或者其认为较为复杂的问题时，为了避免因与上级法院意见不一致导致案件改判或发回而影响业绩考核，稳妥起见，下级法院自然会倾

---

[1]　侯猛：《最高人民法院如何改革司法》，载《学习与探索》2010年第4期。

向于向上请示，以获得权威意见作为判决基础。但上级法院的回复意见或指示并不会在裁判文书中出现，监督指导下级法院的相关文件也不会对当事人公开。这种对案件产生实质性影响的监督指导往往导致上诉程序的虚置，也造成了案件审理的间接性，影响下级法院审理案件的独立性。另外，强化上级法院的监督指导职能也可能削弱下级法院独立解释与适用法律的能力，特别是在司法责任制强调追责却仍未建立完善的法官保障机制的背景下，为了降低职业风险、减少错误成本，下级法院寻求上级法院的监督指导可以最大限度规避审判责任。[1]因此，在对最高人民法院行使监督指导职能的司法权限进行构建的时候，应当保持司法权运行的科学性和专业性，保证权力行使的透明度。

（二）最高人民法院在国家机构体系中的角色

最高人民法院作为我国的最高司法审判机关，其不仅是解决纠纷、审理案件的司法机关，其作为中央国家机构之一，还承担着一定的政治职能和社会职能。就政治职能来说，法院以司法审判为桥梁承担着国家权力下沉和政治话语进化的职能，为国家和社会起到了沟通作用。而法院所发挥的社会功能则主要表现在法院在司法实践活动过程中所实现的维护社会稳定、参与社会治理和执行公共政策的职能。[2]最高人民法院的这些职能承担的内容均来源于其在国家机构体系中的角色定位。最高人民法院在国家机构体系中主要包括如下角色定位：

1. 作为中央国家机构体系的最高人民法院

我国 1954 年《宪法》第一次规定了全国人民代表大会是最高国家权力机关，行使国家立法权，国务院、最高人民法院、最高人民检察院由其产生、对其负责、受其监督。这是我国关于中央国家机关的最早的规定，明确了我国的政权体系与三权分立体系的本质区别，我国的全国人大是唯一的最高权力机关，产生其他机关，而我国的行政机关——国务院和司法机关——最高人民法院和最高人民检察院都处于全国人民代表大会之下的平等地位上，至

────────────

〔1〕　参见张卫平、戴书成：《对最高人民法院职能定位调整的思考》，载《学习与探索》2022 年第 6 期。

〔2〕　参见曹永海、陈希国：《国家建构视角下中国法院的功能——兼评〈当代中国法院的功能研究：理论与实践〉》，载《山东法官培训学院学报》2023 年第 1 期。

此，我国"一府两院"的国家政权结构形成并一直沿用。[1]直到 2018 年，为了贯彻和体现深化国家监察体制改革的精神，《宪法》规定的国家机构一章增加了"监察委员会"一节，但其地位仍旧是处于全国人民代表大会之下，由其产生、对其负责、受其监督，监察委员会、国务院、最高人民法院、最高人民检察院处于并列的法律地位，形成了新的"一府一委两院"的政权结构模式。[2]因此，可以看出在国家机构层面，最高人民法院一直都是中央国家机构体系的重要组成部分，其与最高人民检察院分工负责、相互配合，共同行使我国的最高司法权，是国家权力体系中的重要组成部分。同时由于最高人民法院的这一政治性角色定位，也决定了最高人民法院虽然作为司法审判机关，但不能完全拘泥于具体普通案件的审理，其具有更多更加复杂和综合性、宏观性的职能内容需要完成，这是最高人民法院作为全国最高司法审判权的行使者的职责与使命，也是最高人民法院在国家机关结构体系中承担起应有的政治性职责的体现。

2. 作为最高审判机关的最高人民法院

《宪法》和《人民法院组织法》规定，最高人民法院是中华人民共和国的最高审判机关，监督地方各级人民法院和专门人民法院的审判工作。"最高"意味着审级层次最高、司法权威最高、裁判效力最高。作为国家的最高审判机关，最高人民法院院长每年都需要向全国人大报告工作。最高人民法院作为国家政权体系中的一员，其职能不仅仅局限于审理案件和对下级法院的监督指导，还肩负着政治责任统领、法院队伍建设、司法行政管理、统一法律适用等职能。[3]但不论最高人民法院具有多少附加性职能，其核心还是司法审判机关，需要遵循司法机关的工作规律和司法审判的规律进行职能实现。最高人民法院在发挥创制裁判规则、统一法律适用等职能时，需要严格遵循法律规定，设置科学合理的司法运作过程，职能发挥的过程和结果都要严格遵循法律的规定和对司法的规律性认知，具有法律工作的合理性和规律性。

---

〔1〕　参见何帆：《积厚成势：中国司法的制度逻辑》，中国民主法制出版社 2023 年版，第 267 页。

〔2〕　参见何帆：《积厚成势：中国司法的制度逻辑》，中国民主法制出版社 2023 年版，第 268 页。

〔3〕　参见何帆：《积厚成势：中国司法的制度逻辑》，中国民主法制出版社 2023 年版，第 375～376 页。

3. 作为司法改革的推动和引领法院

最高人民法院作为体系化改革内容的一部分，其既是改革的主体又是改革的引领者。而最高人民法院在国家改革的进程中，作为司法系统的领导者、管理者，同时也是本次改革中的参与者、实践者。[1]有学者认为改革需要观念、态度层面的变化，包括文化的转变，受传统文化的影响，司法界往往很少主动发动改革，为了克服这一困境，改革者需要在改革过程中积极地参与改革。[2]需要以自身改革内容的推进，改革措施的落实来为地方各级法院的改革提供示范引领作用，最高人民法院对于改革政策的理解与落实，是地方各级法院学习的榜样和标本。最高人民法院只有先将自身的改革目标予以完成，才能为地方各级法院做好榜样引领作用，才能进一步更好地指导全国法院的改革内容和改革举措的落实。最高人民法院作为司法改革的推动者和引领者主要体现在以下三个方面：

（1）配合中央有关部门的改革。习近平总书记指出，司法制度是上层建筑的重要组成部分。这一论断表明司法改革和政治体制改革紧密相连，司法改革应遵循政治体制改革的总体原则。习近平总书记从上层建筑的战略高度来定位司法制度，把司法改革放在全面依法治国及党和国家事业发展全局中来谋划和推进，对深化司法体制改革的理论认识和实践探索达到了新的历史高度。正确理解司法改革的定位，要求我们要准确理解司法体制改革和政治体制改革的关系，准确把握司法改革是从根本上捍卫着整体的政治制度。[3]

法治在我国社会改革发展和建设社会主义现代化强国的道路上具有关键性的作用。运用法治思维和法治方式解决中国特色社会主义道路所遇到的问题和挑战是中国不断实现自身发展和完善，进而走向文明和成熟的核心要素和根本途径。[4]我国的司法权是中央事权，司法系统的改革不仅关系司法审判和司法系统的发展，更关系国家治理体系和治理能力的提升，司法改革的

---

〔1〕 参见候猛：《司法的运作过程：基于对最高人民法院的观察》，中国法制出版社 2021 年版，第 226 页。

〔2〕 参见孙谦、郑成良主编：《司法改革报告有关国家司法改革的理念与经验》，法律出版社 2002 年版，第 4 页。

〔3〕 江必新：《习近平法治思想中司法改革理论述要》，载《中国应用法学》2023 年第 3 期。

〔4〕 参见候猛：《司法的运作过程：基于对最高人民法院的观察》，中国法制出版社 2021 年版，第 226~228 页。

成效是否完善、成果是否优越直接关系我国其他领域的改革成果是否能够具有完善的保障体系和优越的纠纷解决机制。最高人民法院在司法改革过程中不仅要发挥好自身作为最高司法机关的引领和管理作用，同时还应当具有全局观念，与中央有关部门积极沟通，确保司法改革的顺利进行，充分发挥法治对国家改革发展稳定的引领、规范和保障作用，以深化依法治国实践检验法治建设成效，着力固根基、扬优势、补短板、强弱项，推动各方面制度更加成熟、更加定型，逐步实现国家治理的制度化、程序化、规范化、法治化。[1]

可见，我国新时代的司法改革是全面依法治国战略的必要方略，是关系国家整体政治经济发展的全局性事业。司法权是中央事权，司法改革是由中共中央总管的国家发展战略举措，最高人民法院具有配合推进司法改革的职责。

（2）指导下级法院的改革。最高人民法院作为最高司法审判机关，具有唯一性，对全国法院系统具有监督指导职能。这种监督指导的职能不仅包括对于司法审判活动的监督和指导，还包括对于司法改革、方针政策等落实情况的监督工作。最高人民法院指导下级法院主要通过两种形式：一是通案指导，采取制定司法解释或者其他司法文件的形式。二是个案指导，即通过批复方式、审判监督程序或其他方式指导下级法院的工作。最高人民法院既沿用旧有的途径指导下级法院，同时又进行法院信息化建设即智慧法院建设。这使得最高人民法院对下级法院的指导工作的成本更低、信息获取和交流更快，指导能力大大加强。例如最高人民法院建成信息集控中心，具备即时收看全国四级法院庭审直播、彼此交流会商、数据集中管理等功能，极大地加强了最高人民法院对于全国法院系统的管理和指导工作。[2]

（3）最高人民法院的内部改革。最高人民法院虽然对全国的法院系统具有一定的审判管理和指导职能，但其也是司法审判机关中的一员，其自身也需要不断地改革，以更好地做好司法审判工作。就本次四级法院审级职能定位改革来说，最高人民法院的职能定位为"监督指导全国审判工作，确保法

---

〔1〕　参见习近平：《推进全面依法治国，发挥法治在国家治理体系和治理能力现代化中的积极作用》，载《求是》2020 年第 22 期。

〔2〕　候猛：《司法的运作过程：基于对最高人民法院的观察》，中国法制出版社 2021 年版，第 227～228 页。

律统一适用"，最高人民法院为实现此职能定位需要从减少普通案件审理、优化审级结构、强化政策制定、维护法制统一等多角度多方面对最高人民法院的工作内容予以调整和优化，最高人民法院也是改革中的一环且是改革中的重要一环，最高人民法院作为司法审判领域的最具权威性的对全国司法审判工作具有唯一的司法监督指导权限的机关，最高人民法院的改革成果如何直接关系着全国司法改革的成效。因此，最高人民法院各部门应当从全局出发，坚决贯彻落实中央的改革要求，发挥好牵头把关作用，强化试点管理和监督指导，健全完善试点联席工作会议机制，形成上下贯通、有序衔接、分工负责的组织实施机制。对涉及中央有关职能部门的改革事项，最高人民法院相关牵头部门要采取联合调研、实地座谈等方式，积极"走出去""请进来"，抓紧推动诉讼收费制度改革等配套举措落地见效，确保各项改革相互配套衔接、形成制度合力。[1]此外，最高人民法院还通过设立巡回法庭、推行法官员额制改革等方式，不断进行内部改革，提升自身的审判业务能力。

二、最高人民法院民事审级职能定位改革的基本思路

本次审级职能定位改革将最高人民法院的改革内容确定为"监督指导全国司法审判工作，确保法律的统一适用"，这是一种既调结构又定职能的改革内容，不断优化最高司法审判机关民事审级职能定位改革的内容，需要遵循一定的策略方法和基本步骤。

（一）最高人民法院民事审级职能定位改革的策略方法

最高人民法院作为国家最高审判机关，其职能重点早已突破普通案件的审判和纠纷解决的基本职能目标，而是以监督指导全国司法审判工作的稳步发展为核心。最高人民法院作为全国司法审判工作的指导性法院、作为全国司法改革的领导法院，其民事审级职能定位改革的内容牵一发而动全身，关涉到全国法院系统的民事审级职能的定位情况，应当审慎对待、理性构建。针对审级职能定位改革对最高人民法院的职能定位内容的确定，最高人民法院民事审级职能定位改革应当遵循如下策略方法：

---

[1] 参见周强：《深入开展四级法院审级职能定位改革试点推动构建公正高效权威的中国特色社会主义司法制度》，载《人民司法》2021年第31期。

1. 既要"做减法"，又要"做加法"

四级法院审级职能定位改革将最高人民法院的职能定位于"监督指导全国审判工作，确保统一法律适用"。最高人民法院作为全国最高司法审判机关的监督指导职能被越来越多地予以强调。最高人民法院在司法审判体系中重在发挥公共政策制定等非司法审判职能，使得最高人民法院的司法审判职能逐渐被弱化，进而集中精力充分发挥其他职能内容，这是最高人民法院职能内容改革的发展趋势。最高人民法院民事审级职能改革内容的制度设计，完善最高人民法院自身的职能定位，应当与明确四级法院职能定位统筹考虑，不宜单纯将压缩最高人民法院办案数量作为改革目标，总体上应当确保四级法院各司其职，既实现两审终审、维护裁判权威，又能够及时纠错、统一法律适用。对于"压"下去的案件，要确保在一审二审阶段得到公正审理、解决事实法律争议；对于在法律适用上有普遍指导意义或者关乎社会公共利益的案件，要完善移送管辖和提级管辖机制，推动实现最高人民法院或高级人民法院"审理一件，指导一片"的职能。[1]

2. 既要"挤水分"，又要"调结构"

此次四级法院审级职能定位改革，通过改革再审程序，将高级人民法院作出的已经生效的民事判决、裁定书的再审审查权赋予高级人民法院审查，仅规定了具有法律适用争议的案件才允许向最高人民法院申请再审，严重限缩了最高人民法院对于再审案件的审判权。但同时又改革了再审程序，为具有全国统一法律适用指导意义的案件进入最高人民法院提供了可行路径。完善最高人民法院职能定位，既要通过完善立案标准、司法政策、收费办法等方法将部分案件"拒之门外"，又应当结合诉讼制度改革、法院组织体系改革和巡回法庭配套改革，推动优化最高人民法院的选案模式和收案结构，将适合由最高司法机关审理的案件"打捞上来"。

3. 既要"做优化"，又要"定职能"

在总结基层人民法院内设机构改革和其他政法机关机构改革经验的基础上，结合完善四级法院职能定位，进一步推动中级以上人民法院内设机构改革工作。从长远来看，只有最高人民法院自身职能定位清楚、案件结构清晰、机构职能明确、人员配置科学，才有利于完善"三定方案"。相关工作应当配

---

〔1〕 宋朝武：《我国四级法院审级职能定位改革的发展方向》，载《政法论丛》2021年第6期。

套考虑、依序推进。

（二）最高人民法院民事审级职能定位改革的基本步骤

为了更好地实现最高人民法院既调结构又定职能的改革目标，最高人民法院在司法审判职能的履行过程中应当坚持两项原则：一是案件审理要重质不重量。在不断深化司法改革，确立科学的审级结构的过程中，最高人民法院早已褪去了纠纷解决法院的角色定位，更多地将视角放在监督指导全国司法审判工作，统一法律适用，引领司法改革和法治建设等侧重于公共政策制定和执行的领域。因此，最高人民法院审理案件的目的不是对私人利益的保护和私人纠纷的解决，审理案件的目的更多的是通过对具体案件的审理而体现或者总结司法审判的经验以及法律适用的具体规则，最高人民法院对案件的审理不能只局限于追求个案本身争议的解决和利益的实现，而应当探索审理案件所带来的更多的示范效应和衍生价值。最高人民法院审理的案件应当具有统一法律适用、打破"诉讼主客场"以及解决疑难新型案件的审理规则等示范效用的价值特点，审理的案件范围应当经过认真的筛查。二是案件审理要扬长避短。最高人民法院虽然具有全国最优的司法资源，案件的审理过程也受地方因素影响最小，但与地方法院相比，并不具备熟悉辖区情况、便于查证事实、统筹协调各方、实质化解纠纷等优势。如果案件只是事实难以认定查明、息诉罢访任务繁重，但法律适用明确、没有地方干预的，更适合交由地方法院审理。这也更加证明最高人民法院审理的案件要具有典型性，要经过筛选才能由最高人民法院予以审理。[1]

依据这两项原则，最高人民法院民事审级职能定位改革应当遵循如下改革步骤：

1. 减少最高人民法院的办案数量

在四级法院审级职能定位改革试点中，减少最高人民法院的办案数量主要通过两方面来实现：一是案件下沉，在审级上减少最高人民法院审理具体案件的机会和权限；二是限制向最高人民法院申请再审的案件条件。建立高级人民法院审查自身终审案件的机制，将再审职责主要赋予高级人民法院来承担，减少最高人民法院对具体案件的审理。

---

〔1〕 参见何帆：《中国特色审级制度的形成、完善与发展》，载《中国法律评论》2021 年第 6 期。

2. 优化最高人民法院的案件结构

对最高人民法院案件结构的优化，存在"放下去"和"提上来"两种路径。将案件"放下去"是指通过案件下沉，减少最高人民法院审理普通民商事案件的可能性，促进最高人民法院对具有法律适用意义的案件进行实质性审理。将案件"提上来"主要是指对于最高人民法院应当审理的案件的具体标准的优化：一是通过提级管辖的方式，使一些具有普遍法律适用指导意义，但标的额不大、涉及社会公共利益或地方重大利益，不适合在较低层级法院审理的案件提交到最高人民法院审理，以通过对具体案件的有效审理实现监督指导全国审判事务的职能。二是进一步完善民事、行政案件级别管辖制度，确保管辖级别的确定和对应案件类型更加适应经济社会发展。三是进一步完善民事案件再审申请程序和标准，构建规范公正透明的审判监督制度，完善最高人民法院的法定职能。

3. 推动完善最高人民法院的法定职能

从《审级职能定位改革实施办法》的具体内容来看，并非只是四级法院审级职能定位，还涉及与此相关的再审程序改革，以及最高人民法院审判权力运作机制的改革问题。所谓法院审级，通常是指各级法院在国家审判体系中所应有的审判地位（从最高人民法院到基层人民法院）。审级是关于法院审判职能的分工和权限，各审级中最重要的是两级——基层人民法院和最高人民法院。基层人民法院数量最多、分布最广，审理案件数量也最多；最高人民法院处于审级系统的最顶端，具有领导、指导、监督、审判多种职能。因此，职能定位试点改革最重要的着眼点就是这两端，尤其是最高人民法院，最高人民法院的职能定位改革更为重要和迫切。只有法院审级的最顶端定位准确，才能实现整个法院体系定位的准确。[1]

三、最高人民法院民事审级职能定位改革的内容

与地方各级人民法院相比，最高人民法院裁判的规则意义、政策效应、所涉及的利益和执行能力，决定了其在国家治理体系中的影响力和话语权。[2] 作为我国司法审判系统的核心和顶层，最高人民法院的审级职能应从原有的行

〔1〕 张卫平、戴书成：《对最高人民法院职能定位调整的思考》，载《学习与探索》2022年第6期。
〔2〕 参见何帆：《积厚成势：中国司法的制度逻辑》，中国民主法制出版社2023年版，第376页。

政化方式（如非程序化司法监督）进一步向司法化转变（通过法律程序实现其司法监督），这也是我国法院审级职能现代化的前提。这要求以最高人民法院为核心构建的法院体系，应当按照司法运作的规律确定其各自的职能。根据四级法院审级职能定位改革的科学职能分层，最高人民法院民事审级职能分层的内容包括两个方面。

（一）监督指导职能

在司法职能方面，法律和法院的政策性文件中经常出现"司法监督"职能与"审判指导"职能这两种提法。从"审判指导"职能的具体内容来看，实际包括了审判与监督、法律适用的司法解释、对本院各审判业务庭以及各级法院审判业务的指导等职能。"司法监督"职能与"审判指导"职能往往会根据不同的场景分别加以适用，但两者在内容上实际存在交叉关系或涵摄关系。"审判指导"包含着司法监督方式，如通过上诉和再审的审判实行监督，审判也是监督实现的具体路径和方法。"司法监督"突出的是最高人民法院作为监督者的地位，行使的是上对下的监督权；而"审判指导"更为宏观和抽象，突出的是司法政策层面的作用。最高人民法院确立以司法审判权为核心的监督指导机制具有重要价值。

首先，法律是司法的基本规范，司法应严格按照法律的规定运作，法律原则、法律精神以及法律本身所具有的基本理念是对司法权的行使、司法实践工作的运行的最好指引标准。但法律规定又是一种高度抽象、概括的规范，只有通过与具体案件情形相结合，通过具体案件的审理将法律的理念、法律原则等抽象理论予以具象化，具体案件的小前提才能对应法律规范这一大前提。而具体案件的特殊性只有审理案件的法官最为清楚。[1]

其次，最高人民法院往往掌握着最优的司法资源，最高人民法院作出的裁判自然会受到全国法院系统关注。最高人民法院对于案件审理过程和裁判结果的示范是最直观、最生动的司法指导方式。离开了具体案件的示范性的指导，司法指导会显得空洞和抽象，也就失去了对地方法院的说服力和感染力，司法指导的效果也会受到影响。

再次，最高人民法院在发挥统一法律适用职能的过程中，除了发布司法

---

〔1〕 参见张卫平、戴书成：《对最高人民法院职能定位调整的思考》，载《学习与探索》2022年第6期。

解释，供全国司法系统办理案件适用外，还通过发布大量的指导性案例，对于全国的司法审判做出示范性的指引，不承认判例法的国家并不排除司法判例制度，[1]最高人民法院的指导性案例也是全国法院审判案件的重要依据。其案例来源主要是全国各法院审理的典型性案件，经过上报到最高人民法院进行整理、汇编生成指导性案例，虽然这些指导性案例经过了最高人民法院的汇编，但依旧是许多不同法院实质性审理的案件，并且可能大部分来自中级人民法院，不管是从统一裁判还是审理质量来看，都难以在全国形成统一的质量和标准，因此，这类指导性案例在统一法律适用上的质量难以得到保障。

最后，最高人民法院作为我国的最高审判机关，对全国法院的司法审判工作具有监督指导的权限，职能改革后若完全取消最高人民法院审理案件的权利，可能会使最高人民法院成为"不食人间烟火"的高高在上的领导者，自身从未审判过案件的最高人民法院可能难以对"身经百战"的下级法院的案件审判工作进行实质性的指导，使得最高人民法院的司法监督指导职能落空，或者演变为行政化的指导，而背离了司法的本质。但是，最高人民法院应当以司法审判为依托进行司法指导职能的发挥，并不等于最高人民法院不改变以往重审判轻治理的职能倾向，而是在科学的民事审级职能定位的基础上，对最高人民法院的案件审理权限予以一定的保留。最高人民法院根据科学的审级定位，对全国法院系统进行监督指导，需要对最高人民法院的司法审判内容进行职能优化。

1. 最高人民法院一审审判职权的优化

最高人民法院民事一审案件的范围主要包括三类：一是在全国有重大影响的第一审民事案件；二是最高人民法院认为应当由自己管辖的第一审民商事案件；三是当事人协议管辖或最高人民法院提级管辖的第一审国际商事案件。虽然最高人民法院保留了对于一审案件的管辖权，但是我国最高人民法院一般并不作为具体案件的初审法院。上述三类案件并不是一定需要由最高人民法院作为初审法院的案件，而是赋予最高人民法院一定的自由裁量权，对于案件是否应当由最高人民法院进行第一审，其享有充分的案件选择权。只有那些具有普遍法律适用意义或者具有指导意义的案件才会被最高人民法

---

〔1〕　参见何然：《司法判例制度论要》，载《中外法学》2014 年第 151 期。

院选择成为实质审理的案件。有学者提出最高人民法院集中监督审判指导职能，应当逐步取消最高人民法院的一审案件管辖权。

2. 最高人民法院二审审判职权的优化

最高人民法院作为高级人民法院的上一级法院，对高级人民法院的一审民事判决具有审理权限。有学者认为最高人民法院在承担二审职能时需要对事实问题和法律问题进行全面审查，极大地损耗了最高人民法院的司法资源，分散了最高人民法院本应用于监督指导全国司法审判工作和统一法律适用方面的精力，而且由于事实问题本身并不稳定，加上我国二审程序允许当事人提交新证据、新事实和新主张，从而增加了最高人民法院自身判决的错误率和各庭之间判决冲突的概率，损害了最高人民法院判决的终局性和权威性。[1]

但随着审级职能定位改革，案件下沉，基层人民法院和中级人民法院承担了绝大多数案件的一审职责，能够进入高级人民法院的一审案件少之又少。能够符合高级人民法院一审案件标准的案件也并非案情简单的民事案件，其需要高级人民法院对其进行实质性的审理并作出权威判决。因此，能够上诉到最高人民法院进行二审的民事案件数量也已经实现了结构性的减少，极大减轻了最高人民法院对于普通民事案件的审理压力。而真正通过二审程序进入最高人民法院审理的案件也是具有一定社会影响力和复杂性的案件，最高人民法院也有责任对此类案件进行审理并做出权威裁判。

3. 最高人民法院再审程序的优化

最高人民法院作为再审法院主要审理由各省高级人民法院审理终结的二审案件。最高人民法院通过审级职能定位改革，应当构建新型的审判监督程序，对再审程序进行优化，充分利用再审程序实现对全国法院审判工作的监督和指导。

（1）建立将再审案件移交高级人民法院审查机制。根据《审级职能定位改革实施办法》，案件可能存在基本事实不清、诉讼程序违法、遗漏诉讼请求情形的以及原判决、裁定适用法律可能存在错误，但不具有法律适用指导意义的案件交由原审高级人民法院审查。只有原判决、裁定适用法律确有错误且具有法律适用意义的案件，才能够进入最高人民法院再审。对于最高人民法

---

〔1〕 参见傅郁林：《民事司法制度的功能与结构》，北京大学出版社 2006 年版，第 44~45 页。

院再审案件范围的限制，严格限缩了向最高人民法院申请再审的案件数量，减轻了最高人民法院的案件审理压力，有利于最高人民法院职能重点的转变，从纠错型法院逐渐转型为政策型法院。

（2）明确最高人民法院应当提审的案件范围。《审级职能定位改革实施办法》第14条规定最高人民法院应当提审的案件具体包括：一是具有普遍法律适用指导意义的；二是最高人民法院或者不同高级人民法院之间近三年裁判生效的同类案件存在重大法律适用分歧，截至案件审理时仍未解决的；三是最高人民法院认为应当提审的案件。明确最高人民法院对提审案件进行审理的权限，意义在于通过案件的审判过程，对具有普遍法律适用价值的案件做出权威性判决，从而获得案件审判的示范效应，在这一审判过程中既实现了统一法律适用的司法效果，又可以通过具体案件的审理实现对全国法院审判工作的指导。

首先，从裁判结果来看，通过提审可以使原来案件的审级得以提高，由更高级别法院作出裁判对实现统一法律适用的效果必然更好，也只有高级别法院有权统一裁判分歧或改变此前已有的裁判观点。

其次，从裁判质量来看，上级法院一般集中了较高素质的审判人员，能够输出质量更高的裁判文书。提审可以避免让下级法院处理社会关注度高、影响力大及案件事实、法律关系复杂的案件，由上级法院把握裁判尺度与宣示司法政策。[1]

最后，必须强调的是，这些生动的、具体的审判实践正是推动理论发展真正的动力，是理论发展的源泉。我国理论供给的短缺及指导性的缺失恰恰在于理论与实践的脱节或割裂，[2]理论的丰富和进步有赖于审判实践对已有理论的检验，需要整个法院审判实践的验证，特别是最高人民法院的验证。有学者担心，最高人民法院承担具体案件的审判，容易将自己陷入纠纷裁决的争议之中，案件总有输赢成败，双赢是特殊或偶然，因此不利于树立最高人民法院的司法权威。其实不然，只要裁判是根据案件事实和法律作出的，这样的裁判就是公正的，也是权威的。司法权威只能来自司法。制定抽象的

---

〔1〕　参见张卫平、刘子赫：《提审：制度机理与演进路向——以法院审级职能定位改革为背景》，载《华东政法大学学报》2023年第1期。

〔2〕　参见张卫平：《对民事诉讼法学贫困化的思索》，载《清华法学》2014年第2期。

规范、实施抽象的审判指导，必将脱离司法实践，从而也就无所谓司法权威。[1]

总之，最高人民法院并不应当完全从审判型法院转变为政策型法院，法院职能重点的转变不能在本质上否定了最高人民法院作为司法审判机关的属性。作为我国最权威、最具影响力的司法审判机关，最高人民法院仍然需要配置足够的审判资源，以发挥其在解决纠纷体系中最重要司法机构的职能，[2]通过对具有指导价值案件的审判，引领司法裁判的标准，指导全国各地方法院的司法审判工作，统一法律适用。

（二）统一法律适用职能

最高人民法院作为我国司法审判系统的最高机关，其在统一全国法律适用以及对于具有争议事项的决策方面具有天然的优势，这既是由其司法人员的司法水平和审判能力决定的，也是由最高人民法院角色定位决定的。

适当的政策指导对于法律适用的稳定性和司法审判的灵活性具有重要的作用。最高人民法院作为最高司法审判机关，承担着对全国司法审判工作的监督指导职能，其以合理的方式对司法工作进行指导和管理，不仅有利于明确全国司法审判的裁判方向和价值取向，更有利于提升司法的整体公信力，具体来说最高人民法院实现统一法律适用职能应当对下列因素予以适当考量：

第一，从事审判指导工作的法官应当具有扎实的法律功底和相应的审判实践经验。从事审判指导的法官既不能是只钻研理论研究的学者，又不能只是个案纠纷的裁判官。审判指导必须坚持理论与实践相结合，应然性与实操性相贯通，既要保证审判指导的法官具有充分说理的学理基础，又要具有审判案件的实践能力。

第二，审判指导力量适宜相对集中，以保证指导意见始终体现最高水准。审判指导意见是最高人民法院法官集体智慧的产物，应当在充分了解案件问题、全面听取地方法院的审判意见的基础上，形成集体的研判意见，以确保指导的权威性和有效性，避免审判指导的个人局限性和冲突指导的发生。

---

〔1〕 参见张卫平、戴书成：《对最高人民法院职能定位调整的思考》，载《学习与探索》2022年第6期。

〔2〕 参见龙宗智：《审级职能定位改革的主要矛盾及试点建议》，载《中国法律评论》2022年第2期。

第三，为了强化审判指导效果，上下级法院内设的各审判业务庭应当尽量保持职能上的对应性，以利用信息上下传达畅通，减少周转过程中的信息流失或者错误传递，实现最佳的工作效率。

第四，审判指导的重点既可以是待决案件的统一裁判尺度，也可以是已决的冲突裁判的协调方案。最高人民法院统一法律适用职能发挥的主战场在法律适用之前，但也应当对于已经产生法律冲突的判决予以适时地纠正，对于哪些案件必须适用全国统一的裁判标准，哪些案件适合授权地方制定差异化的裁判规则等事项，也需要最高人民法院予以明确。[1]

四级法院民事审级职能定位改革的核心是职能分层，其核心内容是基层人民法院的审判权力的下沉和高层级人民法院审判权的优化。其中，高级人民法院和最高人民法院审判权力优化的内容之一都包括充分发挥司法权以实现统一法律适用的司法目标。因此，统一法律适用是高层级法院的共同职能内容。有学者将统一法律适用的路径分为行政性路径、法律性路径和学理性路径。其中，专业法官会议、上级法院的答复、批复、典型案例和指导性案例属于行政性路径。司法解释、上诉审和再审程序被视为法律性路径。而所谓学理性路径是指，通过对特定法律学理上的研究，形成学理解释上的共识以引导司法机关正确适用法律，从而实现法律适用的统一。与法律适用统一的行政性路径和法律性路径不同，学理性路径是通过学术研究形成对法律规定的学理解释，指明相应法律规定的内涵、各法律规定之间的关系，由此对司法机关的法律适用产生影响。[2]

高级人民法院主要通过民事审判程序，在审级内以具体案件的审判来实现统一法律适用的职能，以法律性路径为主。最高人民法院实现统一法律适用的方式主要是通过两种，一种是制定和发布司法解释，进行规范性指导；另一种是发布指导性案例，进行个案指导。这两种方式各有优势，其二者关系具体如下：

第一，由于我国法律的规定都过于原则化，加重了对于最高人民法院出台的司法解释的依赖性，在司法实践的审级过程中，司法解释的适用甚至超越了法律文本本身的规定，司法解释对实体的权利义务进行了分配，这些实

---

〔1〕　参见黄详青：《审判管理与司法改革研究》，人民法院出版社 2022 年版，第 200～202 页。

〔2〕　参见张卫平：《法律适用统一的路径和方法分析》，载《云南社会科学》2024 年第 2 期。

体权利应由立法机关予以规定。全国人大及其常委会也注意到了这一问题，在 2006 年发布的《各级人民代表大会常务委员会监督法》第 33 条不仅规定了对司法解释的法律审查程序，还规定了以全国人大常委会法律解释来代替最高人民法院出台的司法解释的程序。[1]可以看出，最高人民法院所作的司法解释与全国人民代表大会常务委员会的立法解释的界限难以明显区分，极易造成混同以及对于立法解释的越权和侵害，而对比之下，最高人民法院的司法裁判则与立法解释处于不同的制度逻辑，其在适法统一的过程中与立法解释产生冲突和混淆的可能性较低。

第二，地方各级法院在对司法解释进行理解和适用的基础上，依据司法解释还针对本地区法院审判的具体情况制定出了很多的地方性适用规则，例如高级人民法院和中级人民法院，这些规则在地方法院的司法审判过程中的使用率极高。但同时由于这些解释性文件的制定主体多样且数量较多，可能在对同一问题的理解和适用上存在一定的差距或冲突，基层人民法院又缺乏具体的适用规则，这种混乱的解释性文件的出台一定程度上损害了司法审判的统一性。

第三，最高人民法院的司法裁判具有替代批复制度的可能性。最高人民法院的司法判决与对个案的行政批复在职能上都是用来解决下级法院在具体案件上的法律适用难题的。但司法裁判是在尊重下级法院审判自主性的基础上的示范性指导，符合上下级法院审判独立性的要求，是科学的审判指导方式。而案件批复则反映了上级法院对于下级法院具体案件审判的直接干预，反映出了上下级法院的科层化的特征。因此，逐渐扩大司法裁判的适用范围，可以尝试代替案件批复的制度职能，从而恢复上下级法院审级关系的正当化。

第四，最高人民法院司法裁判的裁判摘要比司法解释在程序上和内容上都更加细致，对社会经济生活的影响都更具有可预期性。司法裁判的内容是在个案审理的基础上进行充分的说理和阐述所形成的，其不仅对适用的法律进行解释，还会对司法解释的具体适用问题进行解释，其解释内容更为细致，

---

〔1〕《各级人民代表大会常务委员会监督法》第 33 条规定："全国人民代表大会法律委员会和有关专门委员会经审查认为最高人民法院或者最高人民检察院作出的具体应用法律的解释同法律规定相抵触，而最高人民法院或者最高人民检察院不予修改或者废止的，可以提出要求最高人民法院或者最高人民检察院予以修改、废止的议案，或者提出全国人民代表大会常务委员会作出法律解释的议案，由委员长会议决定提请常务委员会审议。"

下级法院直接参照适用的可行性更高。此外，对于某一个具体的法律问题而言，往往需要法院在较长时间内做出多个类似判决的裁判摘要，才能够形成较为详细的一套裁判规则体系。这要比在短时间内直接制定大量司法解释条文要更为细致、准确。[1]

简言之，司法解释对统一法律适用产生的效果更为直接，但更为宽泛，司法判决对于统一法律适用的作用虽然更为局限，但更加具体，更加详细，可参照性、可适用性更强，两种方式互为补充，为最高人民法院实现统一法律适用的职能发挥了重要作用。

1. 以司法解释实现统一法律适用职能

由最高人民法院制定的司法解释对于统一法律适用具有最直接、最有效的作用。最高人民法院通过对特定法律的司法解释，细化了法律规定的内容，界定了法律抽象规定的具体含义，从而避免了法律规定在理解上的歧义。因此，司法解释也就成了最高人民法院实现统一法律适用的重要方法。

最高人民法院享有司法解释权，在该权限范围内作出的司法解释，对全国各级法院的司法审判都具有约束力。在我国成文法具有滞后性和原则性的法律规范背景下，最高人民法院出台的司法解释作为弥补制定法的漏洞和解决司法实践中迫切需要的法律适用问题发挥了重大作用，同时司法解释作为各级人民法院司法审判所遵循的法律依据之一，通过将原则性的法律条文进行与具体案件相适应相一致的解释，意在确保司法审判人员对法律的理解和适用的统一。

但是随着经济社会生活的快速发展，需要最高人民法院通过司法解释予以细化的法律规范越来越多，司法解释的范围也越来越广泛。一方面，我国司法实践中对于法律的适用需要司法解释或者立法解释的不断出台以细化法律的具体规定以审判案件，但我国正处于法律制定和改革后成果转化的高峰期，立法机关需要承担的立法事项很多，可能并没有时间投入立法解释的工作之中。因此，最高人民法院作为最高司法审判机关，具有指导全国司法审判工作的重任，由其针对法律适用的具体问题做出司法解释可以弥补立法工作的不足，缓解立法机关的工作压力，更重要的是解决了司法审判工作对于

---

[1] 参见侯猛：《司法的运作过程：基于对最高人民法院的观察》，中国法制出版社 2021 年版，第 99~102 页。

更为细化的法律规定的实践需要。另一方面，最高人民法院针对法律适用问题出台司法解释不仅为各级人民法院提供了审判案件的准确法律依据，还有利于促进全国法院对于法律的认知和适用的统一，这也是最高人民法院承担统一法律适用职能的必然要求。因此，对于最高人民法院出台司法解释这一统一法律适用的方式，也就没有理由否定其存在价值。

但是，司法解释的性质也一直存在争议。特别是出台的一些创制性规范的解释，可能存在与立法的界限模糊不清和法律效力不明等问题。针对这些问题，在以司法解释统一法律适用职能发挥的过程中，一方面要增强司法解释的制度供给。最高人民法院在我国法院组织体系中居于最高位置，承担着统一法律适用的重要职责。在我国，最高人民法院发挥统一法律适用职能更多的是靠司法解释来实现的。为了更好地发挥司法解释促进统一法律适用的功能作用，要增强司法解释的有效供给，结合司法实践的需要，及时出台有关新法的实施细则，推动各级法院、法官更好地理解法律法规，推动法律有效实施。另一方面要健全完善司法解释的工作机制，结合新的法律，定期对现行司法解释进行清理、修改、废止和编纂，不断提高司法解释的科学性、体系性。[1]将强化法律解释、消解司法过程中法律认识上的分歧作为主要任务，抑制扩张性、创立性解释的作为。

2. 以指导性案例实现统一法律适用职能

随着经济社会的发展，很多新类型的案件逐渐出现，地方各级人民法院运用已有的法律和司法解释可能也难以做出全面审慎的判决，因此，最高人民法院将具有法律适用问题的案件提审至最高人民法院审理。通过发布司法案例的方式维护法制统一，有助于弥补法律制度规则体系的缺陷，进而促进更加全方位地维护法制统一。[2]指导性案例"相较于司法文件，制度上的依据则更为明确，形式性权威更高，同时又有较为丰沛的后续供应渠道（各级法院源源不断提供），因此在各种司法规范类型中，其产出能力或潜力最大，灵活性最高，对司法规范供给的补给功能也最为充分。[3]

---

〔1〕 陈树森、陈志峰：《司法责任制改革背景下法律适用统一的再思考》，载《中国应用法学》2018年第5期。

〔2〕 参见彭军：《最高人民法院如何应对地方立法适用冲突》，载《法学》2021年第11期。

〔3〕 顾培东：《我国成文法体制下不同属性判例的功能定位》，载《中国法学》2021年第4期。

（1）以指导性案例统一法律适用的意义。指导性案例制度在我国统一法律适用的过程中的作用优势已经日渐显现，虽然我国是成文法国家，但就目前来看在世界上两大法系已经有了日渐融合和趋同的趋向，一般认为大陆法系和英美法系之间没有原则性差异，只是重视判例的程度不同而已，"因为是成文法主义所以判例不是法源"的论点正在逐渐丧失正当性。[1]指导性案例在大陆法系国家民事审判活动中也可以发挥其制度优势，同时在我国确立指导性案例制度也有利于弥补我国民事成文法的缺陷，对民事司法实践具有现实的指导意义。

具体来说，以指导性案例实现统一法律适用的司法目标具有如下意义：第一，通过对具有重大社会影响的案例的公布，起到了宣传社会主义法制和法治教育的作用，可以使公民明确新型社会规范、自觉遵守法律、尊重法治。第二，通过指导性案例的公布，起到了运用案例创造性地适用法律的作用，并由此弥补了现行民事法律的不足，保护了当事人的合法权益。第三，通过指导性案例的公布，起到了运用案例指导各级法院正确适用法律的作用，确保了审判机关适用法律的统一性和裁判的公正性。第四，通过案例的公布，总结了民事审判的经验，纠正了下级人民法院不适当适用法律的行为，维护了社会主义法治的统一性和严肃性。

（2）以指导性案例统一法律适用的困境。我国司法实践中已经具备了通过指导性案例统一法律适用的基础，一方面，就案例资源来说，最高人民法院以及地方各级人民法院在司法实践中遇到疑难复杂或者新型案件时，都会有意识地进行审判经验的总结和交流，而这些典型案件的审判经验正是能够作为各级人民法院在司法审判过程中辅助法律规范进行司法审判的重要资源。另一方面，通过对于案例的统一发布能够避免或者减少地方各级法院的案件承办法官在遇到新型案件时对法律规范的任意性解释，从而导致错误地适用法律，产生错误判决，损害当事人的利益。以指导性案例统一法律适用具有显著的优越性。但从整体上看，目前司法类案运用情况仍然不佳，案例的规范作用呈现碎片化、零散化和柔弱化的倾向，尚未产生体系化和规模化的效应。具体来说，以指导性案例统一法律适用仍存在以下三方面困境：

---

〔1〕 参见［日］田中成明：《现代社会与审判：民事诉讼的地位和作用》，郝振江译，北京大学出版社 2016 年版，第 238 页。

第一，从观念上来看，尚未在全社会塑造一种科学、规范的案例适用观。我国是成文法国家的观念在众多法律工作者和当事人心中印象深刻。很多人认为适用案例进行适法指导是判例法国家的专利。实践中，下级人民法院对于指导性案例的运用积极性不高、信任度较低。下级人民法院对于参照指导性案例进行案件审判缺乏主动性，缺乏自发的案例适用观，未在内心将案例视为一种司法智慧的凝结物、对法官裁量权的约束以及司法正义的衡量标尺，尚未形成一种自发、规范地运用案例的立场。

第二，就制度而言，现有规范性法律文件对于司法类案效力的规定较为笼统，尤其是对指导性案例"应当参照"的效力指向不甚明确，这在很大程度上影响其指导性效力的发挥。指导性案例尚且如此，其他一般性司法类案的效力基础就更加薄弱了，离开了强有力的制度支撑，指导性案例更多只能发挥一种参考性或说服性功用。因此，目前我们缺乏一种明确、细致的制度设计去约束相关主体妥当运用司法类案。〔1〕

第三，类案的运用需要一套成熟的方法论作为支撑。类案运用的核心在于比较案例之间的异同，即比较案例是否能够被涵摄到某条规范之下。比较的思维与演绎不同，它需要较强的归纳能力，对法官在成文法规则与案例之间的穿梭游走能力提出了很高的要求。中国法体系的核心背景及内容主要是成文法，法官习惯法条演绎式的推理，一旦将案例纳入制定法推理的过程，会极大地增加司法推理过程和说理内容的复杂性。〔2〕

（3）以指导性案例统一法律适用的路径优化。案例指导制度成为我国统一法律适用的有效制度路径，但这一制度对比更具行政化色彩的上级答复、批示来说，尚未引起足够的重视和普遍适用。重点发挥指导性案例在统一法律适用中的路径作用，需要对其制度内容作出优化。

首先，应进一步细化遴选案例的标准。如何筛选典型案例是决定能否发挥司法裁判统一法律适用职能的关键，筛选典型案例用以释法指导需要遵循以下原则：第一，所选民事案例应当具有代表性。不管是最高人民法院自己审判的案件还是地方各级法院审判的案件，都应当具有法律适用的代表性，能够对当前或者未来一段时间内的新型民事法律关系可能产生的争议具有示

---

〔1〕 孙海波：《司法类案运用的困境及突破》，载《社会科学》2024 年第 3 期。

〔2〕 孙海波：《司法类案运用的困境及突破》，载《社会科学》2024 年第 3 期。

范作用和法律适用的指导作用。第二，所选的民事案例要具有一定的疑难性。案件疑难并不一定是案情的复杂或者是诉讼标的的多少，而是该案件是否有明确的法律依据来作出合理的裁判，如果该案件的法律适用依据难以确定或者存在多种法律适用的可能，需要法官予以判断和裁量就符合疑难案件的标准。第三，所选的案例不能违背现行民事法律的精神。这是对于筛选民事典型案例的反向原则性规定。所筛选的民事判例是需要对民事司法审判发挥释法指导作用的，虽然其应当对未来的法律关系具有一定的预期指导作用，但不能与民事法律精神相违背。第四，所选民事案例应当注重裁判说理。所选的民事判例是用来指导全国司法裁判的。对指导性案例裁判结果的产生过程进行充分的说理证明是其应当具有的基本前提，只有指导性案例本身的裁判说理清晰、论证周延，才能够对其他案件的适用起到参照作用。同时对于一些新型的典型案例，最高人民法院法官在进行整理汇编时，不仅要注重本案裁判理由的充分说理阐释，还应当尽可能地对相关新型法律关系的辨析、处理方式进行充分的说理，以发挥指导性案例对法律规定的辅助作用。

其次，应当逐步增加指导性案例的数量。自 2011 年最高人民法院发布第一批指导性案例以来，截止到 2024 年 9 月，我国一共发布了 39 批指导性案例，共计 224 个案例。最高人民法院发布指导性案例的时间、批次和案例数量等方面都尚不固定。随着我国法治化进程的不断推进，公众的法律意识不断增强，司法救济作为解决纠纷的主要手段逐渐被社会认同。在此背景下，指导性案例的数量和类型显然已无法满足司法实践的需求。一方面，应增加指导性案例数量，通过地方法院层层推荐的形式向最高人民法院报送备选的指导性案例；另一方面，应扩大指导性案例涵盖的范围，保证案例指导制度与时代需求同步发展。对于当前出现较多的案件类型，应加大法律适用解释型、裁判规则发现型和法条概念诠释型等案例的遴选，以与司法审判中法律适用分歧较大的案件类型相适应。[1]

最后，增强指导性案例的适用性。指导性案例的功能和生命力就在于"指导性"，对类似案件的审理理应具有参照适用性。然而，目前在司法审判中，法官仍以适用成文法为主，很少参照指导性案例进行审判。[2]针对此种

---

〔1〕　许国祥、李劲：《司法审判中统一法律适用路径探析》，载《行政与法》2020 年第 6 期。
〔2〕　宋菲：《指导性案例功能实现的困境与出路》，载《河南财经政法大学学报》2017 年第 6 期。

现象，应当从制度层面逐步确立指导性案例的法源地位。江西省高级人民法院认为，案例指导制度与司法解释制度虽是相互独立的司法制度，但两者的功能都是通过解释为司法活动提供裁判规则。因此，可通过修改法律、出台司法解释等方式，明确指导性案例是一种与司法解释"并行共存、差异互动"的新型法源，从而建立起"立法+司法解释+指导性案例"的法源规范体系结构。在法源等级序列中，考虑到我国的基本法律制度，指导性案例的法源地位要低于制定法与司法解释，各级人民法院审理案件时依照法律及司法解释作出裁判，在法律及司法解释没有相应规定时，则依照相关指导性案例进行裁判。[1]

综上所述，最高人民法院作为我国的最高审判机构，是我国中央政府权力体系中履行国家司法职能的重要组成部分，有其自身使命，处理的纠纷必然是具有重大司法裁判示范和引导价值的纠纷，通过审理具有普遍法律适用意义的案件、发布司法解释和指导性案例，创新政策和规则，维护法制统一。[2]

---

〔1〕 江西省高级人民法院课题组等：《案例指导制度的运行现状与发展进路——基于指导性案例司法适用的实证研究》，载《人民司法》2024 年第 7 期。

〔2〕 参见宋朝武：《我国四级法院审级职能定位改革的发展方向》，载《政法论丛》2021 年第 6 期。

参考文献

一、著作类

[1] 民事诉讼法研究基金会：《民事诉讼法之研讨（二十六）》，元照出版公司 2023 年版。

[2] 何帆：《积厚成势：中国司法的制度逻辑》，中国民主法制出版社 2023 年版。

[3] 胡铭：《司法制度的中国模式与实践逻辑》，商务印书馆 2023 年版。

[4] 苏力：《送法下乡：中国基层司法制度研究》，北京大学出版社 2022 年版。

[5] 马毓晨：《中国司法理念的变迁》，中国法制出版社 2022 年版。

[6] 谢绍静：《最高人民法院指导性案例制度研究》，法律出版社 2022 年版。

[7] 黄祥青：《审判管理与司法改革探究》，人民法院出版社 2022 年版。

[8] 高一飞：《中国司法改革历程》，湖南师范大学出版社 2022 年版。

[9] 顾培东：《当代中国司法研究》，商务印书馆 2022 年版。

[10] 侯猛：《司法的运作过程：基于对最高人民法院的观察》，中国法制出版社 2021 年版。

[11] 最高人民法院司法改革领导小组办公室编：《民事诉讼程序繁简分流改革试点工作读本》，人民法院出版社 2021 年版。

[12] ［英］理查德·萨斯坎德：《线上法院与未来司法》，何广越译，北京大学出版社 2021 年版。

[13] 崔永东等：《司法改革战略与对策研究》，人民出版社 2021 年版。

[14] 郑智航：《当代中国法院的功能研究：理论与实践》，北京大学出版社 2020 年版。

[15] 习近平：《论坚持全面依法治国》，中央文献出版社 2020 年版。

[16] 江必新：《民事审判的理念、政策与机制》，人民法院出版社 2019 年版。

[17] 陈瑞华：《司法体制改革导论》，法律出版社 2018 年版。

[18] 万国营等：《审判权力运行机制改革研究：以完善审判权力结构为思路的理论分析与制度构建》，人民法院出版社 2018 年版。

[19] 邵明：《现代民事之诉与争讼程序法理："诉·审·判"关系原理》，中国人民大学出版社 2018 年版。

[20] 邱联恭：《程序制度机能论》，台大出版中心 2018 年版。

[21] 姜小川：《司法的理论、改革及史鉴》，法律出版社 2018 年版。

[22] 蒋惠岭：《司法改革的知与行》，法律出版社 2018 年版。

[23] 陈桂明主编：《中国特色社会主义司法制度研究》，中国人民大学出版社 2017 年版。

[24] ［美］E. 博登海默：《法理学：法律哲学与法律方法》，邓正来译，中国政法大学出版社 2017 年版。

[25] 杜万华主编：《〈第八次全国法院民事商事审判工作会议（民事部分）纪要〉理解与适用》，人民法院出版社 2017 年版。

[26] 董开军主编：《司法改革形势下审判管理基本理论与实践研究》，法律出版社 2016 年版。

[27] 李彬：《法院功能研究：以经济审判为视角》，中国检察出版社 2016 年版。

[28] 姜世明：《民事诉讼法基础论》，元照出版公司 2016 年版。

[29] 朱福勇：《个案公正实现的路径依赖以〈最高人民法院公报民事案例为样本〉》，法律出版社 2016 年版。

[30] ［日］田中成明：《现代社会与审判：民事诉讼的地位和作用》，郝振江译，北京大学出版社 2016 年版。

[31] 李彦凯主编：《人民法院司法功能定位及相关问题研究》，法律出版社 2016 年版。

[32] 张嘉军等：《政策抑或法律：民事诉讼政策研究》，法律出版社 2015 年版。

[33] 杜豫苏：《上下级法院审判业务关系研究》，北京大学出版社 2015 年版。

[34] 最高人民法院司法改革领导小组办公室编著：《〈最高人民法院关于完善人民法院司法责任制的若干意见〉读本》，人民法院出版社 2015 年版。

[35] 最高人民法院司法改革领导小组办公室编：《〈最高人民法院关于全面深化人民法院改革的意见〉读本》，人民法院出版社 2015 年版。

[36] 韩波：《当代中国民事诉讼思潮探究》，华中科技大学出版社 2015 年版。

[37] 习近平：《习近平谈治国理政》（第 1 卷），外文出版社 2014 年版。

[38] 王杏飞：《能动司法的表达与实践》，厦门大学出版社 2014 年版。

[39] 民事诉讼法研究基金会：《民事诉讼法之研讨（十九）》，元照出版公司 2013 年版。

[40] 王晨编著：《审判管理体制机制创新研究》，知识产权出版社 2013 年版。

[41] 江必新等：《民事诉讼的制度逻辑与理性构建》，中国法制出版社 2012 年版。

[42] 李方民：《司法理念与方法》，法律出版社 2010 年版。

[43] 高其才：《多元司法：中国社会的纠纷解决方式及其变革》，法律出版社 2009 年版。

[44] 廖中洪主编：《民事诉讼体制比较研究》，中国检察出版社 2008 年版。

［45］侯猛：《中国最高人民法院研究：以司法的影响力切入》，法律出版社 2007 年版。

［46］齐树洁主编：《民事司法改革研究》，厦门大学出版社 2006 年版。

［47］齐树洁：《民事上诉制度研究》，法律出版社 2006 年版。

［48］齐树洁主编：《民事程序法》，厦门大学出版社 2006 年版。

［49］傅郁林：《民事司法制度的功能与结构》，北京大学出版社 2006 年版。

［50］［美］本杰明·卡多佐：《司法过程的性质》，苏力译，商务印书馆 1998 年版。

［51］邱联恭：《程序利益保护论》，三民书局 2005 年版。

［52］梁迎修：《法官自由裁量权》，中国法制出版社 2005 年版。

［53］［意］莫诺卡佩莱蒂：《比较法视野中的司法程序》，徐昕、王奕译，清华大学出版社 2005 年版。

［54］孔祥俊：《司法理念与裁判方法》，法律出版社 2005 年版。

［55］［美］米尔伊安·R. 达玛什卡：《司法和国家权力的多种面孔》，郑戈译，中国政法大学出版社 2004 年版。

［56］顾培东：《社会冲突与诉讼机制》，法律出版社 2004 年版。

［57］苏力：《道路通向城市：转型中国的法治》，法律出版社 2004 年版。

［58］江伟主编：《中国民事审判改革研究》，中国政法大学出版社 2003 年版。

［59］［日］高见泽磨：《现代中国的纠纷与法》，何勤华、李秀清、曲阳译，法律出版社 2003 年版。

［60］胡夏冰：《司法权：性质与构成的分析》，人民法院出版社 2003 年版。

［61］［日］棚濑孝雄：《纠纷的解决与审判制度》，王亚新译，中国政法大学出版社 2004 年版。

［62］常怡主编：《比较民事诉讼法》，中国政法大学出版社 2002 年版。

［63］孙谦、郑成良主编：《司法改革报告：有关国家司法改革的理念与经验》，法律出版社 2002 年版。

［64］胡夏冰、冯仁强编著：《司法公正与司法改革研究综述》，清华大学出版社 2001 年版。

［65］［日］小岛武司：《诉讼制度改革的法理与实证》，陈刚等译，法律出版社 2001 年版。

［66］王亚新：《社会变革中的民事诉讼》，中国法制出版社 2001 年版。

［67］［日］小岛武司等：《司法制度的历史与未来》，汪祖兴译，法律出版社 2000 年版。

［68］张卫平：《诉讼构架与程式：民事诉讼的法理分析》，清华大学出版社 2000 年版。

［69］左卫民、周长军：《变迁与改革：法院制度现代化研究》，法律出版社 2000 年版。

［70］宋冰编：《读本：美国与德国的司法制度及司法程序》，中国政法大学出版社 1999 年版。

［71］苏力：《法治及其本土资源》，中国政法大学出版社 1996 年版。

[72] 宋冰编:《程序、正义与现代化:外国法学家在华演讲录》,中国政法大学出版社 1998 年版。

[73] [日] 三月章:《日本民事诉讼法》,汪一凡译,台北五南图书出版有限公司 1997 年版。

[74] 最高人民法院研究室编:《审判前沿问题研究:最高人民法院重点调研课题报告集》(下册),人民法院出版社 2007 年版。

[75] [美] 罗·庞德:《通过法律的社会控制 法律的任务》,沈宗灵、董世忠译,商务印书馆 1984 年版。

二、论文类

[1] 段文波:《民事再审之诉“二阶化构造”的程序重塑》,载《中国法学》2024 年第 2 期。

[2] 张卫平:《法律适用统一的路径和方法分析》,载《云南社会科学》2024 年第 2 期。

[3] 孙海波:《司法类案运用的困境及突破》,载《社会科学》2024 年第 3 期。

[4] 江西省高级人民法院课题组等:《案例指导制度的运行现状与发展进路——基于指导性案例司法适用的实证研究》,载《人民司法》2024 年第 7 期。

[5] 张文显:《中华法系的独特性及其三维构造》,载《东方法学》2023 年第 6 期。

[6] 江必新:《习近平法治思想中司法改革理论述要》,载《中国应用法学》2023 年第 3 期。

[7] 崔永东:《从系统论视角看司法公信力建设》,载《暨南学报(哲学社会科学版)》2023 年第 3 期。

[8] 丁亮华:《新时代司法改革的逻辑展开与路径思考》,载《中国法学》2023 年第 3 期。

[9] 丁亮华:《司法“去地方化”改革反思》,载《法学研究》2023 年第 5 期。

[10] 张卫平、刘子赫:《提审:制度机理与演进路向——以法院审级职能定位改革为背景》,载《华东政法大学学报》2023 年第 1 期。

[11] 顾培东:《国家治理视野下多元解纷机制的调整与重塑》,载《法学研究》2023 年第 3 期。

[12] 江必新、陈梦群:《司法审判的根本遵循——习近平司法理论述要》,载《法律适用》2022 年第 5 期。

[13] 张卫平、戴书成:《对最高人民法院职能定位调整的思考》,载《学习与探索》2022 年第 6 期。

[14] 邓高峰:《对当前我国统一法律适用的完善思考》,载《宜春学院学报》2022 年第 1 期。

[15] 崔永东:《新时代以来司法改革的主要成就与理论逻辑》,载《政治与法律》2022 年

第 12 期。

[16] 江必新、马世媛:《以习近平法治思想引领司法审判工作论要》,载《中国应用法学》2022 年第 1 期。

[17] 杨衡宇、杨翔:《司法体制改革共识及其未来图景》,载《湘潭大学学报(哲学社会科学版)》2022 年第 2 期。

[18] 唐云阳:《两级高层法院审级职能改革的突出问题及承载程序检讨》,载《上海法学研究》集刊 2022 年第 16 卷。

[19] 张梦诗:《审级职能定位改革下案件下放标准的反思与重构》,载《山东法官培训学院学报》2022 年第 6 期。

[20] 顾培东、吴红艳:《中级人民法院在司法改革试点中的地位与作用——基于司法改革典型案例的分析》,载《四川大学学报(哲学社会科学版)》2022 年第 3 期。

[21] 黄文艺:《论深化司法体制综合配套改革——以 21 世纪全球司法改革为背景》,载《中国法律评论》2022 年第 6 期。

[22] 靳栋:《结构与功能:四级法院审级职能定位改革研究》,载《政法学刊》2022 年第 2 期。

[23] 张亮、黄茂醌:《我国民事审判重心全面下沉的体系性应对》,载《河北法学》2022 年第 7 期。

[24] 龙宗智:《审级职能定位改革的主要矛盾及试点建议》,载《中国法律评论》2022 年第 2 期。

[25] 顾培东:《我国成文法体制下不同属性判例的功能定位》,载《中国法学》2021 年第 4 期。

[26] 黄文艺:《论习近平法治思想中的司法改革理论》,载《比较法研究》2021 年第 2 期。

[27] 周强:《深入开展四级法院审级职能定位改革试点 推动构建公正高效权威的中国特色社会主义司法制度》,载《人民司法》2021 年第 31 期。

[28] 梁平:《我国四级法院审级职能定位改革的规范与技术进路》,载《政法论丛》2021 年第 6 期。

[29] 宋朝武:《我国四级法院审级职能定位改革的发展方向》,载《政法论丛》2021 年第 6 期。

[30] 彭军:《最高人民法院如何应对地方立法适用冲突》,载《法学》2021 年第 11 期。

[31] 何帆:《中国特色审级制度的形成、完善与发展》,载《中国法律评论》2021 年第 6 期。

[32] 刘峥、何帆:《〈关于完善四级法院审级职能定位改革试点的实施办法〉的理解与适用》,载《人民司法》2021 年第 31 期。

［33］姚莉：《习近平公正司法理念的内在逻辑及实践遵循》，载《马克思主义与现实》2021年第4期。

［34］张文显：《习近平法治思想的基本精神和核心要义》，载《东方法学》2021年第1期。

［35］拜荣静、韩瑞：《司法治理能力现代化中人民法院的功能定位与创新》，载《应用法学评论》2021年第1期。

［36］余晓汉：《民事上诉利益作为法律分析工具的基本问题》，载《中国应用法学》2021年第4期。

［37］段文波：《民事二审不开庭审理的反思与修正》，载《中国法学》2021年第6期。

［38］胡晓霞：《论中国民事审级制度面临的挑战及其完善》，载《政治与法律》2020年第4期。

［39］李凌云、陈杰：《人民法庭参与社会治理70年：回顾与展望》，载《现代法治研究》2020年第1期。

［40］许国祥、李劲：《司法审判中统一法律适用路径探析》，载《行政与法》2020年第6期。

［41］许海燕、徐冬冬：《论与审级相匹配的人民法院内部构造——侧重于基层实践的考察》，载《铁道警察学院学报》2020年第3期。

［42］徐汉明、吕小武：《统一法律适用标准实现路径探究》，载《中国应用法学》2020年第5期。

［43］李群星、罗昆：《论法律适用统一的判断标准》，载《中国应用法学》2020年第5期。

［44］习近平：《推进全面依法治国，发挥法治在国家治理体系和治理能力现代化中的积极作用》，载《求是》2020年第22期。

［45］吴明军、王梦瑶：《诉源治理机制下法院的功能定位》，载《行政与法》2020年第7期。

［46］高一飞、陈恋：《习近平关于司法改革重要论述的理论体系》，载《广东行政学院学报》2019年第6期。

［47］高一飞、陈恋：《中国司法改革四十年变迁及其时代特征》，载《东南法学》2019年第1期。

［48］徐汉明：《习近平司法改革理论的核心要义及时代价值》，载《法商研究》2019年第6期。

［49］曹全来、冯俊贤：《当代中国司法体制改革与国家治理现代化研究》，载《汕头大学学报（人文社会科学版）》2019年第4期。

［50］唐力：《论民事上诉利益》，载《华东政法大学学报》2019年第6期。

[51] 北京市第一中级人民法院课题组等:《司法改革背景下加强人民法院法律统一适用机制建设的调查研究——以中级法院审级职能作用发挥为视角》,载《人民司法》2018 年第 13 期。

[52] 许政贤:《最高法院法律审职能之反思:理论与实证之分析》,载《月旦法学杂志》2018 年第 9 期。

[53] 张文显:《中国法治四十年:历程、轨迹和经验》,载《吉林大学社会科学学报》2018 年第 5 期。

[54] 陈虎:《制度角色与制度能力:论刑事证明标准的降格适用》,载《中国法学》2018 年第 4 期。

[55] 黄明耀:《审级制度改革与法院制度改革的衔接研究》,载《法律适用》2018 年第 15 期。

[56] 陈树森、陈志峰:《司法责任制改革背景下法律适用统一的再思考》,载《中国应用法学》2018 年第 5 期。

[57] 王福华:《民事诉讼的社会化》,载《中国法学》2018 年第 1 期。

[58] 黄文艺:《中国司法改革基本理路解析》,载《法制与社会发展》2017 年第 2 期。

[59] 邓志伟、徐远太、陆银清:《高级人民法院职能的调整与优化——基于司法行政管理的功能定位》,载《中国应用法学》2017 年第 6 期。

[60] 宋远升:《司法能动主义与克制主义的边界与抉择》,载《东岳论丛》2017 年第 12 期。

[61] 宋菲:《指导性案例功能实现的困境与出路》,载《河南财经政法大学学报》2017 年第 6 期。

[62] 姜伟:《司法体制综合配套改革的路径和重点》,载《中国法学》2017 年第 6 期。

[63] 范愉:《当代世界多元化纠纷解决机制的发展与启示》,载《中国应用法学》2017 年第 3 期。

[64] 徐汉明、王玉梅:《我国司法职权配置的现实困境与优化路径》,载《法制与社会发展》2016 年第 3 期。

[65] 吴恒波:《挖掘本土资源　建设法治文化》,载《吉林省经济管理干部学院学报》2015 年第 6 期。

[66] 王庆延:《四级人民法院的角色定位及功能配置》,载《中州学刊》2015 年第 5 期。

[67] 公丕祥:《中国特色社会主义法治道路的时代进程》,载《中国法学》2015 年第 5 期。

[68] 杨知文、朱泓睿:《指导性案例编纂中的司法统一与职能分层》,载《河北法学》2015 年第 7 期。

[69] 胡云腾、程芳:《论坚持党的领导与坚持依法独立行使审判权》,载《江汉论坛》

2014 年第 11 期。

[70] 张卫平：《对民事诉讼法学贫困化的思索》，载《清华法学》2014 年第 2 期。

[71] 姚莉：《法院在国家治理现代化中的功能定位》，载《法制与社会发展》2014 年第 5 期。

[72] 何然：《司法判例制度论要》，载《中外法学》2014 年第 151 期。

[73] 宋汉林：《谦抑与能动：民事审判权运行之相对限度》，载《河北法学》2013 年第 2 期。

[74] 李桂林：《司法权威及其实现条件》，载《华东政法大学学报》2013 年第 6 期。

[75] 张坚：《高级人民法院职能定位的思考》，载《人民司法》2013 年第 19 期。

[76] 潘剑锋：《程序系统视角下对民事再审制度的思考》，《清华法学》2013 年第 4 期。

[77] 傅郁林：《我国民事审级制度的历史考察与反思》，载《私法》2013 年第 1 期。

[78] 韩静茹：《错位与回归：民事再审制度之反思——以民事程序体系的新发展为背景》，载《现代法学》2013 年第 2 期。

[79] 刘忠：《条条与块块关系下的法院院长产生》，载《环球法律评论》2012 年第 1 期。

[80] 项坤：《当代司法国情条件下的高级法院功能研究》，载《法律适用》2012 年第 9 期。

[81] 杨知文：《现代司法的审级构造和我国法院层级结构改革》，载《华东政法大学学报》2012 年第 5 期。

[82] 陈杭平，《比较法视野中的中国民事审级制度改革》，载《华东政法大学学报》2012 年第 4 期。

[83] 梁平、陈焘：《我国法院职能转型过程中的法理探究》，载《河北大学学报（哲学社会科学版）》2012 年第 6 期。

[84] 邓磊：《民事执行案外人异议之诉制度探析》，载《东南大学学报（哲学社会科学版）》2012 年第 S1 期。

[85] 胡夏冰、陈春梅：《我国民事发回重审制度：反思与重构》，载《法律适用》2012 年第 8 期。

[86] 吴杰：《能动司法视角下民事审判权运作机制定位与反思》，载《现代法学》2011 年第 3 期。

[87] 张文显：《中国社会转型期的法治转型》，载《国家检察官学院学报》2010 年第 4 期。

[88] 侯猛：《最高人民法院如何改革司法》，载《学习与探索》2010 年第 4 期。

[89] 张友连：《论最高人民法院公共政策创制的形式及选择》，载《法律科学（西北政法大学学报）》2010 年第 1 期。

[90] 程汉大：《司法克制、能动与民主：美国司法审查理论与实践透析》，载《清华法

学》2010 年第 6 期。

[91] 刘治斌：《立法目的、法院职能与法律适用的方法问题》，载《法律科学（西北政法大学学报）》2010 年第 2 期。

[92] 熊跃敏：《民事诉讼中法院释明的实证分析——以释明范围为中心的考察》，载《中国法学》2010 年第 5 期。

[93] 公丕祥：《坚持能动司法　依法服务大局　对江苏法院金融危机司法应对工作的初步总结与思考》，载《法律适用》2009 年第 11 期。

[94] 傅郁林：《司法职能分层目标下的高层法院职能转型——以民事再审级别管辖裁量权的行使为契机》，载《清华法学》2009 年第 5 期。

[95] 许尚豪：《上诉审纠错功能的法律思考——以法院层级关系为分析视角》，载《河北法学》2008 年第 4 期。

[96] 肖建国：《现代型民事诉讼的结构和功能》，载《政法论坛》2008 年第 1 期。

[97] 傅郁林：《分界·分层·分流·分类——我国民事诉讼制度转型的基本思路》，载《江苏行政学院学报》2007 年第 1 期。

[98] 黄勤武：《中级法院民事二审审判职能冲突之协调》，载《法律适用》2007 年第 9 期。

[99] 肖建国：《民事诉讼级别管辖制度的重构》，载《法律适用》2007 年第 6 期。

[100] 柯阳友、高玉珍：《诉讼内外纠纷解决机制的分流、协调与整合》，载《河北法学》2006 年第 8 期。

[101] 郑成良：《论法律形式合理性的十个问题》，载《法制与社会发展》2005 年第 6 期。

[102] 傅郁林：《论民事上诉程序的功能与结构——比较法视野下的二审上诉模式》，载《法律评论》2005 年第 4 期。

[103] 廖永安：《我国民事审判权作用范围之重构》，载《法学论坛》2005 年第 3 期。

[104] 周永坤：《权力结构模式与宪政》，载《中国法学》2005 年第 6 期。

[105] 廖中洪：《论我国民事诉讼审级制度的修改与完善》，载《西南民族大学学报（人文社会科学版）》2005 年第 7 期。

[106] 丁以升、孙丽娟：《论我国法院公共政策创制功能的建构》，载《法学评论》2005 年第 5 期。

[107] 庞凌：《法院政治功能的学理疏释》，载《法律科学》2003 年第 4 期。

[108] 江伟、廖永安：《简论人民调解协议的性质与效力》，载《法学杂志》2003 年第 2 期。

[109] 姚莉：《功能与结构：法院制度比较研究》，载《法商研究》2003 年第 2 期。

[110] 傅郁林：《审级制度的建构原理——从民事程序视角的比较分析》，载《中国社会科学》2002 年第 4 期。

［111］韩大元、刘松山：《论我国检察机关的宪法地位》，载《中国人民大学学报》2002年第5期。

［112］章武生：《我国民事审级制度之重塑》，载《中国法学》2002年第6期。

［113］谭世贵、饶晓红：《论司法改革的价值取向与基本架构》，载《刑事司法论坛》2001年第1期。

［114］潘剑锋：《从民事审判权谈民事审判方式改革》，载《法学家》2000年第6期。

［115］汤维建：《市场经济与民事诉讼法学的展望（上）》，载《政法论坛》1997年第1期。

［116］朱春涛：《民事审判权作用范围制度基本原理》，载《民事程序法研究》第0期。

［117］Robert M. Howard, Richard E. Chard, "Pre-Trial Bargaining and Litigation：The Search for Fairness and Efficiency", *Law&Society Review*, 2（2000）.

［118］Lord Mackenzie Stuart, "the Function of the European Court in the Framework of the Community", *International Bar Journal*（1979）.

［119］Frank E. Cooper, A. B., J. D., John P. Dawson, Off Ice of the Friend of the Court：It Sfunction in Divorce Proceedings, published in the Fifth Annual Report of the Michigan Judicial Council（August, 1935）. –Ed.

［120］Earl M. Maltz, "The Function of Supreme Court Opinions", *Houston Law Review*,（2000）.

［121］Frank H. Easterbrook, "Legal in Terpretation and the Power of the Judiciary", *Harvard Journal of Lawand Public Policy*.

三、报纸类

［1］李浩：《优化基层法院审级职能 实现纠纷实质性化解》，载《人民法院报》2022年8月31日。

［2］《关于完善四级法院审级职能定位改革试点的实施办法》，载《人民法院报》2021年9月28日。

［3］习近平：《决胜全面建成小康社会 夺取新时代中国特色社会主义伟大胜利》，载《人民日报》2017年10月28日。

［4］贺小荣：《人民法院四五改革纲要的理论基点、逻辑结构和实现路径》，载《人民法院报》2014年7月6日。

［5］余双彪：《慎下同案不同判的评判》，载《检察日报》2011年5月10日。

［6］倪寿明：《人民法院在推进社会管理创新中的职能定位和政策措施》，载《人民法院报》2010年2月24日。

［7］姜启波：《民事审判权作用范围的相关问题》，载《人民法院报》2005年11月9日。

后　记

　　本书受四级法院审级职能定位改革的启发，分析在四级两审终审制的审级制度内我国四级法院民事审级职能的内容，对四级法院审级职能定位予以细致研究。作者通过阅读大量相关学术著作和期刊文章逐渐探索发现"职能分层"这一技术性措施，认为职能分层能准确定位各级法院的职能内容并做出与之相匹配的改革措施，是我国审级制度进行改良的合理路径。我们以民事审级领域的职能定位反思我国法院系统司法审判的审级职能定位改革，力求四级法院审级职能定位改革取得良好的成效，使四级法院在审级结构中能够充分发挥各自的职能优势，为国家治理现代化提供法治保障，推进国家和社会治理的法治化进程。

　　本书由柯阳友教授和博士生张瑞雪合作撰写，由柯阳友教授统稿和定稿。本书能够在中国政法大学出版社出版，我们深感荣幸！对中国政法大学出版社丁春晖主任和责任编辑以及其他同志在本书的编辑、出版过程中所付出的辛勤劳动，我们表示衷心的感谢！

　　虽然作者尽力写作，但错误和不当之处难免，恳请学术同仁和读者批评并提出宝贵意见。

柯阳友　张瑞雪

2024 年 8 月 18 日于古城保定